Motif de la vignette de couverture :

BAUDELAIRE au chapeau haut-de-forme, par Édouard Manet.

(B. N. E.)

Petits Poèmes en prose

en prose

(Le Spleen de Paris)

Charles Baudelaire

Petits Poèmes en prose

(Le Spleen de Paris)

Éditions Garnier Frères
6, Rue des Saints-Pères, Paris

Introduction, notes, bibliographie
et choix de variantes
par
Henri Lemaitre

Ancien élève de l'École Normale Supérieure
Agrégé de l'Université
Docteur ès Lettres

Édition illustrée

Édouard Manet. - Baudelaire au chapeau haut-de-forme.

Vous qui, avec l'air inoccupé, savez si bien remplir une journée...
(Lettre à Houssaye, Noël 1861.)
Portrait d'Arsène Houssaye, *L'Artiste.*

... *Poe... intercesseur... (Mon cœur mis à nu, XCV.)*
Édouard Manet. - Portrait d'Edgar Poe.

INTRODUCTION

I

UN LIVRE MAUDIT

Près *de deux années après ce jour du 2 septembre 1867*
où Charles Baudelaire était inhumé au cimetière Mont-
parnasse — aux côtés du général Aupick ! — paraissait,
au tome IV de l'édition Michel Lévy des Œuvres
complètes, une suite de textes intitulée Petits Poèmes
en prose, *publication due aux soins de ceux qui s'étaient*
faits les gardiens de la mémoire du poète, Théodore de
Banville et Charles Asselineau. Or dès 1857, si l'on
en croit les lettres à Poulet-Malassis du 25 avril et
à Mme Aupick du 9 juillet, Baudelaire avait conçu le
projet de cette œuvre, alors désignée sous le titre de Poèmes
nocturnes ; *et en 1861, neuf textes paraissaient dans*
la Revue fantaisiste, *cette fois sous le titre de* Poèmes
en prose, *puis, à la fin de la même année, Baudelaire*
adressait au directeur de la Presse *et de l'*Artiste,
Arsène Houssaye, deux lettres où il est à nouveau ques-

tion de poèmes en prose, et d'autres projets de titres :
Le Promeneur solitaire, Le Rôdeur parisien, La
Lueur et la Fumée [1].

*Mais le livre était d'ores et déjà maudit, et cette
malédiction allait même se prolonger outre-tombe, jus-
qu'à ce qu'enfin Banville et Asselineau eussent la possi-
bilité d'en assurer la publication dans le cadre des* Œuvres
complètes. *Les* Poèmes en prose *en effet ne cessèrent
de porter malheur à leur auteur, et même éventuellement
à ceux qui avaient tenté d'en publier quelques-uns : en
1859, Baudelaire avait conçu le projet de confier des*
Poèmes nocturnes *à la* Revue française, *et, s'ils
n'y parurent point, c'est que la revue allait prochainement
succomber. Le même accident arrive, deux ans plus tard,
à cette* Revue fantaisiste *qui publia neuf poèmes... dans
son avant-dernière livraison, en annonçant une* suite à
la prochaine livraison, *qui ne vit, naturellement, jamais
le jour.*

*En 1862, il sembla un instant que cette malédiction
initiale allait pouvoir être exorcisée : Houssaye, dont
la double direction de la* Presse *et de l'*Artiste *faisait
un personnage littéraire important, s'intéressait sérieu-
sement à l'œuvre de Baudelaire, qui, de surcroît, béné-
ficiait de l'appui chaleureux de l'éditeur Hetzel. Le*
Bulletin du bibliophile *du 1er mars 1923 a en effet*

---

1. Cf. notre note sur la dédicace à Houssaye, où nous
reproduisons le texte de ces deux lettres.

révélé une lettre de ce dernier à Houssaye qui était singu-
ièrement prometteuse ; qu'on en juge :

Mon cher Houssaye, lis pour de bon. Je voudrais
t'écrire ceci en lettres de Feu : tu as le commencement
des Poèmes en prose de Baudelaire, et pour que je
puisse le publier, il faut que cela ait paru dans le journal.

Baudelaire est notre vieil ami, ce qui n'est rien, car
nous avons trop d'amis ; mais c'est certainement le
prosateur le plus original, et le poète le plus personnel
de ce temps ; il n'y a pas de journal qui puisse faire
attendre cet étrange classique des choses qui ne sont
pas classiques ; publie-le donc *vite* — mais *vite* — et
mets-moi à même de le lire.

Les vrais singuliers sont si rares !

On ne pouvait décidément rêver meilleur départ.
Effectivement, la Presse *publiait bientôt vingt poèmes,*
à la suite de quoi, le 31 août 1862, le Boulevard *consa-*
crait au compte rendu de cette publication, sous la signature
de Théodore de Banville, une admirable étude de l'origi-
nalité et de la puissance poétiques de Baudelaire.

Rien de tout cela, cependant, ne suffit à exorciser
la malédiction : les trois feuilletons de la Presse *n'eurent*
point de suite, le quatrième resta à l'imprimerie, et
Baudelaire se trouva englué dans un misérable conflit
avec Houssaye et son administrateur Rouy : ne leur
avait-il pas fourni des textes pour la plupart déjà publiés,
au lieu de ne donner que de l'inédit ? Aussi allait-il devoir
se tourner ailleurs, mais, en 1863, si le Boulevard,
à son tour, publiait des poèmes en prose, cette publication
coïncidait avec son dernier numéro.

Ainsi la malédiction resurgissait de partout : même Hetzel, si lucide et si enthousiaste, n'y put finalement rien faire et, le 22 décembre 1862, déjà, Baudelaire avait dû écrire à sa mère qu'il endurait à ce sujet de véritables tortures *(c'est lui qui souligne). Désormais, et jusqu'au-delà même de la mort de leur auteur, les poèmes seront de perpétuels errants, parfois même de véritables pestiférés, qui ne se peuvent faire accueillir nulle part : il n'est que de se reporter à la liste des publications (ou des non-publications) pour s'en rendre compte* [1].

C'est que, déjà dans le conflit qui opposa Baudelaire à Houssaye, le poète était certes accusé, en quelque sorte, de tromperie sur la marchandise, ce qui suffisait largement à le torturer, lui si soucieux d'intégrité littéraire ; mais tout porte à penser aussi que cette affaire cachait un autre malentendu, plus grave encore, une autre manifestation, plus pénétrante, de la malédiction : Houssaye était avant tout un directeur de revue ; certes il appartenait bien un peu à l'avant-garde *littéraire, mais il se devait aussi de songer au public, à ses réactions, à ses susceptibilités. Bien que nous ne puissions savoir de quels poèmes était composé le quatrième feuilleton non publié de* la Presse, *Jacques Crépet a cru pouvoir supposer avec vraisemblance, d'après la correspondance de Baudelaire, qu'y figuraient sans doute, entre autres,* Les Tentations *(sous le titre :* Eros, Plutus et la

---

1. On trouvera cette liste, pour chaque poème, en tête des variantes.

Gloire*), La Belle Dorothée *et* Un Joueur généreux. *Or pour les deux premiers de ces poèmes nous savons, par une lettre du poète au directeur de la* Revue nationale *(10 juin 1863), que, lorsqu'ils y parurent, on leur avait fait subir des « corrections de bienséance » contre lesquelles précisément Baudelaire proteste avec la dernière énergie (et par exemple, dans* La Belle Dorothée, « son dos creux et sa gorge pointue » *était devenu « les formes de son corps »*) ; il y a tout lieu de croire qu'à la Presse, les subordonnés, sinon Houssaye lui-même, se livrèrent sans doute, non sans quelque désinvolture, à ce même genre d'exercice. A en juger d'après le rapport que donne Houssaye, dans ses* Confessions, *de l'entrevue qu'il eut avec Baudelaire à ce sujet, il semble bien que le conflit fut assez grave pour exclure toute solution de compromis : sans doute, s'il ne s'était agi que de régler la question des inédits, il n'en eût pas été de même.*

Quoi qu'il en soit de cet incident particulier, c'est un fait que les Poèmes en prose, *s'il leur arrivait de ne point paraître dans l'avant-dernier ou le dernier numéro d'une revue destinée à mourir avec eux, se heurtaient alors à cette sorte de censure diffuse qui incitait constamment les directeurs et rédacteurs en chef à en édulcorer la virulence ; or leur auteur était sur ce point l'écrivain le plus susceptible qui fût, pour qui même un changement de ponctuation défigurait un texte : à ses yeux, et selon la rigueur de son esthétique intime, le propre d'un texte, parvenu au stade de la publication, c'est d'être, comme*

toute œuvre d'art digne de ce nom, proprement inaltérable ;
*aussi est-il bien vrai que la censure et le « tripatouillage »
de ses propres textes par des irresponsables ne pouvaient
que causer à Baudelaire, en effet,* « de véritables tor-
tures » ; *l'expression n'est pas trop forte quand il
s'agit d'un artiste dont l'œuvre est la chair de sa chair,
et qui subit au tréfonds de soi-même la malédiction
qui pèse sur elle.*

C'est ainsi que Jacques Crépet a déniché dans les
Mémoires d'aujourd'hui *de Robert de Bonnières
(Paris, Ollendorff, 1888) un document savoureux :
il s'agit d'une lettre dont l'expéditeur est Édouard
Le Barbier, directeur de la* Revue libérale, *et le desti-
nataire Hippolyte Taine ; elle est datée du 19 janvier 1864
et concerne précisément deux des poèmes dont nous avons
parlé plus haut, à propos de l'affaire de la* Presse ; *ce
document mérite d'être ici reproduit* in-extenso :

Baudelaire est un brave homme dont je fais grand
cas ; mais il frappe comme un sourd. J'ai cru qu'il
m'étranglerait parce que je lui parlais de supprimer
20 lignes sur 20 pages, sans rien changer au reste du
texte.

1° *Je me mis à prier par un reste d'habitude IMBÉ-
CILE*[1] ne peut pas s'imprimer dans une revue qui
débute et que le parquet surveille.

2° Un enfant de dix ans qui raconte une nuit passée

---

1. Citation inexacte du *Joueur généreux* (p. 144 : « *faisant
encore ma prière par un reste d'habitude imbécile* »). Effectivement,
dans la *Revue du XIX*e *siècle*, 1866, on lit : « *par un reste
de bonne habitude* ».

avec sa bonne, qui remarque que ses bras et ses tétons sont plus gros que ceux des autres femmes, que ses cheveux sentent bon, etc..., etc... ; ce n'est pas un enfant de dix ans. C'est M. Baudelaire qui monte le bourrichon du bourgeois.

3º Enfin les *femmes qui sentent bon* et *l'autre odeur* encore de Salammbô, sont des moyens sadiques que M. Flaubert (mon excellent ami) et M. Baudelaire (mon excellent ennemi) peuvent employer dans leurs ouvrages, mais une Revue doit y mettre plus de façons.

Baudelaire n'a été ni loyal ni poli : il m'a parlé de *pionnerie,* parce que j'ai l'honneur d'appartenir à l'École normale, et m'a refusé brutalement des *coupures indispensables.*

Après m'avoir permis de choisir les poèmes qui me conviendraient, il m'a renvoyé, avec une lettre d'injures, les quatre poèmes que j'avais fait composer (4 sur 9).

Tout cela est d'une *vanité insensée.*

M. Baudelaire prétend que je me suis recommandé auprès de lui de mon ami H. Taine et de M. Sainte-Beuve. J'ai dit simplement à M. Baudelaire que tu nous faisais l'honneur de nous confier quelques-uns de tes travaux et que M. Sainte-Beuve nous avait promis son secours, d'ici à quelques mois.

M. Baudelaire veut imposer toutes ses phrases ; à quoi bon ? Puisqu'il fera imprimer ses œuvres ?

M'as-tu forcé de publier toute la littérature anglaise ?...

A bientôt, vrai sage, aime-moi et défends-moi...

Et encore, dans ce cas, consentait-on à solliciter l'avis du poète ; mais il arrivait qu'on n'eût même pas cette délicatesse, comme en témoigne la lettre de Baudelaire au directeur de la Revue nationale *en date du 10 juin 1863, lettre publiée pour la première fois par Jacques Crépet dans son édition de notre texte :*

Je viens de lire les deux extraits *(Les Tentations* et *Dorothée)* insérés dans la *Revue nationale.* J'y trouve d'extraordinaires changements introduits après un *bon à tirer.* Cela, Monsieur, est la raison pour laquelle j'ai fui tant de journaux et de revues.

Je vous avais dit : Supprimez *tout un morceau,* si une virgule vous déplaît dans le morceau, mais ne supprimez pas la virgule ; elle a sa raison d'être.

J'ai passé ma vie entière à apprendre à construire des phrases, et je dis, sans crainte de faire rire, que ce que je livre à une imprimerie, est *parfaitement fini.*

Croyez-vous réellement que « les formes de son corps », ce soit là une expression équivalente à « *son dos creux et sa gorge pointue* » ? — surtout quand il est question de la race noire des côtes orientales.

Et croyez-vous qu'il soit immoral de dire qu'une fille est *mûre à onze ans,* quand on sait qu'Aïscha (qui n'était pas une négresse née sous les tropiques) était plus jeune encore alors que Mahomet l'épousa ?

Monsieur, je désire sincèrement vous remercier du bon accueil que vous m'avez fait ; *mais je sais ce que j'écris,* et ne raconte *que ce que j'ai vu.*

Si encore j'avais été prévenu à temps, j'aurais pu supprimer tout le morceau...

On voit d'ailleurs par le premier paragraphe de cette lettre que ce n'était pas la première fois que les textes de Baudelaire étaient victimes de pareille aventure. Et il en sera ainsi jusqu'à la fin de sa vie, et au-delà. En effet au moment de la mort du poète, onze pièces se trouvaient déposées, aux fins de publication, aux bureaux de cette même Revue nationale : *sur ces onze pièces, cinq firent peur au directeur, qui renonça à les publier, et ces cinq poèmes,* Le galant Tireur, La Soupe et les

Nuages, Perte d'auréole, Mademoiselle Bistouri
et Assommons les pauvres, *durent attendre l'édition
de 1869 pour voir le jour*[1]. *L'un d'entre eux au moins,*
Mademoiselle Bistouri, *est, effectivement, encore aujour-
d'hui, à compter au nombre des œuvres les plus* virulentes
de son auteur.

    *Si encore la malédiction s'était bornée à prendre la
forme de ce conflit, si douloureux qu'il fût, entre le poète
et son temps, entre le créateur et ce monde dont son
miroir poétique produisait une trop indiscrète image!
Mais le mal venait de plus loin, et Baudelaire le portait
en lui : plus pathétique que l'histoire de la publication
est l'histoire de la création elle-même. Voici en effet
une œuvre où l'auteur voit sans doute son achèvement
le plus précieux, et il y réunira, dans toute la richesse
d'une sorte de litote lyrique dont il n'est guère d'autre
exemple, l'élan de son « spiritualisme », la rigueur de sa
« modernité » et la sincérité de sa conviction esthétique.
Mais à quel prix! et à travers quels tourments, à travers
quels désastres spirituels! Voici l'œuvre qui l'occupa
et le préoccupa tout au long de ses dernières années,
jusqu'à mériter d'être pour nous une sorte de testament
poétique. Mais n'est-ce pas la plus tragique des coïncidences
que, quatre semaines après avoir écrit à Houssaye,
à la date de Noël 1861, la lettre qui inaugure sa volonté*

---

    1. Voilà qui règle la question de savoir quel crédit accorder
aux publications en revue. Cf. à ce propos notre introduction
aux varia ntes.

de réaliser enfin cette œuvre dont, dit-il, il rêvait depuis
plusieurs années, *Baudelaire ait été conduit à noter,*
dans Mon Cœur mis à nu, LXXXVII *(le seul lieu*
de ses Journaux intimes *qui porte une date précise)* :
« Maintenant, j'ai toujours le vertige, et aujourd'hui
23 janvier 1862, j'ai subi un singulier avertissement,
j'ai senti passer sur moi le vent de l'aile de l'im-
bécillité. »

Désormais, Baudelaire entre dans cette période,
qui ne finira qu'avec la paralysie, l'aphasie et la mort,
où, en lui, l'effort créateur est sans cesse engagé dans
le combat avec les forces d'anéantissement qui investissent
le poète, corps et âme ; c'est l'époque où il est hanté
par le travail, par une aspiration de chaque instant à la
pratique de cette hygiène morale qu'est le travail ; c'est
l'époque où la création littéraire, soutenue par la prière,
lui apparaît comme une sorte de magie blanche capable
de l'emporter sur la magie noire de la débauche, de l'aban-
don, de la démission corporelle et spirituelle ; c'est le
moment où se trouve littéralement vraie une autre notation
de Mon Cœur mis à nu (XCIV) : « Je suppose que
j'attache ma destinée à un travail non interrompu
de plusieurs heures. »

Les poèmes en prose ont sans aucun doute été une
des thérapeutiques principales de cette hygiène *morale ;*
mais, du même coup, ils se sont trouvés aux avant-postes
du combat spirituel, intimement mêlés aux souffrances
de l'âme et du corps, engagés au premier rang dans cette

démonstration héroïque des valeurs de la conscience esthétique *que Baudelaire n'avait cessé de poursuivre depuis qu'il avait écrit les pages admirables du* Salon de 1846 : *après quinze ans, sous le coup d'une menace dont il sait qu'elle finira par l'emporter bientôt, il entreprend de mener à bien, dans un climat d'intolérable malédiction, sa propre recherche de l'absolu dans la lucidité du regard et la perfection de l'écriture.*

Mais voici qu'auprès des difficultés qu'oppose à la publication des poèmes la sottise contemporaine, le mal qui ronge Baudelaire à partir de 1862, cette léthargie récurrente dont les répits ne font qu'accroître en lui la conscience douloureuse de sa précarité s'attaque aux sources mêmes du pouvoir créateur : lorsqu'il parle des poèmes à ses amis et à ses intimes, Baudelaire ne cesse alors d'osciller entre l'espérance et le découragement ; il ne cesse d'imaginer qu'il en aura bientôt fini, pour dire ensuite qu'il n'en peut venir à bout, comme si, en lui, se rencontraient, pour se contredire, l'exigence de l'écrivain sûr de son génie, et l'abattement du malade contraint de douter de sa résistance physique et nerveuse ; en juin 1863, heureux d'avoir vendu à Hetzel Les Fleurs du Mal, *3ᵉ édition, et* Le Spleen de Paris, *dont il espère cinq éditions, il se déclare* « très content de toute la partie qui est faite » ; *mais il est dans l'obligation d'avouer :* « Le Spleen de Paris *est inachevé, et n'a pas été livré à temps. Il ne faut, pour le finir, qu'une quinzaine de journées de travail, mais de travail vigoureux. J'ai eu le tort de laisser tomber l'activité

qui m'avait soutenu... » *Et deux jours plus tard :*
« Je viens de recevoir les épreuves du *Spleen de
Paris ;* mon Dieu que ce sera long à finir. » *Tel est
le thème constant de cette aventure ; encore, le 8 août 1864,
toujours à sa mère, à qui il annonce qu'Hetzel consent
à attendre jusqu'à la fin de septembre la remise du manus-
crit :* « Ah! quelle joie quand ce sera fini! Je suis
si affaibli, si dégoûté de tout et de moi-même, que
quelquefois je me figure que je ne saurai jamais
achever ce livre interrompu depuis si longtemps,
et dont j'ai cependant tant caressé l'idée. » *Enfin,
comme par une sorte de sursaut et de rémission, qui
n'étaient que l'ultime effort d'une volonté mortellement
blessée, Baudelaire, dans les premiers mois de 1866,
reprend cœur et paraît avoir le sentiment d'être parvenu
à ses fins ; le 19 février, il écrit à Troubat :* « Je suis
assez content de mon *Spleen* », *et, de Bruxelles,
par l'intermédiaire d'Ancelle, il s'occupe d'activer les
négociations avec les frères Garnier ; dans cette même
lettre à Troubat du 19 février, il déclare avoir* fait les
dernières pages. *Mais les éditeurs, en ce mois de février,
allaient refuser les œuvres complètes, où devait entrer
le* Spleen, *et bientôt c'est Baudelaire lui-même qui
allait manquer à son œuvre.*

*En fait, il lui avait manqué depuis plus de temps
qu'il ne le disait et le pensait lui-même ; au cours de
son séjour en Belgique, aucun poème n'avait vu le jour,
si ce n'est* Les Bons Chiens *et* Le Tir et le Cimetière ;
le plus grand nombre des autres poèmes sont antérieurs à

1864 et peut-être l'un ou l'autre fut-il achevé au plus tard à l'automne 1865. Tout le travail auquel Baudelaire fait allusion au cours des mois suivants restait illusoire, puisque les variantes prouvent qu'alors les remaniements apportés aux textes déjà rédigés ne concernent générale-ment que d'infimes détails. Finalement, outre les poèmes définitivement achevés avant la fin de 1865, Baudelaire semble bien n'avoir pu désormais produire que des projets, des titres, des « idées de poèmes ».

Le nom même à donner à cette œuvre tant désirée, Baudelaire ne parvint pas à le fixer sans retour, et aujourd'hui encore elle est partagée entre deux titres : Petits Poèmes en prose *et* Spleen de Paris. *Dès le début d'ailleurs, le problème du titre semble avoir tourmenté l'auteur : il a commencé en 1857 par parler de* Poèmes nocturnes, *et c'est sous ce titre que les premiers textes parurent dans* le Présent *et que d'autres encore, en 1859, furent proposés à* la Revue française *peu avant sa disparition. En 1861, apparaît le titre de* Poèmes en prose ; *mais à la fin de la même année, Baudelaire écrit à Houssaye comme si cette désignation n'était pas vraiment un titre, mais ne visait qu'à définir un genre ; dans ses lettres, le poète en effet se propose plusieurs titres possibles :* Le Promeneur solitaire, *ou* Le Rôdeur parisien, *dit-il, pour ajouter ensuite :* « Je crois que j'ai trouvé le titre qui rend bien mon idée : *La Lueur et la Fumée...* » Mais *dans* la Presse, *en août 1862, vingt poèmes allaient paraître sous le titre :* Petits Poèmes en prose. *Près d'un an plus tard, enfin, en juin 1863, apparaîtra, dans une lettre à Mme Aupick que nous avons citée plus haut,* le titre Spleen de Paris, *auquel Baudelaire restera fidèle dans la suite de sa correspondance ; néanmoins, lorsque, dans les premiers mois de 1866, il en parle à sa mère ou à Sainte-Beuve, il reprend pour désigner son œuvre le titre de* Poèmes en prose, *et c'est sous le titre de* Petits Poèmes lycanthropes *(inspiré de Pétrus Borel) qu'en mars 1866 deux poèmes sont donnés à la* Revue du XIXe siècle, *où ils paraîtront en juin* (La fausse monnaie *et* Le Joueur généreux). *A cette même période finale appartient, si l'on en croit le témoignage de Jacques Crépet, qui l'a eue sous les yeux, une table des matières autographe, identique à celle de l'édition de 1869, où le titre est, semble-t-il, définitivement :* Petits poèmes en prose.

De toutes ces variations du titre, il ressort donc qu'auprès de projets éphémères, deux titres seulement, Petits Poèmes en prose *et* Spleen de Paris *bénéficièrent d'une certaine constance, et ce sont les deux titres sous lesquels l'œuvre fut désormais connue : Banville et Asselineau eurent sans doute de bonnes raisons de choisir le premier, et c'est pourquoi nous avons cru devoir les suivre, mais, comme pour refléter les hésitations mêmes de l'auteur et ne point ignorer le titre sous lequel les poèmes sont devenus célèbres, nous avons cru devoir aussi y joindre, entre parenthèses, ce second titre :* Le Spleen de Paris.

On aurait tort de penser que cette hésitation sur le

*titre ne présente qu'un intérêt secondaire : elle est un
symptôme à la fois de la préoccupation particulière dont
furent l'objet les poèmes en prose, et du mal qui tourmen-
tait leur auteur, le mal auquel il fait allusion dans une
lettre à sa mère du 11 février 1865 :* « Je ne sais combien
de fois tu m'as parlé de ma facilité. C'est un terme
très usité qui n'est guère applicable qu'aux esprits
superficiels. Facilité à concevoir? ou facilité à
exprimer? Je n'ai jamais eu ni l'une ni l'autre, et il
doit sauter aux yeux que le peu que j'ai fait est le
résultat d'un travail très douloureux. » *La pire
malédiction qui ait pesé sur cette œuvre, c'est la peur
de l'impuissance, de cette impuissance de l'esprit à
laquelle Baudelaire se croyait mystérieusement prédestiné
au moment même où il avait pleine conscience de l'originalité
et de la fécondité de son génie, puisque, déjà dans* La
Fanfarlo, *le héros autobiographique Samuel Cramer
apparaît à Baudelaire comme le* « dieu de l'impuissance,
— dieu moderne et hermaphrodite, — impuissance
si colossale et si énorme qu'elle en est épique ».

*Ainsi s'explique sans doute la hâte avec laquelle le
poète entreprenait de concevoir des titres, tant pour le
futur recueil que pour les* Poèmes à faire, *un peu comme
si la présence d'un titre, d'une multitude de titres, était
une garantie contre la menace de l'impuissance de créer.
Il semble bien d'ailleurs que Baudelaire ait projeté
d'écrire deux ou trois fois plus de poèmes qu'il n'en voulait
conserver : soucieux de faire de cette œuvre l'expression
la plus parfaite de son art, il voulait se donner à lui-*

*même la possibilité de choisir en toute rigueur, en se
fixant à l'avance la limite d'un nombre restreint, les
plus beaux produits d'un projet qu'il sentait virtuellement
immense.*

*On a plus d'une fois posé cette question du nombre
des poèmes ; on ne peut en effet manquer d'être frappé
par la disproportion entre les cinquante pièces de l'édition
posthume et le nombre des poèmes projetés, tel qu'il
ressort de listes comme celle que publia Nadar. En fait
la question est réglée par les termes mêmes de la seconde
lettre à Houssaye de 1861 :* « au minimum 40 poèmes,
au maximum 50 ». *Certes, selon une lettre à Sainte-
Beuve de mars 1865, Baudelaire se proposait d'écrire*
« cent » *poèmes, et, dans une lettre à Asselineau, citée
par Jacques Crépet, Poulet-Malassis déclarera qu'à
la veille de sa mort, Baudelaire avait 70 poèmes de faits
mais il ajoute :* « il voulait en faire 100 pour choisir,
car sur les 70 il y en avait de faibles et d'autres
qui faisaient double emploi ».

*Il semble donc bien que, quant au nombre et au choix
des poèmes, le recueil posthume ait été conforme à l'in-
tention de Baudelaire, mais que le poète n'eut pas le temps
de pousser son expérience jusqu'à son terme, c'est-à-dire
jusqu'à la rédaction définitive de ces cent poèmes — dont
beaucoup avaient déjà leur titre — pour n'en retenir
ensuite que la part la plus parfaite, réduite à ce maximum
de cinquante poèmes qu'il s'était fixé dès l'origine.*

C'est en ce sens, mais en ce sens seulement, que l'œuvre

*peut être dite inachevée, car, finalement, de la malédiction
et du génie, c'est tout de même le génie qui fut le plus fort.
Tels qu'ils nous sont parvenus, dans leur réunion posthume,
les* Petits Poèmes en prose *sont au contraire un admirable
exemple d'achèvement poétique, ne serait-ce que
parce que Baudelaire y a pleinement accompli son idéal
de modernité magique et y a suscité la présence, dans les
anneaux du style, de son grand rêve esthétique : la rencontre,
sous le signe du* surnaturalisme, *de l'insolite et du
quotidien.*

L'INSOLITE ET LE QUOTIDIEN

Seule la poésie peut effectuer la proximité de l'étrange, et, réciproquement, l'étrangeté du quotidien. Or Baudelaire a besoin — esthétiquement et nerveusement — de ressentir dans une expérience unique la présence conjuguée de l'intime et du lointain, il a besoin à la fois du merveilleux et du contact, et c'est bien pourquoi il est convaincu que la meilleure solitude s'obtient au sein même d'un bain de multitude. *L'acte poétique sera l'inscription, dans une organisation pseudo-narrative de figures verbales, de ces* rencontres *qui ne cessent d'apparaître devant l'œil privilégié du poète. Car il est bien une manière de* voyant, *le poète, dans un monde d'aveugles, et si, dans tant de ses écrits, Baudelaire se déchaîne contre l'imbécillité contemporaine, ce n'est pas seulement qu'il lui est arrivé trop souvent d'en être personnellement victime, c'est aussi, et plus profondément, que la vraie lucidité est devenue de plus en plus rare et difficile dans un monde qui refuse, au nom de la science et du progrès, au nom même d'on ne sait quel « réalisme », l'interprétation poétique de sa vie de tous les jours. Or ce même monde moderne a pourtant donné naissance à un être qui réunit en lui la suprême ambiguïté, mais encore faut-il que l'artiste sache le* voir *et le décrire, jusque dans la plus quotidienne de ses surprises. Car la poésie est surprise, et cet être né du monde moderne, la* Ville, *Paris, sème sous les pieds du voyant les surprises poétiques comme les cailloux d'or de l'Eldorado :* « la vie parisienne est féconde en sujets poétiques et merveilleux. Le merveilleux nous enveloppe et nous abreuve comme l'atmosphère ; mais nous ne le voyons pas [1] ».

Cette expérience quotidienne de l'insolite, que Baudelaire doit à sa « fréquentation » *de la* « ville énorme », *selon les termes mêmes de la* Dédicace *des* Poèmes en prose, *elle a tôt fait de ne plus être seulement une expérience ; agissant sur* « les complications bizarres de ce caractère », *selon la formule qui sert à nous présenter le héros autobiographique de* La Fanfarlo, *elle produit de multiples réfractions psychologiques et spirituelles qui se concentrent bientôt dans l'élaboration concertée d'une esthétique : esthétique complexe, ondoyante, soumise aux fluctuations des diverses impulsions de l'âme, et cela dès le moment où, comme il le dit au début de son* Exposition *de 1855, Baudelaire a cessé de vouloir se fier à des* systèmes *pour* se contenter de sentir ; *esthétique néanmoins dominée par le plaisir aristocratique d'étonner, mais aussi par l'amour et la passion du* présent *dans son authenticité la plus proche :* « le plaisir que nous reti-

---

1. *Salon de 1846,* XVIII.

rons de la représentation du présent tient non seulement à la beauté dont il peut être revêtu mais aussi à sa qualité essentielle de présent [1] ». *C'est qu'en effet le beau* « est toujours véritablement d'une composition double [2] », *et l'esthétique du présent ne s'accomplit que dans sa fusion avec l'esthétique du bizarre. C'est ici toute l'introduction de* L'Exposition Universelle de 1855 *qui serait à citer ; nous y renvoyons le lecteur pour n'en donner que les passages les plus marquants, où l'on notera que se lit deux fois le mot* insolite : « Que dirait un Winckelmann moderne... en face d'un produit chinois, produit étrange, bizarre, contourné dans sa forme, intense par sa couleur, et quelquefois délicat jusqu'à l'évanouissement? Cependant c'est un échantillon de la beauté universelle ; mais il faut, pour qu'il soit compris, que le critique, le spectateur opère en lui-même une transformation qui tient du mystère, et que, par un phénomène de la volonté agissant sur l'imagination, il apprenne de lui-même à participer au milieu qui a donné naissance à cette floraison insolite... Que dirait, qu'écrirait, en face de ces phénomènes insolites, un de ces *modernes professeurs-jurés* d'esthétique, comme les appelle Henri Heine?... N'en déplaise aux sophistes trop fiers qui ont pris leur science dans les livres, et, quelque délicate et difficile à exprimer que soit

1. *Le peintre de la vie moderne,* I.
2. *Id. ibid.*

mon idée, je ne désespère pas d'y réussir : *le Beau est toujours bizarre...* C'est son immatriculation, sa caractéristique. »

Quant aux raisons qui inspirent à Baudelaire cette esthétique de la présence de l'insolite, elles ne sont pas sans rapport avec son héritage romantique, car Baudelaire appartient bien à ce romantisme qui se propose, comme il dit dans son étude sur Pétrus Borel, de « violer les habitudes morales du lecteur » : on ne devra pas oublier, en lisant certains au moins des Poèmes en prose, qu'ils ont en effet ce but, et même la technique du poème en prose, qui autorise la forme narrative, confère à cette opération une virulence exceptionnelle. Mais ce n'est là, tout de même, qu'un aspect du dandysme baudelairien, et la lycanthropie n'épuise pas — heureusement — l'esthétique et la poésie de l'auteur des Fleurs du Mal. Sa bizarrerie vient de plus loin : elle est en effet l'antidote de sa nostalgie. Baudelaire, qui refuse le réalisme, n'en est pas moins amoureux de la réalité, mais d'une réalité qui, pour rester quotidienne, n'en doit pas moins cesser d'être banale ; au dilemme qu'impose à Baudelaire son tempérament, il n'y a qu'une solution : le refus d'admettre l'incompatibilité de l'insolite et du quotidien, la conviction, au contraire, que tout le quotidien est fait d'insolite, et que c'est précisément la fonction sacrée de l'art et de la poésie que de faire apparaître par la magie du langage — la célèbre magie suggestive, dont nous aurons à reparler — l'indissociable solidarité, dans l'unité du Beau, du présent et du bizarre.

*Certes, dans son essence profonde, tout art, en effet,
est, à quelque degré, un art de l'insolite, et, comme l'a si
génialement senti Baudelaire, c'est bien là, dans la nature
même de l'art, ce qui condamne l'académisme. Notre
poète a admirablement senti, aussi, la portée symbolique
d'un des phénomènes les plus importants de l'histoire
spirituelle du XIX*e *siècle : que ce temps fut à la fois
le grand découvreur des dimensions insolites du Beau, et
le grand promoteur des triomphes provisoires de l'aca-
démisme. Plus encore que* Les Fleurs du Mal, *précisé-
ment parce qu'ils adoptent délibérément un masque réa-
liste, les poèmes en prose sont un témoignage et une protes-
tation, en même temps qu'une expérience esthétique : les*
Tableaux parisiens, *des* Fleurs du Mal, *avaient amorcé
le thème qui devient la dominante des poèmes en prose ;
admirateur de Daumier, de Constantin Guys, et de
Meryon, Baudelaire a bien vu dans la Ville le point de
concentration de l'insolite-quotidien ; les poèmes suscitent
de ces êtres qui, comme les Veuves ou Mademoiselle
Bistouri, font de la rencontre du mystère ou de l'anomalie
un de ces « hasards » si fréquents dans la vie de l'*homme
des foules *que c'est une loi du quotidien que de produire
l'insolite comme une banalité. La poésie gît dans cette
équivoque même, dans cette incertitude des frontières d'un
monde qui ne sait lui-même où finit le naturel et où com-
mence le fantastique. Et sans doute faut-il voir une mani-
festation de la Providence des poètes et des artistes dans
la rencontre de Baudelaire avec Edgar Poe, car il est bien
probable que, sans l'influence du conteur américain, les*

Poèmes en prose *ne seraient pas tout à fait ce qu'ils sont.*

Si en effet Baudelaire doit à son tempérament, à sa sensibilité urbaine exceptionnelle, sa conviction que le Beau moderne ne peut naître que de l'intime association de l'insolite et du quotidien, il n'eût peut-être pas pu, sans l'exemple de Poe, aller jusqu'au bout de son expérience : c'est l'originalité même des Histoires extraordinaires, *l'originalité de leur invention et de leur style, qui vient transformer son intuition en certitude, et sa théorie esthétique en volonté technique ; ce n'est pas un hasard si certains poèmes — Une Mort héroïque par exemple — tendent à se transformer en histoires extraordinaires et confinent parfois même au pastiche poesque. Baudelaire trouvait en effet chez Edgar Poe un exemple parfait de réussite, une vérification expérimentale de son esthétique instinctive, comme il le dit lui-même,* la « préoccupation de tous les sujets réellement importants, et *seuls* dignes de l'attention d'un homme *spirituel* [1] ». *Et c'est bien en effet comme condition de la* spiritualité *du Beau que la transcription insolite du quotidien semble à Baudelaire le seul sujet digne de son attention. Sans doute faut-il voir dans sa prédilection de plus en plus marquée*

---

1. *Edgar Poe, sa vie et ses ouvrages. Œuvres posthumes,* I, p. 277. Rappelons que le *Salon de 1846,* antérieur à la lecture de Poe, contenait déjà quelques éléments essentiels de l'esthétique de l'insolite, ce qui confirme au passage que l'influence de Poe a eu surtout pour fonction de consolider les certitudes de Baudelaire et de l'inciter sans doute à entreprendre la mise au point d'une réalisation technique de cette esthétique (c'est probablement dès 1852 que commença la familiarité de Baudelaire avec Edgar Poe).

*pour les poèmes en prose le signe même de sa volonté
esthétique la plus profonde et la plus constante. Ainsi
seulement en effet pourra être obéie la célèbre injonction de*
Mon Cœur mis à nu (XCI) : « trouver la frénésie
journalière ».

*Car la recherche de l'insolite dans le quotidien, si elle
est un acte poétique, c'est aussi qu'elle doit jouer son rôle
dans la perpétuelle quête baudelairienne de la vigueur spiri-
tuelle : elle est la correspondante, dans l'ordre de la pureté,
de ce que sont, dans l'ordre de l'impureté, les paradis
artificiels ; elle est appelée à devenir ce* mystique aliment
qu'évoque la nostalgie du poète dans la pièce L'Ennemi,
des Fleurs du Mal. *Quand il inscrit dans le poème en
prose les* « sensations d'un homme sensible en visi-
tant une grande ville inconnue [1] » — *car la grande
ville est toujours inconnue jusque dans sa banalité — Baude-
laire cherche à se guérir d'une maladie morale, à la fois
personnelle et sociale, maladie qu'il porte en lui comme
une tentation et dont le contact de son époque lui impose
la virulence épidémique : la maladie du conformisme, la
grande* fatuité du siècle, *et la* folie du progrès [2] ;
*mais c'est aussi le déséquilibre d'une société réduite au
culte du petit, et qui impose au poète le choix entre la
compromission ou le divorce. Hygiène morale, thérapeu-
tique spirituelle, la poésie se doit de donner tout leur pou-
voir aux techniques de choc, car s'il s'agit d'abord de*

---

1. Notes fragmentaires (éd. Le Dantec, Pléiade, p. 1282).
2. Étude sur Théophile Gautier *(L'Art romantique)*, II.

« violer les habitudes morales du lecteur », *il s'agit aussi, et surtout, d'arracher des masques, de faire du quotidien non plus une surface mais une profondeur, de découvrir dans la banalité la plus ordinaire de la Ville, par exemple, le fantastique le moins contestable, pour démontrer que la poésie peut clamer sa vérité face à toutes les impostures. Et l'imposture suprême n'est-elle pas de laisser croire que le masque est plus vrai que le visage, et la mécanique de l'habitude sociale plus vraie que l'inépuisable anomalie de la particularité?*

Ainsi c'est bien par l'insertion réciproque de l'insolite et du quotidien que se définit la poésie en général, et la poésie en prose en particulier : car la poésie en prose a l'avantage de rendre compte de cette insertion réciproque à l'état naissant, *pour ainsi dire. Et ici intervient le « spiritualisme » de Baudelaire, tout ce qu'il doit aux analogies de Fourier et aux correspondances de Swedenborg. Plus encore que la poésie versifiée, la poésie en prose est une technique hygiénique analogue par ses effets à ce que Baudelaire décrit dans les* Paradis artificiels *lorsque, dans le* Poème du Haschich, *il écrit :* « Cependant se développe cet état mystérieux et temporaire de l'esprit, où la profondeur de la vie, hérissée de ses problèmes multiples, se révèle tout entière dans le spectacle, si naturel et si trivial qu'il soit, qu'on a sous les yeux, — où le premier objet venu devient symbole parlant [1]. » *La bizarrerie, l'insolite, l'inattendu*

---

1. Cf. aussi : *Fleurs du Mal, Les Petites Vieilles : Un symbole d'un goût bizarre et captivant.*

sont ainsi comme les clés du quotidien et en même temps les sésames de cet anywhere out of the world *qui ne s'obtient jamais si efficacement que par la rupture poétique des masques de ce monde ordinaire.*

Tel est le surnaturalisme baudelairien : démenti de l'art positif, *qui prétend réduire le quotidien à sa banalité sous prétexte d'en respecter la « vérité*[1] *» ; découverte des profondeurs insolites, fantastiques, « spirituelles », de la réalité actuelle, en un mot ce qu'au titre du dernier chapitre du* Salon de 1846, *Baudelaire appelle* l'héroïsme de la vie moderne ; *élaboration enfin d'une technique du langage qui réunisse l'instantanéité de la notation réaliste ou impressionniste avec le symbolisme de la nouveauté et de la trouvaille, le choc de l'inattendu et l'évidence du vrai, la précision de l'authentique et l'infinité de la correspondance.*

Mais cette technique elle-même ne se peut concevoir hors d'une certaine expérience, *hors d'un certain parti esthétique : parce qu'il est si profondément engagé dans l'inspection du quotidien, parce que le quotidien est bien cet inconnu au fond duquel il est toujours possible au poète de trouver du nouveau, Baudelaire, malgré bien des tentations, refuse aussi bien l'art pour l'art que l'art positif, et il se trouve contraint de dépasser le faux dilemme du vrai et du beau : c'est, dans sa modernité même, le monde quotidien qui servira à la fois de matière et de langage à la poésie surnaturaliste.*

---

1. Cf. en particulier ce que dit Baudelaire à ce sujet dans son *Salon de 1859*.

III

MODERNITÉ ET SURNATURALISME

Tous les poèmes ne sont pas des poèmes urbains ; si néanmoins la Ville reste comme le lieu symbolique de concentration de l'insolite-quotidien, si la fréquentation des villes énormes *et le* bain de multitude *comptent au nombre des principales techniques de l'excitation poétique, c'est que, précisément, la Ville est aussi le lieu des floraisons les plus explicites de la* modernité. *On sait la place que tient dans l'œuvre critique et poétique de Baudelaire ce thème de la modernité. Déjà dans son premier essai,* La Fanfarlo, *le héros, Samuel Cramer, incarne le type du dandy moderne, le successeur (mais aussi l'héritier) du héros romantique.* Les Paradis *artificiels seront le compte rendu d'une entreprise de transfiguration de la modernité. De Quincey, Edgar Poe, Constantin Guys, et, auprès d'eux, Manet ou Meryon, seront les vrais maîtres de Baudelaire, et tandis que le « réalisme » contemporain ne cessera de susciter la répulsion du poète, il cherchera, lui, à travers les modes d'expression les plus divers — méditation critique, théorie esthétique, versification, poème en prose —, le moyen de donner à sa* conscience poétique des analogies, des allégories et des correspondances la forme technique qui permettra à la modernité de se surnaturaliser. *Car pour comprendre toute la portée de l'entreprise baudelairienne, dont les poèmes en prose sont incontestablement le terme et le sommet, il faut se souvenir que, par sa situation historique comme par sa vocation personnelle, Baudelaire est constamment exposé au risque du porte-à-faux ; et d'ailleurs la place qui lui est ordinairement attribuée dans l'histoire littéraire courante reflète cette équivoque : n'est-il pas souvent présenté à la fois comme une sorte de « parnassien » attaché à la doctrine de l'art pour l'art, et néanmoins comme le père du « symbolisme » ? De même sa défense de la « modernité » pourrait laisser croire qu'il n'est point tout à fait étranger à la tentative réaliste. Et pourtant, son œuvre abonde en textes où il dénonce avec la dernière vigueur aussi bien l'art pour l'art que l'art positif* [1]. C'est que, pour Baudelaire, le problème esthétique n'est ni celui de la gratuité de l'art, ni celui du positivisme ; fidèle en ceci aux influences « spiritualistes » qui l'ont si profondément marqué (en particulier celle de Swedenborg), Baudelaire est convaincu qu'avant d'être une forme ou une représentation, l'art est un* acte*, et qu'à ce titre, il résulte de la convergence de deux coordonnées fondamentales : l'actualité et la péren-

---

1. Cf. sur ce sujet des hésitations esthétiques de Baudelaire l'étude de M. A. Ruff, *Revue des Sciences humaines*, janvier-mars 1957 : *Baudelaire et le problème de la forme*.

nité ; c'est l'unité de cette dualité que vise à instaurer
l'acte artistique :

Le beau est toujours, inévitablement, d'une com-
position double, bien que l'impression qu'il produit
soit une ; car la difficulté de discerner les éléments
variables du beau dans l'unité de l'impression n'infirme
en rien la nécessité de la variété dans sa composition. Le
beau est fait d'un élément éternel, invariable, dont la quan-
tité est excessivement difficile à déterminer, et d'un élément
relatif, circonstanciel, qui sera, si l'on veut, tour à tour
ou tout ensemble, l'époque, la mode, la morale, la
passion. Sans ce second élément, qui est comme l'enve-
loppe amusante, titillante, apéritive, du divin gâteau,
le premier élément serait indigestible, inappréciable,
non adapté et non approprié à la nature humaine. Je
défie qu'on découvre un échantillon quelconque de
beauté qui ne contienne pas ces deux éléments [1].

Aussi le progrès de la pensée esthétique du poète s'or-
ganise-t-il autour de sa recherche d'une définition de la
modernité, recherche qui le conduit du dernier chapitre
du Salon de 1846, « l'héroïsme de la vie moderne »,
à la grande étude de 1860 sur l'œuvre de Constantin Guys,
Le Peintre de la vie moderne, *étude contemporaine*
des pages consacrées à ce même sujet, à propos de l'artiste
moderne, de la photographie ou du paysage, dans le Salon
de 1859. *A cette date, qui correspond au moment où*
Baudelaire va se lancer dans l'aventure des Poèmes en
prose, *son esthétique est en quelque sorte fixée, et son*
œuvre n'en sera que plus délibérément concertée : il en

---

1. *Curiosités esthétiques, Le Peintre de la vie moderne,* I.

*voudra faire l'expression définitive de sa certitude. Sans
doute est-ce la raison pour laquelle les* Poèmes *en prose
lui furent si douloureux et leur perfection si chère.*

   *Mais Baudelaire ne se contente pas de reprendre sim-
plement l'esthétique de la modernité sous la forme où
Stendhal l'avait « lancée » dans son* Racine et
Shakespeare. *On ne peut le comprendre en effet si l'on
ne se réfère à son « spiritualisme » fondamental : la
modernité n'est pas seulement un objet, elle est aussi
et surtout une vision, soumise aux lois de l'analogie
de l'allégorie et de la correspondance ; c'est le Paris
du* Cygne *des* Fleurs du Mal : « Je ne vois *qu'en
esprit* tout ce champ de baraques... — ... tout pour
moi devient allégorie... » ; *c'est la Femme de
Constantin Guys, avec sa mode et son maquillage (« elle
accomplit une espèce de devoir en s'appliquant
à paraître magique et surnaturelle [1] ») ; ce sont les
tableaux ou gravures de Legros et de Manet* (« MM.
Manet et Legros unissent à un goût décidé pour
la réalité, la réalité moderne, cette imagination
vive et ample, sensible et audacieuse, sans laquelle,
il faut bien le dire, toutes les meilleures facultés
ne sont que des serviteurs sans maître, des agents
sans gouvernement [2] ») ; *c'est l'*Homme des foules
d'Edgar Poe, « contemplant la foule avec jouissance »
et pour qui, « fasciné, la curiosité est devenue une

---

   1. *Le Peintre de la vie moderne,* XXX, XI : *Éloge du maquillage.*
   2. *Peintres et Aquafortistes.*

passion, fatale, irrésistible [1] ». *Car la modernité baudelairienne n'est poétique que parce que la curiosité se « spiritualise » en passion et en fascination : par le jeu multiple de la fascination, la modernité, loin de le contredire, se confond avec le surnaturalisme. Et les poèmes en prose voudront être le miroir concentré des fascinations de cette modernité surnaturaliste.*

Combien de fois le poème en prose n'est-il pas ce parcours qui conduit de la curiosité à la fascination ? Le plus bel exemple en est sans doute celui de ces femmes aux attitudes de veuves *dont la première apparition émeut poétiquement le Samuel Cramer de* La Fanfarlo, *en attendant qu'elle se réincarne dans la* Passante *des* Fleurs du Mal *et envahisse de sa poésie insolite le treizième poème en prose. Mais toutes les formes de la curiosité, de la plus charitable à la plus cruelle, toutes les variantes de la fascination, de la plus céleste à la plus diabolique, traversent les poèmes pour faire à la fois leur unité et leur variété. Et c'est peut-être ce qu'entendait leur auteur, lorsque, sous un masque humoristique, il déclarait, dans sa dédicace à Houssaye, qu'on ne pouvait dire que son livre n'avait* « ni queue ni tête, puisque tout, au contraire, y est à la fois tête et queue, alternativement

---

1. *Le Peintre de la vie moderne*, III : *L'artiste, homme du monde, homme des foules et enfant.* C'est dans ce même chapitre qu'on lit aussi, à propos de l'artiste considéré comme enfant : *l'enfant voit tout en* nouveauté ; *il est toujours* ivre. C'est que (cf. le poème *Enivrez-vous*) l'ivresse révèle la conjonction fascinante, au cœur de la modernité la plus quotidienne, de l'insolite et du « réel ».

et réciproquement... Enlevez une vertèbre, et les
deux morceaux de cette tortueuse fantaisie se
rejoindront sans peine ». *La jonction se fait en effet
sans peine, car la poésie est bien ailleurs que dans une
hypothétique ossature : dans l'omniprésence du rapport
entre curiosité et fascination, qui se peut effectivement
saisir dans l'un ou l'autre sens.*

*Il peut suffire d'ailleurs d'interroger certaines prédi-
lections artistiques de Baudelaire pour saisir toute
la portée d'une telle fascination ; s'il s'agit de juger
la* Jeanne d'Arc *d'Ingres, une formule suffit au critique :*
« absence totale de sentiment et de surnaturalisme [1] »,
*mais s'il s'agit de glorifier Daumier ou Goya, c'est
justement la modernité surnaturaliste qui permet à
Baudelaire de jumeler les deux artistes dans une égale
admiration : de Daumier, il dit qu'il a représenté* « dans
sa réalité fantastique... tout ce qu'une grande ville
contient de vivantes monstruosités » ; *et ce qu'il
dit de Goya pourrait servir d'épigraphe à quelques-uns
des poèmes les plus insolites :* « nul n'a osé plus que
lui dans le sens de l'absurde possible [2] ».

*Certes l'*absurde possible *n'est pas la seule orientation
de cette modernité surnaturaliste ; mais tout se passe
comme si les poèmes en prose avaient été conçus comme
une sorte d'exploration, si possible exhaustive, du
domaine de l'insolite-quotidien, qui enferme aussi bien*

---

1. *Exposition universelle de 1855*, II.
2. *Curiosités esthétiques, Quelques caricaturistes français. —
Quelques caricaturistes étrangers.*

la poésie du sordide que celle de l'idéal, les affres du
spleen *urbain, et les élévations de la nature, les nuages
ou la mer, aussi bien les caprices de l'absurdité que les
rigueurs de la vérité spirituelle, la postulation vers Dieu
comme la postulation vers Satan, en un mot la totalité
même des images intérieures du moi, de l'humanité et
du monde. Si, aux poèmes proprement dits, on ajoute
les projets, on voit avec quelle constance, et avec quel
désir d'épuiser sa vision, Baudelaire a poursuivi cette
tâche exemplaire. Si ce qu'il appelle, dans l'étude sur
Constantin Guys,* le croquis de mœurs *est, techni-
quement, le point de départ d'un bon nombre de poèmes,
c'est que l'instantanéité du croquis et le symbolisme
social et moral contribuent à opérer la transfiguration
surnaturaliste de la modernité. Il y a même là une des
raisons des* tortures *qu'infligèrent à leur auteur les poèmes
en prose : de son propre aveu, Baudelaire ne possédait
pas la virtuosité d'exécution qui lui paraissait cependant
indispensable à ce genre de poésie, car* « il y a dans la
vie triviale, dans la métamorphose journalière
des choses extérieures, un mouvement rapide qui
commande à l'artiste une égale vélocité d'exécu-
tion [1] ». *Il dut suppléer à cette carence par le travail
et l'effort du style, jusqu'à réussir à produire, par le
langage, la parfaite illusion de l'instantanéité. C'est
un cas où les caractères techniques de l'œuvre sont les
symptômes éminents de sa spiritualité profonde.*

---

1. *Le Peintre de la vie moderne,* I.

Cette spiritualité à son tour assume dialectiquement les deux termes de l'unité poétique, comme le langage prétend assumer les deux termes de sa dialectique propre : prose et poésie. Parlant encore de Constantin Guys, qui fut sans conteste un de ses principaux modèles, Baudelaire résume ainsi le propos de son art, et, partant, de sa technique : « En un mot, pour que toute modernité soit digne de devenir antiquité, il faut que la beauté mystérieuse que la vie humaine y met involontairement en ait été extraite. C'est à cette tâche que s'applique particulièrement M. G. [1] » *C'est à cette tâche que s'est aussi appliqué Baudelaire, avec le souci de produire la manifestation instantanée du surnaturalisme au cœur de la modernité, comme de l'insolite au cœur du quotidien, par le seul fait de cette* extraction, *en quoi consiste toute la technique du poète.*

Ainsi technique et spiritualité tendent à se réunir dans l'originalité de l'acte poétique, et dès lors le poème est aussi bien poièsis *que* poièma, *acte et œuvre simultanément, et d'un même mouvement, comme modernité et surnaturalisme sont les deux termes d'une unique solidarité créatrice ; insolite, la poésie le sera du fait même qu'elle se veut quotidienne ; surnaturaliste, elle le sera du fait même qu'elle se veut moderne ; et cette ambiguïté, symbole de plénitude, pourra à son tour affecter le langage lui-même : Baudelaire n'a-t-il pas noté, dans* Fusées (1), *cette remarque qui va loin :* « Pro-

---

1. *Le Peintre de la vie moderne*, IV.

fondeur immense de pensée dans les locutions vulgaires... »? *Le surnaturalisme n'est jamais aussi présent que lorsqu'il n'y paraît pas, et c'est la tâche du poète de le faire paraître, de le susciter :* « une contention de mémoire résurrectionniste, évocatrice, une mémoire qui dit à chaque chose : « Lazare, lève-toi [1] ! »

Dans son exercice, la « spiritualité » poétique, qui, comme l'écrivait Théodore de Banville dans son article du Boulevard *sur les premiers poèmes en prose [2], peut rejeter dans l'ombre les « formes » extérieures et traditionnelles, parce qu'elle peut, de son autonomie, susciter sa forme propre et chaque fois neuve, est bien ce pouvoir* résurrectionniste, *où les choses se lèvent transfigurées, sans cesser d'être aussi ce qu'elles paraissent être. La poésie ouvre ainsi sur la magie, blanche ou noire, car la métamorphose surnaturaliste de la modernité passe nécessairement par l'intermédiaire magique.*

---

1. *Id.* V.
2. 31 août 1862 (cf. p. 11).

IV

MAGIE SUGGESTIVE

*On connaît le célèbre paragraphe qui sert d'introduction au fragment sur l'*Art *philosophique* : « Qu'est-ce que l'art pur suivant la conception moderne? C'est créer une magie suggestive contenant à la fois l'objet et le sujet, le monde extérieur à l'artiste et l'artiste lui-même. » Magie suggestive *et* art pur *sont ici rendus rigoureusement solidaires, et parce qu'ils portent à son suprême degré de décantation la modernité surnaturaliste, les poèmes en prose, si quotidienne que puisse être éventuellement leur matière, appartiennent bien à l'ordre de l'*art pur *et de la suggestion magique : peut-être même est-ce là le sens que doit prendre le dernier vers du projet d'*Épilogue *pour* Les Fleurs du Mal *(à moins que ce ne soit une variante de l'*Épilogue *des* Petits Poèmes*) :*

Tu m'as donné ta boue et j'en ai fait de l'or [1].

On se souviendra aussi de la note non moins célèbre de Fusées (XVII) : « De la langue et de l'écriture

---

1. Nous reproduisons ce texte aux notes de l'*Épilogue.*

prises comme opérations magiques, sorcellerie évocatoire. » *Mais sans doute convient-il d'interroger plus avant Baudelaire lui-même sur la portée de cet exercice magique de l'écriture, enveloppé de quelque confusion depuis qu'en ont peut-être trop parlé les critiques et les poètes post-baudelairiens. Il se trouve que les* Journaux intimes — *où, soit dit en passant, on relève quelques « scénarios » de poèmes en prose — nous apportent sur ce point quelques précisions ; nous retiendrons particulièrement la note de* Fusées (XXII) *ainsi rédigée, et qui a le mérite de se rapporter directement à la préparation technique d'une littérature qui est bien celle des* Poèmes en prose : « Concevoir un canevas pour une bouffonnerie lyrique ou féerique, pour pantomime, et traduire cela en un roman sérieux. Noyer le tout dans une atmosphère anormale et songeuse, — dans l'atmosphère des *grands jours*. Que ce soit quelque chose de berçant, — et même de serein dans la passion. — Régions de la Poésie pure. »

Bien sûr, il est question là de pantomime et de roman, mais qui niera que nombre de poèmes en prose soient des concentrés de pantomime et de roman (du moins selon la conception baudelairienne du comique absolu *et du roman ou conte poétique)* [1]. *Surtout l'opération magique*

---

1. Baudelaire a consacré une étude pénétrante au *comique absolu,* et justement à propos de la pantomime, dans son essai *De l'Essence du rire.* Signalons d'autre part que la pratique, à des fins de suggestion magique, du scénario de poème, de conte ou de nouvelle, apparaît dans l'œuvre de Baudelaire,

est ici précisément décrite : elle est bien essentiellement
traduction *et* atmosphère, *convergeant vers l'unité*
du rythme où se résout la tension dialectique de la sérénité
et de la passion : *tel est le processus par lequel la moder-*
nité accède au surnaturalisme de la Poésie pure, et nous
retrouvons ici encore la solidarité nécessaire de la suggestion
magique et de la pureté esthétique. On rejoint ainsi la
coïncidence, si caractéristique des Poèmes en prose,
entre la pureté chimique de l'écriture [1] *et l'acuité absolue*
de la perception dont elle se nourrit, où Baudelaire
voit une autre essentielle condition de sa magie suggestive :
« Peu d'hommes sont doués de la faculté de voir ;
il y en a moins encore qui possèdent la puissance
d'exprimer... La fantasmagorie a été extraite de
la nature. Tous les matériaux dont la mémoire
s'est encombrée se classent, se rangent, s'harmo-
nisent et subissent cette idéalisation forcée qui est

---

dès 1846, dans son article sur le *Musée classique du Bazar*
Bonne-nouvelle (Le Corsaire, 21 janvier*) ;* qu'on en juge :
« *Un jour, un musicien qui crevait de faim organise un modeste*
concert ; les pauvres de s'abattre sur le concert ; l'affaire étant
douteuse, traité à forfait, deux cents francs ; les pauvres s'envolent,
les ailes chargées de butin ; le concert fait cinquante francs, et
le violoniste affamé implore une place de sabouleux *surnuméraire*
à la cour des Miracles. » Ne saisit-on pas ici, à la source, ce
mécanisme magique de la perception portée à son degré
suprême d'acuité et de pureté, qui donnera naissance à
l'atmosphère à la fois anecdotique et surnaturaliste des
Poèmes en prose?
   1. L'ébauche d'épilogue propose elle-même la comparai-
son du poète et du chimiste et la réunion des deux sens
du mot *pureté* : « *Comme un parfait chimiste et comme une*
âme sainte... »

le résultat d'une perception enfantine, c'est-à-dire
d'une perception aiguë, magique à force d'ingé-
nuité [1]. » *C'est que la magie suggestive est de nature
essentiellement sensorielle, et peut-être Baudelaire n'en
eût-il pas découvert et exploité toutes les ressources,
s'il n'avait aussi constamment exercé sa perception et
s'il n'avait été redevable d'une bonne part de son acuité
perceptive à sa contemplation enthousiaste et péné-
trante des œuvres de peinture. C'est dans l'étude sur
Delacroix, un peintre (et l'on sait le rôle que son œuvre
et sa personnalité ont joué dans la formation spirituelle
et esthétique du poète), que Baudelaire décrit la nature
de cet enthousiasme d'une espèce nouvelle, qui fait
de la sensation et de la perception traduites en formes
et en couleurs, en phrases et en rythmes, les organes de
la transfiguration et de la suggestion magiques ; et pour
ne laisser subsister aucune équivoque, Baudelaire évoque,
à ce propos, les paradis artificiels, Edgar Poe et l'opium
(à titre de simple analogie, évidemment) :* « Edgar Poe
dit, je ne sais plus où, que le résultat de l'opium
pour les sens est de revêtir la nature entière d'un
intérêt surnaturel qui donne à chaque objet un
sens plus profond, plus volontaire, plus despo-
tique. Sans avoir recours à l'opium, qui n'a connu
ces admirables heures, véritables fêtes du cerveau,
où les sens plus attentifs perçoivent des sensations
plus retentissantes, où le ciel d'un azur plus trans-

---

1. *Le Peintre de la vie moderne*, III.

parent s'enfonce comme un abîme plus infini,
où les sons tintent musicalement, où les couleurs
parlent, où les parfums racontent des mondes
d'idées? Eh bien, la peinture de Delacroix me paraît
la traduction de ces beaux jours de l'esprit. Elle
est revêtue d'intensité, et sa splendeur est privilégiée.
Comme la nature perçue par des nerfs ultra-sensibles,
elle révèle le surnaturalisme [1]. » *Ce texte, à notre
sens capital pour bien saisir la signification précise de
la* magie suggestive *et son rapport avec le parti* surna-
turaliste *de Baudelaire, révèle clairement à la fois
l'influence de cet exercice de la perception que fut pour
le poète la contemplation des œuvres de peinture et l'ori-
gine proprement sensorielle du processus magique appliqué
à la littérature : tel est d'ailleurs aussi le sens de la
fameuse théorie des correspondances.*

*Mais il y a plus encore : la magie est à prendre ici
dans son sens quasi littéral ; de même que les correspon-
dances ne sont pas seulement un caprice d'esthète, une
variante neuve de la métaphore, mais vraiment le
déploiement dans l'écriture poétique des correspondances
swedenborgiennes, de même la magie suggestive est le
déploiement analogue dans l'écriture poétique d'une
authentique* sorcellerie, *selon le mot de* Fusées. *Le texte
de l'étude sur Delacroix, d'ailleurs, en faisant intervenir
la comparaison entre la perception poétique et les paradis
artificiels, révèle l'appartenance simultanée de Baudelaire*

---

1. *Exposition universelle de 1855*, III.

*aux deux ordres de la magie, la noire — l'opium —
et la blanche — la poésie. Et à l'intérieur même de la
suggestion poétique se retrouvera ce manichéisme magique :
les poèmes en prose contiennent magie blanche et magie
noire, élévation et satanisme, et même sans doute est-ce
là ce qui incitait Charles du Bos à être, en face de l'œuvre
baudelairienne, «* frappé du caractère noir et argent
du ton général [1] *». Nous ne pouvons nous étendre ici
sur tout ce qui démontre la foi de Baudelaire dans les
opérations magiques et sa conviction que, par l'exercice
de la magie suggestive, la «* poésie devient une série
de préceptes dont le but divin est l'infaillibilité
de la production poétique [2] *». Nous renvoyons le
lecteur à l'excellente étude consacrée à ce sujet par G.
Blin [3]. Mais nous retiendrons surtout que, comme fait
la magie par rapport à la nature, Baudelaire, rejetant
la rhétorique formelle, dont une des formes est précisément
la versification, prétend instaurer une écriture radicalement
neuve, directement branchée sur les données d'une perception
absolument épurée.*

*Car c'est le pouvoir créateur de cette magie perceptive
qui constitue l'essence de la poésie et qui inspire les formes
et les rythmes de l'écriture ; ainsi comprend-on que
l'originalité du Baudelaire auteur des* Poèmes en prose
puisse être déclarée absolue : bien sûr, il se réfère lui-

---

1. *Journal*, VI, p. 12.
2. *Art romantique*, éd. Crépet, p. 219.
3. *Le Sadisme de Baudelaire, Recours de Baudelaire à la
sorcellerie* (Paris, Corti, 1948).

*même, dans sa dédicace-préface, à Aloysius Bertrand ;
référence suspecte et qui n'est qu'un masque, comme le
prouve le fait que, dans le même texte intéressé, il se
réfère aussi à... Houssaye, ce qui, vraiment, n'est pas
sérieux ! On peut chercher à Baudelaire des précurseurs,
et il en a sans doute, si l'on ne considère que les ingrédients
et les apparences de sa poésie en prose ; mais quant
à sa profondeur et à sa substance, il est intégralement
neuf. C'est que, justement, sa nature* nerveuse *(pour
reprendre un terme qui lui est cher), son culte exercé
de la sensation, sa pénétration exceptionnelle du symbo-
lisme pictural ou musical, lui ont permis non seulement
de découvrir la magie des correspondances mais encore
d'en appliquer la technique minutieuse à son exploration
surnaturaliste de la modernité. Il peut paraître singulier
que Baudelaire ait contracté une dette égale à l'égard de
deux artistes aussi éloignés que Constantin Guys et
Eugène Delacroix, et que, parmi les textes les plus
révélateurs de sa « spiritualité » intime, figurent au pre-
mier rang les études qu'il a consacrées à l'un et à l'autre.
Mais ce double parrainage (et aux deux peintres il
faudrait joindre encore Edgar Poe et Richard Wagner)
est moins surprenant qu'il ne semble ; Guys et Delacroix
représentent les deux termes de la synthèse magique :
surnaturalisme et modernité ; et leur rencontre est comme
un symptôme de l'ambition dont les* Poèmes en prose
*sont le fruit : faire rendre au monde le son pur de son
cristal secret par la seule opération du langage et du
rythme appliquée à l'anecdote ou à l'allégorie, au rêve*

ou à la narration, à l'anomalie ou à la banalité, à l'exal-
tation ou au désespoir, à la laideur ou à la beauté.

   Aussi dans l'exercice de la magie suggestive, ce qui
importe le plus, n'est-ce pas le maniement formel du
langage, ce jeu des ruptures et des élans, cette organisation
concertée de la dissonance rythmique et de la strophe ou
du vers virtuels, qui sont si caractéristiques du style des
poèmes en prose [1] *; c'est plutôt la* tonalité, *dont le travail*
formel est à la fois la condition et le symptôme ; ce sont
aussi les variations internes de cette tonalité, selon l'humeur
ou le paysage, selon les structures mêmes de la matière
anecdotique ou onirique, selon aussi les deux nuances
opposées de la double postulation fondamentale, le noir
et le blanc, Dieu et Satan. Or ce qui caractérise cette tona-
lité c'est bien, pour reprendre un terme caractéristique
de la note de Fusées (XXII) *qu'elle* noie *à la fois ses*
propres variations internes et sa matière concrète dans
cette atmosphère anormale *et songeuse, systématique-*
ment produite par l'organisation ingénue et concertée de
l'écriture. Aussi la prose poétique de Baudelaire doit-elle
une grande part de sa nouveauté et de son efficacité à ce
qu'elle prétend réunir le flou de l'ensemble et la précision
du détail, et, par là, elle évoluerait aisément vers l'im-
pressionnisme, si elle n'était, sur cette voie, retenue par
la volonté même du poète, qui résiste à la fragmentation
où se disperserait l'efficacité magique. Car magie et sug-

---

1. Citons seulement à titre d'exemples : *Le Crépuscule*
du soir, la seconde « strophe » du *Confiteor* et la fin des *Veuves.*

gestion, si elles prétendaient se dissocier, tendraient alors à s'abolir, la magie devenant raideur rituelle et la suggestion évanescence décadente : il suffit d'ailleurs d'observer à ce propos que tels sont bien les risques auxquels n'ont pu tout à fait échapper certains des épigones de Baudelaire. Le poème en prose, selon Baudelaire, ne peut rester fidèle à sa nature de magie suggestive que s'il réconcilie en effet la sûreté de la trouvaille et l'infini de la tonalité, la modernité du présent et l'intemporalité du songe : telle fut l'ambition du poète, et il n'est que juste d'admirer sa réussite.

Baudelaire en effet ne cherche pas ici une « stylisation » comparable à celle que la forme strophique et versifiée opère dans Les Fleurs du Mal ; *le plus grand mérite technique du poète fut peut-être de savoir ainsi se détacher de lui-même en se remettant la mémoire à neuf, au moment où il changeait de langage, pour mieux sans doute encore affirmer son génie d'inventeur. Ce que se proposent les* Poèmes *en prose, c'est d'instaurer la traduction du même spleen, du même surnaturalisme, de la même ironie, de la même ambiguïté, dans un autre registre du langage, et, pour ce faire, d'en déceler consciemment les lois. Autre magie suggestive que celle des vers et des strophes, plus radicale et plus virulente à la fois, parce que, précisément, elle va jusqu'à mettre en question la poésie elle-même : elle est bien un passage à la limite, et c'est pourquoi la virtuosité y est si étroitement subordonnée à la volonté. Ce n'est sans doute pas par hasard, si le recueil de ces cinquante poèmes est l'œuvre d'un écrivain qui était passé*

maître dans l'art de la chronique : la magie poétique, dans
son traitement de l'anecdote, fait usage de ces procédés
journalistiques d'action sur le lecteur dont Baudelaire
connaissait bien la pratique ; mais ces procédés sont
immédiatement « spiritualisés » par leur traduction dans
un style qu'on a pu très justement appeler racinien [1].
Que dire encore de ce qui se passe lorsque les données du
rêve et le lyrisme qu'elles déclenchent s'inscrivent dans ce
même complexe magique de chronique et de tragédie,
jusqu'à donner naissance à une sorte d'humour, jusque-là,
croyons-nous, inconnu dans les lettres françaises ? Onéiro-
critée, *le mot figure au titre d'une partie des projets de*
poèmes de la liste Nadar ; nous serions présomptueux
de vouloir interpréter rigoureusement un mot que Baude-
laire dut utiliser comme une sorte de cryptogramme à son
usage personnel : néanmoins, il est patent que le mot
contient une sorte de pari, et que ce pari rejoint, à travers
l'interpénétration du songe et de la lucidité, de la cons-
cience et de la voyance, l'esthétique fondamentale de la
magie suggestive.

Aussi, tandis que Les Fleurs du Mal *sont un effort*
de conquête de l'unité formelle — ce qu'illustre admirable-
ment le rôle qu'y joue le sonnet —, les Poèmes en prose
tentent une autre voie d'expansion de la magie poétique,
du côté de l'effacement de la forme proprement dite au
profit de la musique spirituelle et de l'atmosphère (au

---

1. Paul Claudel à Jacques Rivière (cité par Georges Blin,
op. cit., p. 163).

sens où les peintres, et particulièrement les paysagistes, entendent ce mot) : atteindre à l'intimité de l'insolite, à l'étrangeté du présent, ou réciproquement à la proximité du rêve, à l'actualité du fantastique, tel est l'objectif de la prose poétique, où s'entrelacent les postulations et les langages, les impressions et les expériences, les marionnettes et les héros, la vie antérieure et la vie présente, avec, pour ossature vivante, la présence du poète et de son écriture.

V

LE THYRSE

Mais il serait dangereux d'interpréter ce renoncement à l'armure de l'unité formelle comme un abandon à l'arbitraire du hasard ; les termes mêmes de la dédicace à Houssaye (« ni queue ni tête... chacun peut exister à part... ») ne doivent pas faire illusion : tout, au contraire, dans ce que nous connaissons de la préparation technique des poèmes, prouve qu'ils sont une œuvre de volonté, et d'ailleurs la magie et la sorcellerie supposent un contrôle parfait et rigoureux de leurs opérations : en matière de sorcellerie et de magie poétiques, Baudelaire n'est pas un apprenti. Mais le choix de la prose poétique postule que la volonté vise à résoudre en harmonie les discordances de la rigueur et de la fantaisie, en obtenant que le support du langage n'altère point mais consolide et fixe le jaillissement de l'inspiration symbolique.

Dans le premier chapitre du Mangeur d'opium (Paradis artificiels) *Baudelaire écrit de son auteur,* De Quincey : « il compare sa pensée à un thyrse, simple bâton qui tire toute sa physionomie et tout son charme du feuillage compliqué qui l'enveloppe » ;

et l'un des Poèmes en prose, *dédié à Franz Liszt, prendra le thyrse pour titre. Baudelaire a trouvé là, chez un des écrivains qui lui étaient le plus chers, l'image mythologique qui figure exactement son art. Non qu'il conçoive la poésie comme une fioriture, qui viendrait s'accrocher arbitrairement à la prose, ce serait contredire la notion même de magie, mais ce qui caractérise le thyrse, c'est que, sans la simplicité du bâton, le charme du feuillage se trouverait aboli. Tel est bien, chez Baudelaire, le rapport de la poésie et de la prose, et plus profondément de la magie du rêve ou du langage et de la matière sur laquelle elle s'exerce. Lorsque Baudelaire choisit des « sujets » d'un réalisme cru, et même parfois monstrueux, comme dans* La Corde *ou* Mademoiselle Bistouri — *ces poèmes qui firent peur aux directeurs de revues — la férocité cruelle du choix s'élabore en raffinements de langage, qui produisent la perfection même de la pure virulence : autour d'un thème délibérément choisi pour sa pureté dans l'ordre qui est le sien, la variation narrative ou symbolique, ou même purement rythmique — comme dans la succession savante des « épisodes » de* Mademoiselle Bistouri — *anime la matière anecdotique pour l'élaborer en chorégraphie poétique : un ballet se danse autour de l'enfant pendu de* La Corde *comme autour de* La Femme sauvage, *qui pourrait virer au cynisme, s'il ne revêtait aussi une fonction non seulement de cruauté mais de décoration.*

Par la figure du thyrse, Baudelaire eût pu trouver la caution littéraire de son ambiguïté native, par où d'ailleurs

*il ressemble, précisément, à De Quincey ; en fait, le poème
en prose lui a servi, mieux que le poème en vers — et il
suffirait pour s'en convaincre de comparer les variantes
vers et prose du même thème — à découvrir la solution
esthétique de son ambiguïté ; car, comme le thyrse lui-
même, dont on ne sait s'il est bâton sec ou feuillage vivant,
Baudelaire est bien le poète de l'ambiguïté, et l'ambiguïté
technique que figure le thyrse est sans doute le remède
homéopathique de l'ambiguïté spirituelle. La poésie
comme homéopathie de l'âme... qu'il serait séduisant de
trouver là une interprétation vraiment « spirituelle » de
l'œuvre baudelairienne !*

*Le thyrse peut permettre en tout cas de juger à son
juste prix la tentative des* Poèmes en prose : *unité de
la matière-support et de la poésie-langage ; convergence
de la rigueur et de la fantaisie ; réunion du rêve et du réel
comme dans une sorte de symbolisme somnambulique.
Dans une lettre à sa mère de 1865, Baudelaire n'affir-
mait-il pas lui-même qu'il se proposait de réunir « l'ef-
frayant avec le bouffon, et même la tendresse avec
la haine »? Il y a pleinement réussi ; et le culte même
de la répulsion jumelée avec la pitié ou la charité, sur un
fond de soleils couchants et de délicatesses automnales ou
exotiques, relève du même appétit d'organisation contra-
punctique des incompatibles. Dès le 21 février 1858, le
poète déclarait à sa mère « Je veux étonner » et il
ajoutait : « comme Byron, Balzac ou Chateaubriand » ;
mais à la différence de ces modèles, il puisera son pouvoir
d'étonnement poétique, non point dans l'éclat ou l'expan-*

*sion, mais, au-delà même du scandale, dans le génie avec
lequel sa magie du langage obtient l'unité des diverses
composantes de son thyrse.*

*Mais le personnage du vieux saltimbanque ou de
l'étrange bouffon d'Une Mort héroïque hante les
poèmes : on y voit se profiler, au-delà du langage et
de ses litotes, des figures à la Daumier ou à la Rouault,
comme si le thyrse poétique apparaissait parfois comme
le sceptre d'un roi-clown dépossédé : le spectre de la dépos-
session — ce que les psychologues modernes, dans leur
langage prosaïque, appellent frustration — fut peut-être
le principal responsable de cette création : la figure du
thyrse, plus encore qu'un symbole technique, implique la
recherche soutenue de cet accord entre les termes opposés
de l'ambiguïté spirituelle, dont les journaux intimes sont
un autre pathétique témoignage. Il ne reste à l'âme dépos-
sédée de sa vie antérieure, dépossédée de son pouvoir
d'aimer, que la ressource de cette vengeance poétique qu'est
la cruauté verbale et de cette poétique royauté qu'est le
rêve d'amour ; tout le drame de Baudelaire se situe entre
deux anecdotes extrêmes : l'enfant pendu de l'atelier de
Manet et la veuve du Jardin des Tuileries.*

*Aussi l'anecdote — le bâton du thyrse — est-elle néces-
saire à la construction poétique — le feuillage. C'est sa
charge symbolique, de sens cruel ou sentimental, sordide ou
exaltant, qui soutient la densité des mots et des rythmes,
qui unifie les discordances concertées pour surprendre,
sans aller jusqu'à la rupture. Toute la finesse de l'écriture
baudelairienne est dans la subtilité de cette navigation*

entre les écueils qu'elle évite : il s'en faut de si peu, de l'aveu même de leur auteur, que les Poèmes en prose *ne tombent dans la* lycanthropie *à la Pétrus Borel ou dans le bric-à-brac, simplement modernisé, d'Aloysius Bertrand ! Et pourtant, ils sont bien loin au-delà de ces « précurseurs », que leur auteur admirait et qu'il éprouvait même le besoin d'invoquer pour son parrainage littéraire. C'est que Baudelaire est finalement sauvé de tous les risques auxquels il s'expose par la hauteur même de l'esthétique dont les poèmes sont l'exercice : une pensée se poursuit dans son langage, qui, nourrie d'art et de réflexion, de la boue fait de l'or et du malheur de la beauté.*

Henri LEMAITRE.

Au seuil de cette édition des Poèmes en prose, *hommage doit être rendu à ceux dont le travail et les recherches ont singulièrement facilité notre tâche, en particulier Jacques Crépet et Yves-Gérard Le Dantec, dont la récente disparition est une lourde perte pour les études baudelairiennes, et bien d'autres auprès d'eux dont on trouvera les noms dans notre bibliographie.*

SOMMAIRE BIOGRAPHIQUE

1821 *(9 avril)* : *Naissance à Paris, rue Hautefeuille (à l'emplacement actuel de la Librairie Hachette) de Charles-Pierre Baudelaire, fils de François Baudelaire (né en 1759) et de Caroline Archimbaut-Dufaÿs (née en 1793). (7 juin)* : *Baptême à Saint-Sulpice.*

1827 *(10 février)* : *Mort de Joseph-François Baudelaire.*

1828 *(8 novembre)* : *Mme Baudelaire épouse le chef de bataillon Jacques Aupick (né en 1789).*

1832 : *Le colonel Aupick est nommé à Lyon.*

1833 *(octobre)* : *Charles Baudelaire est inscrit comme élève interne de la classe de cinquième au Collège royal de Lyon.*

1836 : *Nomination du colonel Aupick à l'État-Major de Paris. (1er mars)* : *Charles Baudelaire élève de Louis-le-Grand.*

1837 : *Baudelaire, qui est en seconde, obtient un deuxième prix de vers latins au concours général.*

1838 : *Voyage dans les Pyrénées avec Aupick. C'est après ce voyage qu'il aurait écrit le poème :* Incompatibilité.

1839 *(18 avril)* : *Baudelaire exclu de Louis-le-Grand. (Août)* : *Baudelaire reçu bachelier. Son beau-père devient général de brigade.*

1840 : *Baudelaire se lie d'amitié, à la pension Lévêque et Bailly, place de l'Estrapade, avec les jeunes poètes Gustave Le Vavasseur et Ernest Prarond.*

1841 *(9 juin) : Sur décision du conseil de famille, le général Aupick fait embarquer son beau-fils à Bordeaux sur un navire à destination de Calcutta.*

(1er - 19 septembre) : Séjour à l'Ile Maurice chez M. et Mme Autard de Bragard.

(14 octobre) : Lettre au général Aupick du capitaine commandant le navire, qui signale la volonté du jeune homme d'interrompre le voyage. Baudelaire ira jusqu'à la Réunion mais non jusqu'à Calcutta.

(20 octobre) : Envoi du sonnet A une dame créole *aux Autard de Bragard.*

1842 : *Retour en France en février ou mars. Liaison avec Jeanne Duval, mulâtresse que Baudelaire avait connue au théâtre de la Porte Saint-Antoine. Vers la même époque, il se lie d'amitié avec Félix Tournachon, plus connu sous son pseudonyme de photographe, Nadar.*

(9 avril) : Baudelaire atteint sa majorité et entre en possession de l'héritage paternel : 75 000 francs.

(Juin) : Baudelaire s'installe 10, quai de Béthune, île Saint-Louis.

1843 *(Février) : Débuts littéraires dans un recueil collectif,* Vers, *publié sous les noms de G. Le Vavasseur, Ernest Prarond et A. Argonne, mais avec la collaboration anonyme de Baudelaire.*

(Mai) : Installation à l'Hôtel Pimodan (Hôtel Lauzun), dans l'île Saint-Louis, 17, quai d'Anjou. Relations avec le peintre Fernand de Boisdenier qui habite ce même hôtel où il reçoit, entre autres, Théophile Gautier et Mme Sabatier, et où se réunit le « Club des Haschischins » *(cf.* les Paradis artificiels*). A l'hôtel Pimodan habite aussi un marchand de tableaux, peintre à ses heures, Arondel, auprès duquel Baudelaire contracte des dettes qui pèseront toute sa vie sur sa situation financière.*

1844 : *Baudelaire collabore à un recueil anonyme,* Mystères galants des théâtres de Paris, *paru le 2 mars.*

(Juillet): *Mme Aupick et le conseil de famille décident de doter Baudelaire d'un conseil judiciaire.*
(21 septembre) : *Désignation de Me Ancelle, notaire à Neuilly, comme conseil judiciaire.*

1845 *(Mai)* : *Publication du* Salon de 1845 *sous le nom de Baudelaire-Dufaÿs.*
(25 mai) : *l'Artiste publie, sous la signature de Baudelaire-Dufaÿs, le sonnet* A une dame créole.

1846 *(Février)* : *L'Esprit public publie, signé de Baudelaire, le* Jeune Enchanteur; *il s'agissait en fait de la traduction d'une nouvelle anglaise du révérend Croly, parue en 1836.*
(3 mars) : *Dans le* Corsaire-Satan : Choix de Maximes consolantes sur l'Amour.
(15 avril) : *Dans* l'Esprit public : Conseils aux jeunes littérateurs.
(Mai) : *Publication du* Salon de 1846 *(avec annonce sur la couverture de :* les Lesbiennes, *poésies par Baudelaire-Dufaÿs, le* Catéchisme de la Femme aimée, *par le même).*
(6 septembre) : *Dans* l'Artiste : l'Impénitent (Don Juan aux Enfers).
(13 décembre) : *Dans* l'Artiste : A une Indienne (A une Malabaraise).

1847 *(Janvier)* : *Dans le* Bulletin de la Société des gens de lettres : la Fanfarlo, *nouvelle où Baudelaire se peint lui-même sous les traits de Samuel Cramer.*
(Août) : *Marie Daubrun joue dans* la Belle aux Cheveux d'Or. *Certains font remonter à cette année-là la liaison du poète avec elle.*
(28 novembre) : *Le général Aupick commandant de l'École Polytechnique.*

1848 *(24 février)* : *Baudelaire sur les barricades.*
(27 février et 1er mars) : *Deux numéros d'un journal démo-*

cratique, le Salut public, *dont les rédacteurs sont Champ-
fleury, Baudelaire et Toubin.*

(10 avril-6 mai) : Baudelaire secrétaire de rédaction de la
Tribune nationale, *journal républicain modéré.*

*(13 avril) : Le général Aupick ministre plénipotentiaire à
Constantinople.*

(15 juillet) : Dans la Liberté de penser, *première traduc-
tion d'un conte d'Edgar Poe par Baudelaire :* Révélation
magnétique.

*(20 octobre) : Baudelaire à Châteauroux comme rédacteur
en chef du journal conservateur* le Représentant de l'Indre.
Tentative sans suite.

(Novembre) : Dans l'Écho des marchands de vin : le
Vin de l'Assassin.

1849 : *Relations d'amitié avec le peintre Courbet et l'éditeur
Poulet-Malassis.*

1850 *(Juin) : Dans* le Magasin des familles : l'Ame du
vin *et* Châtiment de l'orgueil, *donnés comme devant
appartenir à un recueil de poèmes :* les Limbes.

1851 *(Février) : Le général Aupick refuse le poste d'am-
bassadeur à Londres.*

(7-12 mars) : Dans le Messager de l'Assemblée : du
Vin et du Haschisch, *première rédaction d'une partie des*
Paradis artificiels.

*(9 avril) : Dans la même revue, onze poèmes présentés
comme faisant partie d'un recueil intitulé* les Limbes.

(18 juin) : Le général Aupick ambassadeur à Madrid.

1852 *(Mars-avril) : Dans* la Revue de Paris : Edgar
Allan Poe, sa vie et ses ouvrages.

*(9 décembre) : Lettre à Madame Sabatier avec envoi du
poème* A celle qui est trop gaie.

1853 *(1er mars) : Dans* l'Artiste : *traduction du* Corbeau
d'Edgar Poe.

(8 mars) : Aupick nommé sénateur.

(27 mars) : *Dans* le Monde littéraire : *traduction de la*
  Philosophie de l'ameublement *de Poe.*
(17 avril) : *Dans la même revue* : *l'essai* Morale du Joujou.
(3 et 9 mai) : *Lettres à Madame Sabatier avec envoi de*
  Réversibilité *et* Confession.

1854 *(Février)* : *Envoi à la même du* Flambeau vivant
  (7 février) et, peu après, de l'Aube spirituelle. *Autres
  envois de poèmes à Madame Sabatier* : *le 16 février* : Que
  diras-tu ce soir..., *le 8 mai* : Hymne *(qui ne paraîtra
  que dans les* Épaves *en 1866). Cette suite d'envois
  témoigne de l'importance du personnage de Madame Saba-
  tier, à l'égard de laquelle Baudelaire se comportera de façon
  énigmatique. Il est alors pris dans le drame des deux amours,
  celui de Jeanne Duval et celui de Madame Sabatier, drame
  qui, en devenant métaphysique, sera la source du thème bau-
  delairien de la* double postulation.
(25 juillet 1854-20 avril 1855) : *Dans* le Pays : *traduction
  des* Histoires extraordinaires *d'Edgar Poe.*

1855 *(26 mai-12 août)* : *Dans* le Pays, *puis dans* le Porte-
  feuille : l'Exposition universelle *(articles sur les
  œuvres d'art exposées).*
(1er juin) : *Dans* la Revue des Deux Mondes : *dix-huit
  poèmes sous le titre, pour la première fois* : les Fleurs
  du mal.
(Juin) : *Dans le recueil* Fontainebleau, Hommage à
  C. F. Denecourt : le Crépuscule du soir *et la* Solitude,
  premiers poèmes en prose.

1856 *(Mars)* : *Publication de la traduction des* Histoires
  extraordinaires *de Poe.*
(30 décembre) : *Contrat avec les éditeurs Poulet-Malassis
  et de Broise (d'Alençon) pour la vente des* Fleurs du mal
  et de Bric-à-brac esthétique *(premier titre des* Curio-
  sités esthétiques, *projet de recueil de critique d'art qui
  ne sera jamais réalisé du vivant de Baudelaire). Poulet-
  Malassis, qui croit au génie de Baudelaire, fera toujours
  preuve à son égard de la plus fidèle amitié.*

1857 *(4 février)* : *Remise du manuscrit des* Fleurs du mal.
(8 mars) : *Publication de la traduction des* Nouvelles
Histoires extraordinaires *de Poe.*
(28 avril) : *Mort du général Aupick. La mère de Baude-
laire se retirera bientôt à Honfleur.*
(25 juin) : *Publication des* Fleurs du mal.
(5 juillet) : *Article de Gustave Bourdin dans* le Figaro
*dénonçant le recueil. Il est possible que cet article ait été à
l'origine des poursuites judiciaires dont le livre allait être
l'objet.*
(11 juillet) : *Lettre de Baudelaire à Poulet-Malassis lui
signalant la saisie des exemplaires en vente à Paris.*
(18 août) : *Lettre à Madame Sabatier pour lui demander
s'il lui serait possible d'intervenir en sa faveur auprès de
ses juges.*
(20 août) : *Procès des* Fleurs du mal. *Réquisitoire d'Ernest
Pinard (qui avait exercé les mêmes fonctions dans le procès
de Madame Bovary en janvier de la même année). Plai-
doirie de Me Chaix d'Est-Ange. Condamnation de l'auteur
et des éditeurs : amendes et suppression de six poèmes.*
(24 août) : *Dans* le Présent : *six* Poèmes nocturnes
(poèmes en prose).
(30 août) : *Lettre écrite de Guernesey à Baudelaire par
Victor Hugo.*
(31 août) : *Rupture de la liaison avec Madame Sabatier qui
s'était donnée à lui la veille, et qui va rester son amie.*
1er et 15 octobre : *Dans* le Présent : Quelques caricatu-
ristes français et étrangers.
(18 octobre) : *Dans* l'Artiste : *article sur* Madame Bovary.

1858 *(13 mai)* : *La traduction des* Aventures d'Arthur
Gordon Pym *est mise en vente.*
(30 septembre) : *Dans la* Revue contemporaine : *le Has-
chisch (première partie des* Paradis artificiels*).*

1859 *(13 mars)* : *Dans* l'Artiste : *article sur Théophile
Gautier qui paraîtra ensuite en plaquette avec une lettre-*

préface de Hugo contenant, à propos des Fleurs du mal,
la célèbre formule du frisson nouveau.

(*20 avril*) : *Dans* la Revue française, *traduction sous le
titre* la Genèse d'un poème, *d'un texte d'Edgar Poe,*
Philosophy of composition.

(*Juin-Juillet*) : *Dans* la Revue française : Salon de
1859.

1860 (*1ᵉʳ janvier*) : *Contrat avec Poulet-Malassis pour
une seconde édition des* Fleurs du mal, *et pour les* Paradis
artificiels, *les* Opinions littéraires (*articles de critique
littéraire qui ne seront réunis qu'après la mort de l'auteur
sous le titre non baudelairien* l'Art romantique) *et les*
Curiosités esthétiques (*articles de critique d'art*).

(*15 et 31 janvier*) : *Dans la* Revue contemporaine : Un
mangeur d'opium (*deuxième partie des* Paradis arti-
ficiels).

(*17 février*) : *Lettre admirative de Baudelaire à Richard
Wagner.*

(*Mai*) : *Publication des* Paradis artificiels *avec annonce
sur la couverture des* Réflexions sur quelques-uns de mes
contemporains (*autre titre des* Opinions littéraires).

1861 (*9 février*) : *Annonce de la seconde édition des* Fleurs
du mal *dans* le Journal de la librairie.

(*1ᵉʳ avril*) : *Dans* la Revue européenne : Richard
Wagner et Tannhäuser à Paris, *étude qui paraîtra en
plaquette au mois de mai. Lettre de Baudelaire à sa mère
où est mentionné pour la première fois un projet de journal
intime sous le titre* Mon Cœur mis à nu.

(*6 mai*) : *Admirable lettre de Baudelaire à Madame Aupick,
qui marque un tournant non seulement dans les relations
de la mère et du fils, mais aussi dans la vie intérieure du
poète.*

(*24 mai*) : *Cession à Poulet-Malassis et à de Broise du
droit exclusif de reproduire ses œuvres parues et à paraître.
Cette cession sera renouvelée au profit du seul Poulet-
Malassis le 1ᵉʳ juillet de l'année suivante.*

(*1ᵉʳ novembre*) : *Dans* la Revue fantaisiste *de Catulle Mendès : neuf poèmes en prose.*

(*Décembre*) : *Candidature de Baudelaire à l'Académie Française au fauteuil de Lacordaire. Démarche auprès de Sainte-Beuve, qui finalement conseille de renoncer, ce que fait Baudelaire le 10 février. A l'occasion de cette candidature, relations d'amitié avec Vigny.*

1862 (*23 janvier*) : « *Aujourd'hui 23 janvier 1862, j'ai subi un singulier avertissement, j'ai senti passer sur moi le vent de l'aile de l'imbécillité.* » (*Note de* Fusées.)

(*Août*) : *Dans le tome IV des* Poètes français (*anthologie d'Eugène Crépet*) *sept poèmes de Baudelaire avec une introduction de Gautier, et sept notices de Baudelaire sur divers poètes* (*insérées dans l'édition posthume de* l'Art romantique).

(*26-27 août, 24 septembre*) : *Dans* la Presse : *vingt poèmes en prose avec une lettre-dédicace à Arsène Houssaye.*

(*6 septembre*) : *Dans* The Spectator *de Londres, article sur Baudelaire de Swinburne, article qui inaugure le développement considérable de l'influence de Baudelaire en Angleterre.*

(*12 novembre*) : *Arrestation, pour dettes, de Poulet-Malassis, qui, ultérieurement, se réfugiera en Belgique.*

1863 (*13 janvier*) : *Cession à l'éditeur Hetzel des droits de publication des* Fleurs du mal *et des* Petits Poèmes en prose, *bien que ces droits aient déjà été cédés à Poulet-Malassis.*

(*Juin-Décembre*) : *Dans* la Revue nationale et étrangère : *sept poèmes en prose.*

(*13 août*) : *Mort d'Eugène Delacroix. Baudelaire écrit l'article nécrologique qui paraîtra en septembre-novembre dans* l'Opinion nationale.

(*26, 29 novembre, 3 décembre*) : *Dans* le Figaro : le Peintre de la vie moderne (*étude sur Constantin Guys*).

1864 (*7, 14 février*) : *Dans* le Figaro : *six poèmes en prose sous le titre* le Spleen de Paris.

(24 avril) : Baudelaire émigre en Belgique et s'installe à Bruxelles où il espère être mieux compris qu'à Paris. Sa déception sera à l'origine de la violence de ses écrits sur la Belgique.

(Mai-Juin) : Cinq conférences de Baudelaire à Bruxelles, sur Delacroix et Gautier en particulier : succès médiocre.

(2 juillet) : Dans la Vie parisienne : les Yeux des Pauvres, *poème en prose.*

(13 août) : Dans la même revue : les Projets, *poème en prose.*

(25 décembre) : Dans la Revue de Paris : *six poèmes en prose sous le titre* le Spleen de Paris.

1865 *(1er février)* : Dans l'Artiste, *article de Mallarmé,* la Symphonie littéraire, *partiellement consacré à Baudelaire.*

(15 février) : *Aggravation de la maladie de Baudelaire.*

(16 mars) : *Annonce d'une traduction d'Edgar Poe,* les Histoires grotesques et sérieuses.

(Novembre-décembre) : *Dans* l'Art, *article dithyrambique de Verlaine sur Baudelaire, qui écrit à ce sujet que « ces jeunes gens » lui font peur.*

1866 *(Février)* : *A en juger d'après sa correspondance, particulièrement avec sa mère, Baudelaire ressent alors des troubles croissants. Publication en Belgique des* Épaves *à la fin du mois.*

(Mars) : *A Namur, Baudelaire est victime d'un malaise dans une église, à la suite de quoi apparaissent les premiers symptômes d'aphasie et d'hémiplégie.*

(31 mars) : *Dans* le Parnasse contemporain, *quinze poèmes sous le titre* Nouvelles Fleurs du mal. *La livraison de juin du* Parnasse contemporain *donnera le sonnet* le Couvercle *qui avait déjà paru dans* le Boulevard *en 1862.*

(2 juillet) : *Baudelaire, privé de la parole, mais parfaitement lucide, est ramené par sa mère à Paris.*

(4 juillet) : *Il entre à la maison de santé du docteur Duval,*

*rue du Dôme, où viendront le visiter de nombreux «confrères»,
entre autres Sainte-Beuve, Banville, Leconte de Lisle.*

1867 *(31 août) : Mort de Charles Baudelaire, dans les bras
de sa mère. Ce même jour commence, dans* la Revue natio-
nale, *la publication des derniers poèmes en prose.*

*(2 septembre) : Obsèques à Saint-Honoré-d'Eylau; inhu-
mation au cimetière Montparnasse auprès du général
Aupick. Quelques mots sont prononcés sur la tombe du
poète par ses amis Banville et Asselineau.*

1868 *(Décembre) : Publication, chez Michel Lévy, des*
Curiosités esthétiques *et de la troisième édition des*
Fleurs du mal *avec une préface de Gautier.*

1869 *: Publication chez le même éditeur de* l'Art romantique
et des Petits Poèmes en prose *qui seront suivis des tra-
ductions d'Edgar Poe.*

1871 *: Mort, à Honfleur, de Madame Aupick, qui sera
inhumée au cimetière Montparnasse.*

1887 *: Première édition d'*Œuvres posthumes et Corres-
pondances inédites *par les soins d'Eugène Crépet, avec
en particulier* Fusées et Mon Cœur mis à nu *(Quantin,
éditeur).*

1890 *(3 janvier) : Mort de Madame Sabatier.*

1906 *: Publication des* Lettres (1841-1866) *par Féli Gau-
tier (Mercure de France).*

1908 *: Deuxième édition plus complète que la première
d'*Œuvres posthumes *par les soins de Jacques Crépet
(Mercure de France).*

1918 *: Première édition par Jacques Crépet des* Lettres à
sa mère.

PETITS POÈMES EN PROSE

(Le Spleen de Paris)

N. B. - Les indices d'appel en lettres renvoient aux variantes qui sont réunies à la fin du volume (pp. 231-251).

A ARSÈNE HOUSSAYE[1a]

Mon cher ami, je vous envoie un petit ouvrage dont on ne pourrait pas dire, sans injustice, qu'il n'a ni queue ni tête, puisque tout, au contraire y est à la fois tête et queue, alternativement et réci-

---

1. Cette dédicace, qui figurait dans la publication de *La Presse* (26 août 1862), est reproduite en tête de l'édition posthume. Baudelaire en avait, semble-t-il, soigneusement élaboré le texte, à l'époque où il entretenait avec Houssaye des rapports cordiaux, comme en témoigne le brouillon publié par Féli Gautier (*Le Carnet de Charles Baudelaire*, J. Chevrel, 1911). Nous en reproduisons ici le texte, à la suite des précédents éditeurs des *Petits Poèmes* :

« *A Houssaye.*
Le titre
La dédicace.
Sans queue ni tête. Tout queue et tête.
Commode pour moi. Commode pour vous. Commode pour le lecteur. Nous pouvons tous couper où nous voulons, moi ma rêverie, vous le manuscrit, le lecteur sa lecture. Et je ne suspends pas la volonté rétive au fil interminable d'une intrigue superflue.
J'ai cherché des titres. Les 66. Quoique cependant cet ouvrage, tenant de la vis et du kaléidoscope, peut bien être poussé jusqu'au cabalistique 666 et même 6.666...
Cela vaut mieux qu'une intrigue de 6.000 pages ; qu'on me sache donc gré de ma modération.
Quel est celui de nous qui n'a pas rêvé une prose particulière et

proquement. Considérez, je vous prie, quelles admirables commodités cette combinaison nous offre à tous, à vous, à moi et au lecteur. Nous pouvons

---

poétique pour traduire les mouvements lyriques de l'esprit, les ondulations de la rêverie, et les soubresauts de la conscience ?

Mon point de départ a été Aloysius Bertrand. Ce qu'il avait fait pour la vie ancienne et pittoresque, je voulais le faire pour la vie moderne et abstraite. Et puis dès le principe, que je faisais autre chose que ce que je voulais imiter. Ce dont un autre s'énorgueillirait, mais qui m'humilie, moi, qui crois que le poète doit toujours faire juste ce qu'il veut faire.

Note sur le mot célèbre.

Enfin petits tronçons, tout le serpent. »

On notera dans ce brouillon l'allusion à la recherche des titres et à l'éventualité d'un développement quasi indéfini du nombre des poèmes (la *vis* et le *kaléidoscope*). Par contre le brouillon ne dit rien du rôle inspirateur de la *fréquentation des villes énormes*. Enfin il convient de rapprocher de la dédicace et de son brouillon deux lettres du poète à Houssaye, publiées par J. Crépet dans son édition critique des *Petits Poèmes*, d'après les *Confessions* d'Houssaye et l'édition des *Lettres autographes* du commandant Martin (J. Leroy, 1922) :

I.   *Noël* 1861

    « *Mon cher Houssaye,*

    « *Vous qui, avec l'air inoccupé, savez si bien remplir une journée, trouvez quelques instants pour parcourir ce spécimen de* Poèmes en prose *que je vous envoie. Je fais une longue tentative de cette espèce, et j'ai l'intention de vous la dédier. A la fin du mois, je vous remettrai tout ce qu'il y aura de fait (un titre comme :* Le Promeneur solitaire, *ou* Le Rôdeur parisien, *vaudrait mieux peut-être). Vous serez indulgent. Car vous avez fait aussi quelques tentatives de ce genre, et vous savez combien c'est difficile, particulièrement pour éviter d'avoir l'air de montrer le plan d'une chose à mettre en vers.*

    ... Il y a plusieurs années que je rêve à mes poèmes en prose.

    ... Le bon côté de ce travail est que l'on peut le couper où l'on

couper où nous voulons, moi ma rêverie, vous le
manuscrit, le lecteur sa lecture ; car je ne suspends

---

veut. J'ai dans l'idée qu'Hetzel y trouvera la matière d'un volume
romantique à images.

Mon point de départ a été Gaspard de la Nuit..., *mais j'ai*
bien vite senti que je ne pourrais pas persévérer dans ce pastiche
et que l'œuvre était inimitable. Je me suis résigné à être moi-même.
Pourvu que je sois amusant, vous serez content, n'est-ce pas?

Il y a déjà quelque temps que je voulais vous offrir ce petit vo-
lume... ».

II.

                    « *Mon Ami,*

« *Je vous porterai demain quelque chose, quelque chose à quoi*
j'attache peut-être une importance exagérée, en raison du mal que
je me suis donné pour bien faire. Enfin je me pique qu'il y a là
quelque chose de nouveau, comme sensation ou comme expression.

... Je crois que j'ai trouvé le titre qui rend bien mon idée : La
Lueur et la Fumée, *poème en prose, au minimum 40 poèmes, au*
maximum 50. Dont 12 sont faits : L'Étranger. — Le Désespoir
de la vieille. — Le Confiteor de l'Artiste. — La Femme
sauvage. — Eros, Plutus et la Gloire. — La Belle Dorothée.
— Souper avec Satan. Un Joueur généreux. Il s'agit là, évi-
demment, de deux titres possibles d'un même sujet (poème
XXIX, définitivement intitulé *Le Joueur Généreux*). — La
Chambre double. — La Fin du Monde. — Le Nouveau
Mithridate. — Du haut des Buttes-Chaumont ». Cf. *Épilogue*
(et notes).

Comme le brouillon, les lettres révèlent combien Baude-
laire était préoccupé du titre à donner aux poèmes et quelle
fut sur ce sujet son hésitation, à tel point que sans doute
aucun des titres auquel il pensa (même le dernier : *Spleen*
de Paris) ne peut être considéré comme définitif.

En contraste avec cette dédicace on notera cette appré-
ciation sur Houssaye qui se lit dans *Mon Cœur mis à nu* (LI) :
« *Les directeurs de journaux, Buloz, Houssaye... Liste de canailles* ».
Et ailleurs (XXV) le nom de Houssaye figure dans une liste
de *Portraits et anecdotes,* dont il est aisé d'imaginer ce qu'ils
eussent été. Il est vrai que, comme le note Jacques Crépet,
Houssaye, de son côté, deux ans après avoir interrompu

pas la volonté rétive de celui-ci au fil interminable d'une intrigue superflue[a]. Enlevez une vertèbre, et les deux morceaux de cette tortueuse fantaisie se rejoindront sans peine. Hachez-la en nombreux fragments, et vous verrez que chacun peut exister à part. Dans l'espérance que quelques-uns de ces tronçons seront assez vivants pour vous plaire et vous amuser, j'ose vous dédier le serpent tout entier.

J'ai une petite confession à vous faire. C'est en feuilletant, pour la vingtième fois au moins, le fameux *Gaspard de la Nuit*, d'Aloysius Bertrand (un livre connu de vous, de moi et de quelques-uns de nos amis, n'a-t-il pas tous les droits à être appelé *fameux?*), que l'idée m'est venue de tenter quelque chose d'analogue, et d'appliquer à la description de la vie moderne, ou plutôt d'*une* vie moderne et plus abstraite, le procédé qu'il avait appliqué à la peinture de la vie ancienne, si étrangement pittoresque [1].

---

sans pitié la publication des *Petits Poèmes* dans *la Presse,* faisait bénéficier ces mêmes textes de l'hospitalité de *l'Artiste.*

1. J. Crépet cite une lettre inédite d'un ami de jeunesse du poète, E. Prarond : « *Je dois noter... l'impression que firent sur lui, dès qu'elles parurent, les* Fantaisies *d'Aloysius Bertrand. Il en garda la marque...* » Malgré ce témoignage, le contexte même de la référence à *Gaspard de la Nuit* en modifie assez profondément le sens : l'esthétique de Baudelaire ne cesse de vouloir transcender le *pittoresque* par le *surnaturalisme ;* il est donc clair que l'*impression* faite sur lui par l'œuvre d'Aloysius Bertrand n'a pu que déclencher, comme occasionnellement, un processus créateur parfaitement original. Le seul fait de substituer la *modernité,* et la *modernité abstraite,* au simple pittoresque même fantastique limite singulièrement la portée de l'influence qu'il convient d'attribuer à

Quel est celui de nous qui n'a pas, dans ses jours d'ambition, rêvé le miracle d'une prose poétique, musicale sans rythme et sans rime, assez souple et assez heurtée pour s'adapter aux mouvements lyriques de l'âme, aux ondulations de la rêverie, aux soubresauts de la conscience?

C'est surtout de la fréquentation des villes énormes, c'est du croisement de leurs innombrables rapports que naît cet idéal obsédant [1]. Vous-même, mon

---

Gaspard de la Nuit. Il n'en est pas moins naturel que Baudelaire veuille se donner, auprès de ses confrères en littérature, comme auprès de ses lecteurs, une sorte de caution poétique, en se référant à l'œuvre qui lui paraissait avoir inauguré le genre du *poème en prose*.

Rappelons qu'Aloysius (Louis) Bertrand mourut à trente-quatre ans en 1841 et que c'est Victor Pavie qui publia l'année suivante les poèmes en prose groupés sous le titre : *Gaspard de la Nuit ou Fantaisies à la manière de Rembrandt et de Callot*. Si l'on songe à l'influence de la gravure sur l'esthétique de Baudelaire (cf. les pages sur Goya et la réflexion sur l'eau-forte qui se lit dans les *Curiosités Esthétiques*, XIII, *Peintres et aquafortistes* : l'eau-forte « *qui peut réunir paradoxalement les qualités les plus diverses...* ») on ne s'étonnera pas que des *poèmes en prose,* placés ainsi sous le patronage des maîtres de l'eau-forte, aient laissé en lui une marque durable. Mais il reste que, chez Aloysius Bertrand, la recherche de l'impression rare obéit à des mobiles moins profondément spirituels que chez Baudelaire.

1. Naturellement, cette hantise de la *ville énorme* est un des thèmes fondamentaux de la poésie et de l'esthétique baudelairiennes. L'admiration de Baudelaire pour Balzac était en partie motivée par le fait que le romancier lui apparaissait comme le grand poète épique de la « *ville énorme* » : « *Les héros de l'Iliade ne vont qu'à votre cheville, ô Vautrin, ô Rastignac, ô Birotteau.* » (Conclusion du *Salon de 1846*.) Et dans ce même *Salon de 1846* (XVIII. *De l'héroïsme de la vie moderne*), Baudelaire, pour démontrer qu'*il y a une beauté et un héroïsme*

cher ami, n'avez-vous pas tenté de traduire en une
chanson le cri strident du *Vitrier*, et d'exprimer
dans une prose lyrique toutes les désolantes sugges-
tions que ce cri envoie jusqu'aux mansardes, à
travers les plus hautes brumes de la rue [1] ?

---

modernes », évoque les « *milliers d'existences flottantes qui cir-
culent dans les souterrains d'une grande ville* ». C'est, déjà, le
programme de toute une part des *Poèmes en Prose*, et les
textes du *Salon de 1846* prouvent que l'expression poétique
de la *modernité* urbaine est bien l'une des postulations ori-
ginelles de l'esthétique baudelairienne. Il n'est donc pas
étonnant qu'il y revienne avec cette insistance au moment
de présenter au public l'œuvre où, après *Les Fleurs du Mal,*
cette exigence se trouve enfin comblée. On notera d'autre
part que l'absence de cette indication dans le brouillon de
la dédicace suggère l'hypothèse que le texte définitif réunit
deux éléments : une dédicace d'actualité à Houssaye, qui met
l'accent sur le précédent de *Gaspard de la Nuit* (pour lequel
le dédicataire professait publiquement la plus grande admi-
ration), et une sorte de « préface » implicite, où l'auteur fait
allusion à des sources plus profondes et plus authentiques
de son œuvre, en particulier à celles qui naissent de son parti
esthétique le plus permanent. On notera enfin que l'épithète
énorme appliquée à la *ville* pour qualifier le fantastique urbain
se rencontre chez Victor Hugo dans *La Légende des Siècles*
(*La Ville disparue*).

    1. Ici encore, Baudelaire métamorphose sa référence.
Il n'est rien de commun, sinon l'analogie de titre, entre la
médiocre *Chanson du Vitrier* d'Arsène Houssaye et *Le
Mauvais Vitrier* de Baudelaire. Mais en vrai poète, Baude-
laire ressent, devant ce seul mot de *vitrier,* toutes les asso-
ciations symboliques d'images et de souvenirs que lui inspire
sa hantise de la sordide et prestigieuse poésie urbaine : ainsi,
au rappel simplement utilitaire du « poème en prose » de
Houssaye, se trouve réunie l'évocation proprement baude-
lairienne des *désolantes suggestions* de la vie urbaine, des
mansardes, et de la *rue.* Une ironie singulièrement fine naît
d'ailleurs de la comparaison implicite entre la *tentative* de

Mais, pour dire le vrai, je crains que ma jalousie ne m'ait pas porté bonheur. Sitôt que j'eus commencé le travail, je m'aperçus que non seulement je restais bien loin de mon mystérieux et brillant modèle, mais encore que je faisais quelque chose (si cela peut s'appeler *quelque chose*) de singulièrement différent, accident dont tout autre que moi s'enorgueillirait sans doute, mais qui ne peut qu'humilier profondément un esprit qui regarde comme le plus grand honneur du poète d'accomplir *juste* ce qu'il a projeté de faire [1].

Votre bien affectionné,

C. B.

Houssaye et la réalité obsédante des *suggestions* baudelairiennes : il ne semble pas que la victime de ce trait s'en soit même aperçue. A titre documentaire, citons ici, après Jacques Crépet, un fragment de la malheureuse *tentative* du directeur de *la Presse* :

C'était un homme de trente-cinq ans, grand, pâle, maigre, longs cheveux, barbe rousse : Jésus-Christ et Paganini. Il était quatre heures. Le soleil couchant seul se montrait aux fenêtres. Pas une voix d'en haut ne descendait comme la manne sur celui qui était en bas. Il faudra donc mourir de faim, murmura-t-il entre ses dents.

Oh! vitrier!

(Arsène Houssaye, *Poésies complètes*, 1850).

1. On ne peut plus joliment manier l'équivoque! Ce que le poète nomme (à l'intention de Houssaye, et de son public) un *accident,* n'est-ce pas la vertu essentielle de son œuvre? La technique même des poèmes prouve que Baudelaire y a bien « *accompli juste ce qu'il avait projeté de faire* », et qui ne pouvait être, selon la pente de son génie, que *singulièrement différent* à la fois de la manière *brillante* du romantisme pittoresque, et de la manière plate du pseudo-réalisme « humanitaire » à la mode aux alentours de 1848! (cf. ce que Baudelaire pense de l'humanitarisme littéraire à propos de George Sand : *Mon Cœur mis à nu,* XXVI-XXVIII).

I

L'ÉTRANGER [1]

Qui aimes-tu le mieux, homme énigmatique [2],
dis ? ton père, ta mère[a], ta sœur ou ton frère ?
— Je n'ai ni père, ni mère[b], ni sœur, ni frère.
— Tes amis?

---

1. Poème évidemment autobiographique, qui cristallise,
pour les exalter, quelques-uns des thèmes originels du néo-
romantisme baudelairien. Qu'il suffise d'évoquer *l'Albatros*
et les pièces des *Fleurs du Mal* consacrées à la Beauté. Ajou-
tons que, dès son enfance, le poète s'était senti étranger
jusque dans sa propre famille et bientôt la solitude deviendra
en lui un aspect de son *dandysme* : il croira y trouver le prin-
cipe de cette supériorité morale à la conquête de laquelle
il ne cessera de rester attaché, et ainsi naît en lui, comme le
suggère, entre autres textes, un passage de *Mon Cœur mis
à nu* (XV : « *Le vrai héros s'amuse tout seul* »), cette image
de l'*étranger-héros* qu'ici Baudelaire se propose à lui-même
autant qu'à son lecteur.

2. Dans cette énigme humaine convergent sans doute
deux formes d'étrangeté : celle de l'exilé-poète et celle du
dandy, l'étrangeté spirituelle et l'étrangeté sociale. Dans
la conscience de l'étrangeté (cf. *Mon Cœur mis à nu*, XVI :
« *Éternelle supériorité du Dandy. Qu'est-ce que le Dandy?* »)
B. trouve à la fois le signe de sa *vocation* et la raison de son
personnage. A rapprocher de ce texte, *Fleurs du Mal, Semper
Eadem* : « *D'où vous vient, disiez-vous, cette tristesse étrange?* »
et *Le Rêve d'un Curieux* : « *Connais-tu comme moi la douleur
savoureuse - Et de toi fais-tu dire : Oh! l'homme singulier!* »

— Vous vous servez là d'une parole dont le sens m'est resté jusqu'à ce jour inconnu [1].

— Ta patrie?

— J'ignore sous quelle latitude elle est située.

— La beauté?

— Je l'aimerais volontiers, déesse et immortelle [2].

— L'or [a] ?

— Je le hais comme vous haïssez Dieu.

— Eh! qu'aimes-tu donc, extraordinaire étranger?

— J'aime les nuages... les nuages qui passent... là-bas... là-bas... les merveilleux nuages [3] !

---

1. Cf. *Mon Cœur mis à nu*, XII : « *Sentiment de* solitude, *dès mon enfance. Malgré la famille, — et au milieu des camarades surtout, — sentiment de destinée éternellement solitaire.* »

2. Cf. *Fleurs du Mal, La Beauté*, et poème en prose VI, *Le Fou et la Vénus*.

3. Le nuage est, comme le navire (cf. *Fleurs du Mal, Parfum exotique* : « *Je vois un port rempli de voiles et de mâts* ») un symbole de l'*anywhere out of the world*. Mais le nuage est le symbole privilégié de cette nostalgie (cf. le poème en prose *La Soupe et les Nuages* et, dans *Les Fleurs du Mal, Le Voyage* : *Les plus riches cités, les plus grands paysages, — Jamais ne contenaient l'attrait mystérieux — De ceux que le hasard fait avec les nuages*) et c'est, en Baudelaire, le paysagiste *surnaturaliste* qui fournit au poète son vocabulaire symbolique. Le nuage en effet occupe une place de choix chez certains paysagistes romantiques, spirituellement très proches de Baudelaire, en particulier des Anglais comme Cozens et Constable, dont l'influence a profondément agi — directement ou indirectement — sur l'esthétique baudelairienne, et c'est bien ce *merveilleux* du nuage que Baudelaire croira retrouver dans les paysages de Boudin, dont il écrit, dans les *Curiosités esthétiques (Salon de 1859)* : « *Tous ces nuages aux formes fantastiques et lumineuses... toutes ces profondeurs, toutes ces splendeurs me montèrent au cerveau comme une boisson capiteuse ou comme l'éloquence de l'opium. Chose assez curieuse,*

il ne m'arriva pas une seule fois, devant ces magies liquides ou aériennes, de me plaindre de l'absence de l'homme. » Et plus loin, Baudelaire, se plaignant de la médiocrité des paysagistes de 1859, en attribue la raison au fait que « *le ciel et le désert les épouvantent* ». On retrouve ici cette même association du *merveilleux* des nuages et de la solitude. Car c'est par l'attention aux éléments *magiques* de la nature que Baudelaire-l'Étranger cherche à atteindre son *là-bas* surnaturaliste. Déjà dans le *Salon de 1846* il écrivait à propos de Théodore Rousseau : « *Qu'on se rappelle quelques paysages de Rubens et de Rembrandt, qu'on y mêle quelques souvenirs de peinture anglaise, et qu'on suppose, dominant et réglant tout cela, un amour profond et sérieux de la nature, on pourra peut-être se faire une idée de la magie de ses tableaux.* » Notons que Baudelaire révèle ici quelques-unes des sources où s'est abreuvée son imagination d'*étranger* : Rousseau et Delacroix, et, à travers eux, Rubens, Rembrandt et les Anglais. C'est cette même tradition que, plus tard, en 1859, il retrouvera dans l'œuvre de Boudin et c'est la recherche de cette *magie* qui anime toute une part de son effort poétique. Rapprochons de ce passage quelques autres textes encore : *Salon de 1846* (à propos des paysages de Delacroix) : « *les nuages ... sont d'une grande légèreté ; et cette voûte d'azur, profonde et lumineuse, fuit à une prodigieuse hauteur. Les aquarelles de Bonington sont moins transparentes* ». *Salon de 1859* (à propos des Anglais) : « *... fraîcheurs enchanteresses, profondeurs fuyantes des aquarelles grandes comme des décors quoique si petites...* » Il faut enfin remarquer que la solitude surnaturaliste de l'Étranger n'est pas contradictoire avec l'idéal de poésie urbaine mentionné dans la dédicace, si l'on en croit cette note : « *Le vertige senti dans les grandes villes est analogue au vertige éprouvé au sein de la nature.* » (Fragments divers, éd. Le Dantec, Pléiade, p. 1282.) Ce que précisément Baudelaire reproche aux paysagistes de 1859, dans son *Salon* de cette année-là, c'est de ne plus savoir peindre ce qui, dans la nature, est, comme ces « *merveilleux nuages, habité par le vertige* ».

II

LE DÉSESPOIR DE LA VIEILLE[a]

LA petite vieille ratatinée se sentit toute réjouie
en voyant ce joli enfant à qui chacun faisait fête,
à qui tout le monde voulait plaire ; ce joli être, si
fragile comme elle, la petite vieille, et, comme elle
aussi, sans dents et sans cheveux.

Et elle s'approcha de lui, voulant lui faire des
risettes et des mines agréables.

Mais l'enfant épouvanté se débattait sous les
caresses de la bonne femme décrépite, et remplissait
la maison de ses glapissements.

Alors la bonne vieille se retira dans sa solitude
éternelle, et elle pleurait dans un coin, se disant :
— « Ah ! pour nous, malheureuses vieilles femelles,
l'âge est passé de plaire, même aux innocents ; et
nous faisons horreur aux petits enfants que nous
voulons aimer [1] ! »

_____

1. Le thème baudelairien de la femme vieillie se retrouve
en deux autres endroits des *Petits Poèmes* (XIII et XXXV)
comme aussi dans le célèbre poème des *Fleurs du Mal,
Les Petites Vieilles* (cf. en particulier : « *Ces yeux mystérieux
ont d'invincibles charmes - Pour celui que l'austère Infortune allaita* »).
La sympathie de Baudelaire pour la vieille, alors qu'on con-

naît sa haine de la femme jeune, peut s'expliquer par l'abolition dans ce cas de la « guerre sexuelle » (à quoi si souvent Baudelaire réduit l'amour), si l'on en croit cette réflexion : « *l'irrésistible sympathie que j'éprouve pour les vieilles femmes... n'est mêlée d'aucun appétit sexuel* » (inédit publié dans le *Figaro*, 7 février 1925, repris dans l'éd. Crépet de *l'Art romantique*). L'autre source de cette *sympathie,* comme le dit ce poème, est qu'en devenant une *bonne vieille,* la femme, retirée dans sa *solitude éternelle,* devient, non plus l'ennemie, mais la sœur de l'*étranger* du poème I, le poète lui-même. Néanmoins, ici comme dans le poème des *Fleurs du Mal,* la *sympathie* n'exclut pas le sentiment de répulsion physique provoqué par la vue de la *bonne femme décrépite.* L'enfant *épouvanté* représente bien en Baudelaire cette part de cruauté qu'il porte en lui, tandis que la vieille désespérée incarne sa propre vieillesse spirituelle. Notons qu'il existe un dessin de Daumier, *La Vieille femme et l'enfant* (Washington, National Gallery of Art, Coll. Lessing Rosenwald), approximativement contemporain de ce poème, que nous interpréterions volontiers comme un commentaire du dessin : le style du début, en particulier, est celui même qu'emploie B. dans ses « descriptions critiques ».

III

LE « CONFITEOR » DE L'ARTISTE [a]

Que les fins de journées d'automne sont péné-
trantes [1]! Ah! pénétrantes jusqu'à la douleur!
car il est de certaines sensations délicieuses dont le
vague n'exclut pas l'intensité; et il n'est pas de
pointe plus acérée que celle de l'infini.

Grand délice que celui de noyer son regard dans
l'immensité du ciel et de la mer [2]! Solitude, silence,

---

1. Cf. le *Chant d'Automne* des *Fleurs du Mal,* et, pour
le contenu psychologique de ces sensations *pénétrantes,*
cette note de *Fusées* XV : « *Jouissances spirituelles et physiques
causées par l'orage, l'électricité et la foudre, tocsin des souvenirs
amoureux, ténébreux des anciennes années.* » L'automne appar-
tient, comme l'orage, les nuages et la mer, à cette part de
la nature qui suscite la pénétration de l'infini et est, par là
même, seule digne de devenir objet de poésie.

2. Cf. *Fleurs du Mal, L'Homme et la Mer.* Il se peut qu'il
y ait ici un souvenir du spectacle que Baudelaire pouvait
voir à Honfleur lors de ses séjours dans la « Maison-joujou »
de sa mère. Cf. aussi *Mon Cœur mis à nu,* LVI : « *Pourquoi
le spectacle de la mer est-il si infiniment et si éternellement agréable?
Parce que la mer offre à la fois l'idée de l'immensité et du mouvement.
Six ou sept lieues représentent pour l'homme le rayon de l'infini...
Douze ou quatorze lieues... de liquide en mouvement suffisent
pour donner la plus haute idée de beauté qui soit offerte à l'homme
sur son habitacle transitoire.* »

incomparable chasteté de l'azur ! une petite voile
frissonnante à l'horizon, et qui, par sa petitesse et son
isolement, imite mon irrémédiable existence, mélodie
monotone de la houle, toutes ces choses pensent par
moi, ou je pense par elles (car dans la grandeur de
la rêverie, le *moi* se perd vite !) ; elles pensent, dis-je,
mais musicalement et pittoresquement [1], sans argu-
ties, sans syllogismes, sans déductions.

Toutefois, ces pensées, qu'elles sortent de moi
ou s'élancent des choses, deviennent bientôt trop
intenses. L'énergie dans la volupté crée un malaise et
une souffrance positive. Mes nerfs trop tendus ne don-
nent plus que des vibrations criardes et douloureuses [2].

---

1. La réunion de ces deux adverbes illustre la position
du poète face au « sentiment de la nature » hérité du roman-
tisme. Non seulement, comme il vient de le dire, la nature
est miroir et rêverie (avec la nuance proprement baudelai-
rienne inscrite dans ces deux vers des *Fleurs du Mal, Tout
entière* : « *O métamorphose mystique — De tous mes sens fondus
en un* »), mais encore sa validité poétique ne saurait naître
du seul pittoresque, s'il n'est spiritualisé par le rythme.
Cf. ce que Baudelaire écrit dans *Fusées*, XXII, d'une impres-
sion voisine de celle qui fait le sujet de cette « strophe » :
« *Je crois que le charme infini et mystérieux qui gît dans la contem-
plation d'un navire, et surtout d'un navire en mouvement, tient,
dans le premier cas, à la régularité et à la symétrie, qui sont un
des besoins primordiaux de l'esprit humain, au même degré que
la complication et l'harmonie, — et, dans le second cas, à la multi-
plication successive et à la génération de toutes les courbes et figures
imaginaires opérées dans l'espace par les éléments réels de l'objet. —
L'idée poétique qui se dégage de cette opération du mouvement dans
les lignes est l'hypothèse d'un être vaste, immense, compliqué,
mais eurythmique, d'un animal plein de génie, souffrant et soupirant
tous les soupirs et toutes les ambitions humaines.* »
2. Cf. Paul Verlaine, *Charles Baudelaire* (1865) : « *... L'homme*

Et maintenant la profondeur du ciel me consterne ;
sa limpidité m'exaspère [1]. L'insensibilité de la mer,
l'immuabilité du spectacle, me révoltent... Ah !
faut-il éternellement souffrir, ou fuir éternellement
le beau ? Nature, enchanteresse sans pitié, rivale
toujours victorieuse, laisse-moi ! Cesse de tenter
mes désirs et mon orgueil ! L'étude du beau est un
duel où l'artiste crie de frayeur avant d'être vaincu [2].

---

*moderne, avec ses sens aiguisés et vibrants, son esprit douloureusement
subtil... le bilio-nerveux par excellence, comme dirait H. Taine.
Cette individualité de sensitive, pour ainsi parler, Charles Baudelaire
la représente à l'état de type, de* héros... »

1. Cf. « *le ciel cruellement bleu* » du *Cygne* des *Fleurs du Mal.*

2. Le *duel* (cf. *Fleurs du Mal, Duellum*) est la loi de l'amour,
que l'objet en soit la femme ou la beauté, et c'est la condition
commune de l'amant et de l'artiste. Cf. aussi la définition
de la Beauté développée dans *Fusées,* XVI : ... « *le mystère,
et enfin (pour que j'aie le courage d'avouer jusqu'à quel point je
me sens moderne en esthétique), le* malheur... — *Je ne conçois
guère un type de Beauté où il n'y ait du* Malheur... » Ainsi l'extase
procurée par la nature est de même espèce que celle que
procurent les paradis artificiels : « *Je veux prouver que les
chercheurs de paradis font leur enfer, le préparent, le creusent avec
un succès dont la prévision les épouvanterait peut-être.* » (Exorde
de la conférence donnée à Bruxelles le 23 mai 1864. Texte
publié pour la première fois par Émile Henriot, *le Temps,*
27 février 1923). Or le poète est toujours un *chercheur de paradis,*
et, partout, jusque dans l'amour et dans la nature, il trouve
son enfer. C'est là sans doute l'aveu le plus pathétique de
ce *Confiteor* de Baudelaire, qui devient ainsi une transposition,
dans l'ordre esthétique, de la *double postulation* spirituelle
(vers Dieu et vers Satan) dont il est question dans *Mon Cœur
mis à nu,* XIX. Peut-être même faut-il voir dans cette référence
« spirituelle » implicite la raison du choix, pour le titre,
du mot *Confiteor,* avec toutes ses résonances religieuses.
En tout état de cause, c'est dans le succès de son *harmonie*
que réside la supériorité de la Nature (à la fois vérité et beauté),

et c'est pourquoi elle est *enchanteresse ;* mais le poète avoue, à partir d'une impression de nature, son impuissance *humaine* à réconcilier, en face de cette impression, les deux termes de sa dualité dans l'homme : exaltation *esthétique* et dépression *spirituelle*. Il y a peut-être là le secret profond d'un des thèmes les plus lancinants de la poésie baudelairienne, la source essentielle du *spleen,* au-delà de la simple mélancolie romantique. Ainsi s'explique en tout cas le rythme de ce poème, dont la structure figure clairement l'expérience tragique du *renversement* de l'impression, structure qui commande aussi le rythme de nombre de poèmes des *Fleurs du Mal.*

IV

UN PLAISANT [a]

C'ÉTAIT l'explosion du nouvel an : chaos de boue
et de neige, traversé de mille carrosses, étin-
celant de joujoux et de bonbons, grouillant de cupidi-
tés et de désespoirs, délire officiel d'une grande ville
fait pour troubler le cerveau du solitaire le plus fort [1].

Au milieu de ce tohu-bohu et de ce vacarme, un
âne trottait vivement, harcelé par un malotru armé
d'un fouet.

Comme l'âne allait tourner l'angle d'un trottoir,
un beau monsieur ganté, verni, cruellement cravaté
et emprisonné dans des habits tout neufs, s'inclina
cérémonieusement devant l'humble bête, et lui dit,
en ôtant son chapeau : « Je vous la souhaite bonne

---

1. Cf. XII : *Les Foules*. Le *bain de multitude* est une des
formes de cette ivresse dont Baudelaire parle dans *Fusées*
(XX : « *Ivresse d'humanité. — Grand tableau à faire. — Dans
le sens de la charité. — Dans le sens du libertinage. — Dans le
sens littéraire, ou du comédien* »). Or selon une autre note de
Fusées, I, « *le plaisir d'être dans les foules est une expression
mystérieuse de la jouissance de la multiplication du nombre... L'ivresse
est un nombre* ». Ainsi s'explique l'effet sur le *solitaire* de la
fréquentation des villes énormes, et des incidents, même sordides,
de leur vie quotidienne.

et heureuse ! » puis se retourna vers je ne sais quels
camarades avec un air de fatuité, comme pour les
prier d'ajouter leur approbation à son contentement.

L'âne ne vit pas ce beau plaisant, et continua de
courir avec zèle où l'appelait son devoir.

Pour moi, je fus pris subitement d'une incommen-
surable rage contre ce magnifique imbécile, qui me
parut concentrer en lui tout l'esprit de la France [1].

---

1. On n'en finirait pas de citer les textes où, comme
Flaubert, Baudelaire se fait le pourchasseur de l'imbécillité
française (ou belge). Retenons seulement ce texte de *Mon
Cœur mis à nu* (LXX) où il précise la nature de l'imbécillité
qui l'intéresse le plus : *Analyse de l'imbécillité insolente*. D'autre
part, selon un aveu du même journal intime (LXXVII),
« *l'homme d'esprit... doit s'appliquer à aimer la conversation des
imbéciles... Il en tirera des jouissances amères* ». Ainsi la notation
anecdotique de l'imbécillité peut devenir objet poétique dans
la mesure même où elle est source d'une *jouissance* que relève
encore son *amertume*. Quant au sentiment de Baudelaire
à l'égard des animaux, son amour de certains d'entre eux,
les chats, est bien connu (il note d'ailleurs à ce sujet, dans
Fusées, XIX : « *Pourquoi les démocrates n'aiment pas les chats,
il est facile de le deviner. Le chat est beau...* ») ; néanmoins,
J. Crépet cite des contemporains du poète (en particulier
Judith Gautier : *Le second rang du collier*) qui nous disent
que, parfois, il prenait plaisir à tourmenter des animaux.
Serait-ce que ce *plaisant* qu'il stigmatise, il le porte secrètement
en lui ? Et le poème serait-il, comme aussi l'imbécillité du
personnage, un moyen d'évacuer la propre « postulation »
du poète vers la cruauté ? Tandis que l'animal pourrait
être alors l'incarnation d'abord sordide, puis exaltée, de
la même solitude dont l'albatros est une autre incarnation :
son humilité en tout cas est bien spiritualisée par l'image
d'indifférence aux sarcasmes, qui conclut l'anecdote. Cf. d'autre
part l'évocation d'un épisode analogue dans *Fleurs du Mal,
Les Petites Vieilles, IV* : « *... un ivrogne incivil — Vous insulte
en passant d'un amour dérisoire* ».

LA CHAMBRE DOUBLE [1a]

U<small>NE</small> chambre qui ressemble à une rêverie, une

1. Synthèse autobiographique de la dialectique baudelairienne de l'idéal-rêve et du spleen-réalité, nouvelle révélation de la « double postulation », à la fois dans son apparence esthétique et dans sa réalité spirituelle, et, au cœur de cette dialectique, le *Temps*. Tout au long de sa vie, Baudelaire n'a cessé d'aspirer à la possession d'une « chambre » comme celle dont il rêve dans la première partie de ce poème, et il n'a cessé d'avoir à vivre au contraire dans des taudis comme celui que décrit la seconde partie. Cf. *Fleurs du Mal, Rêve parisien :* ... « *Babel d'escaliers et d'arcades, — C'était un palais infini, — Plein de bassins et de cascades — Tombant dans l'or mat ou bruni... — En rouvrant mes yeux pleins de flamme — J'ai vu l'horreur de mon taudis, — ... La pendule aux accents funèbres — Sonnait brutalement midi...* ». Cette nostalgie et cette *horreur* sont même chez Baudelaire si puissantes qu'il leur arrive d'orienter son jugement critique des œuvres d'art, comme dans ce texte du *Salon de 1859 :* [il s'agit du peintre Baron] « *Si j'oubliais de le remercier, je serais bien ingrat ; je lui dois une sensation délicieuse. Quand, au sortir d'un taudis, sale et mal éclairé, un homme se trouve tout d'un coup transporté dans un appartement propre, orné de meubles ingénieux et revêtu de couleurs caressantes, il sent son esprit s'illuminer et ses fibres s'apprêter aux choses du bonheur. Tel le plaisir physique que m'a causé l'*Hôtellerie de Saint-Luc. Je venais de considérer avec tristesse tout un chaos, plâtreux et terreux, d'horreur et de vulgarité, et, quand je m'approchai de cette riche et lumineuse pein-*

chambre véritablement *spirituelle* [1], où l'atmosphère

---

ture, je sentis mes entrailles crier : Enfin, nous voici dans la belle société... Cette composition, si riche, si gaie, et en même temps si noble et si élégante d'attitude, est un des meilleurs rêves de bonheur parmi ceux que la peinture a jusqu'à présent essayé d'exprimer. » Et c'est la même nostalgie qui inspire la célèbre strophe des *Phares* consacrée à Watteau : « *... Décors frais et légers éclairés par des lustres...* » Ce poème fait songer à la chambre de *La Fanfarlo* (1847) : « *La chambre à coucher de la Fanfarlo était... très petite, très basse, encombrée de choses molles, parfumées et dangereuses à toucher ; l'air, chargé de miasmes bizarres, donnait envie d'y mourir lentement comme dans une serre chaude. La clarté de la lampe se jouait dans un fouillis de dentelles et d'étoffes d'un ton violent mais équivoque. Çà et là, sur le mur, elle éclairait quelques peintures pleines d'une volupté espagnole : des chairs très blanches sur des fonds très noirs...* » C'est à tel point que cette atmosphère en vient à métamorphoser la valeur même du mot *taudis*, puisque Baudelaire continue en écrivant : *C'est au fond de ce ravissant taudis... que Samuel vit s'avancer vers lui la nouvelle déesse de son cœur...* » Cf. aussi *Fleurs du Mal, Le Voyage* : « *Son œil ensorcelé découvre une Capoue — Partout où la chandelle illumine un taudis.* » Enfin, comme toujours avec Baudelaire, dont tous les rêves sont nourris d'art et de littérature, il faut souligner, dans la formation de cette vision obsédante (puisque, dans les textes que nous venons de citer, nous en constatons la permanence lancinante de 1847 à 1862), le rôle joué par l'influence d'Edgar Poe *(La Philosophie de l'Ameublement* et *Le Cottage Landor).*

1. Le mot — souligné — implique que la rêverie baude-lairienne est bien *surnaturaliste ;* et, tandis que le mot de rêverie pourrait faire songer à Rousseau, il est clair au contraire qu'une des raisons de la répulsion éprouvée par Baudelaire à l'égard de Jean-Jacques (*De Jean-Jacques — auteur sentimental et infâme,* note publiée par Armand Godoy, le *Manuscrit autographe,* 1927) tient à ce que la rêverie rous-seauiste est une rêverie « naturaliste » et « sentimentale », donc « infâme ». Pour le sens du mot *spirituel* chez Baudelaire, cf. *Fleurs du Mal, passim* (en particulier *L'Aube spirituelle* et *Élévation*) et aussi ce texte du *Salon de 1859 :* « *Les artistes qui veulent exprimer la nature, moins les sentiments qu'elle inspire,*

stagnante est légèrement teintée de rose et de
bleu.

L'âme y prend un bain de paresse, aromatisé
par le regret et le désir. — C'est quelque chose de
crépusculaire, de bleuâtre et de rosâtre ; un rêve de
volupté pendant une éclipse.

Les meubles ont des formes allongées, prostrées,
alanguies [1]. Les meubles ont l'air de rêver ; on les
dirait doués d'une vie somnambulique, comme le
végétal et le minéral. Les étoffes parlent une langue
muette, comme les fleurs [2], comme les ciels, comme
les soleils couchants.

---

se soumettent à une opération bizarre qui consiste à tuer en eux
l'homme pensant et sentant... Dans ce culte niais de la nature
non épurée, non expliquée par l'imagination, je vois un signe évident
d'abaissement général. » Et d'autre part la soif du *spirituel*
est la raison essentielle de l'horreur du Temps, et de l'Ennui
(cf. *Mon Cœur mis à nu*, XXIX : « *Je m'ennuie en France, surtout*
parce que tout le monde y ressemble à Voltaire »). Mais il importe
aussi d'observer que le *spirituel* est étroitement solidaire de
certaines sensations (couleurs ou parfums) et de certaines
formes.

1. Telle est la forme *spirituelle* par excellence. Baudelaire
ne déclare-t-il pas que les meubles droits et géométriques
lui sont odieux, tandis qu'au contraire *le dessin arabesque*
est le plus spiritualiste des dessins (*Fusées*, V. Texte de *Fusées*,
VI : « *Le dessin arabesque est le plus idéal de tous.* » Cette idée
était d'ailleurs déjà dans Edgar Poe, *Tales of the Grotesque*
and the Arabesque) ? Quant à l'importance que Baudelaire
a coutume d'attacher au mobilier, elle est étroitement liée
à cette spiritualité et à cette esthétique du confort, dont on
rencontre l'expression en maints endroits de son œuvre,
et qui destinaient Baudelaire à devenir un lecteur enthou-
siaste de la *Philosophie de l'Ameublement* de Poe.

2. Il faut évidemment ici citer le célèbre vers d'*Élévation* :
« *Le langage des fleurs et des choses muettes* ».

Sur les murs nulle abomination artistique [1]. Relativement au rêve pur, à l'impression non analysée, l'art défini, l'art positif est un blasphème [2]. Ici, tout a la suffisante clarté et la délicieuse obscurité de l'harmonie.

Une senteur infinitésimale du choix le plus exquis, à laquelle se mêle une très légère humidité, nage dans cette atmosphère, où l'esprit sommeillant est bercé par des sensations de serre chaude [3].

La mousseline pleut abondamment devant les

---

1. De ces *abominations artistiques,* Baudelaire en avait vu souvent ; il en était déjà question, lorsque, dans le *Salon de 1846,* à propos des *sujets amoureux,* il mentionne les « *misérables coloriages suspendus dans les chambres des filles, au-dessus d'un pot fêlé et d'une console branlante* » ; et l'on voit que, déjà dans ce texte, l'*abomination artistique* était associée à l'image du taudis.

2. Baudelaire n'a jamais consenti à faire la moindre concession à la mode contemporaine de l'*art positif.* Tout son *Salon de 1859* est inspiré par la volonté d'en faire le procès et c'est dans cette intention que Baudelaire écrivit les pages célèbres consacrées à la *Reine des facultés,* l'imagination. Et, comme pour mieux affirmer le caractère absolu de son irréalisme esthétique, il en applique systématiquement le principe à l'art apparemment le plus « naturaliste », le paysage, lorsqu'il écrit : « *Oui, l'imagination fait le paysage.* »

3. Image-sensation déjà utilisée par Baudelaire, à plusieurs reprises. La comparaison de la chambre avec une *serre chaude* apparaissait en 1847 dans le texte de *La Fanfarlo* que nous avons cité. Le même thème réapparaît par exemple dans l'*atmosphère tiède* qui achève le *Paysage* des *Tableaux Parisiens (Fleurs du Mal,* LXXXVI). Quant au goût de Baudelaire pour les *senteurs* et les parfums, non seulement il se manifeste partout dans ses œuvres (cf. en particulier le sonnet des *Correspondances*) mais encore les contemporains ont signalé que le poète aimait parfois à parfumer son appartement.

fenêtres et devant le lit ; elle s'épanche en cascades
neigeuses [1]. Sur ce lit est couchée l'Idole, la souve-
raine des rêves. Mais comment est-elle ici ? Qui l'a
amenée ? quel pouvoir magique l'a installée sur ce
trône de rêverie et de volupté ? Qu'importe ? la
voilà ! je la reconnais.

Voilà bien ces yeux dont la flamme traverse le
crépuscule ; ces subtiles et terribles *mirettes,* que je
reconnais à leur effrayante malice ! Elles attirent,
elles subjuguent, elles dévorent le regard de l'im-
prudent qui les contemple. Je les ai souvent étudiées,
ces étoiles noires qui commandent la curiosité et
l'admiration.

A quel démon bienveillant dois-je d'être ainsi
entouré de mystère, de silence, de paix et de par-
fums ? O béatitude ! ce que nous nommons générale-
ment la vie, même dans son expansion la plus
heureuse, n'a rien de commun avec cette vie suprême
dont j'ai maintenant connaissance et que je savoure
minute par minute, seconde par seconde !

Non ! il n'est plus de minutes, il n'est plus de
secondes ! Le temps a disparu ; c'est l'Éternité qui
règne, une éternité de délices !

Mais un coup terrible, lourd, a retenti à la porte,
et, comme dans les rêves infernaux, il m'a semblé
que je recevais un coup de pioche dans l'estomac [2].

---

1. Détail emprunté par Baudelaire à Edgar Poe, qui utilise
aussi « poétiquement » la mousseline dans le *Cottage Landor.*
2. Le coup à la porte est analogue aux coups frappés par une
horloge. Or l'Horloge, langage du Temps, est bien un person-
nage de cauchemar. Le même *rêve infernal* est le sujet de la pièce

Et puis un Spectre est entré. C'est un huissier qui vient me torturer au nom de la loi; une infâme concubine qui vient crier misère et ajouter les trivialités de sa vie aux douleurs de la mienne; ou bien le saute-ruisseau d'un directeur de journal qui réclame la suite du manuscrit[1].

La chambre paradisiaque, l'idole, la souveraine des rêves, la *Sylphide,* comme disait le grand René, toute cette magie a disparu au coup brutal frappé par le Spectre[2].

Horreur! je me souviens! je me souviens! Oui! ce taudis, ce séjour de l'éternel ennui, est bien le mien. Voici les meubles sots, poudreux, écornés : la cheminée sans flamme et sans braise, souillée de

---

L'Horloge des *Fleurs du Mal (Horloge! dieu sinistre, effrayant, impassible...)*

1. Détails autobiographiques, comme tout à l'heure la description du taudis : les créanciers, la concubine (Jeanne Duval) et le coursier chargé de réclamer la copie urgente sont tirés de la vie quotidienne du poète.

2. La *Sylphide* apparaît aussi dans le poème des *Fleurs du Mal* (« *Ainsi qu'une sylphide au fond de la coulisse* »). On sait d'autre part combien Baudelaire admirait Chateaubriand, mentionné comme ici dans *Un Mangeur d'Opium* (VI : « *le mépris du* grand René *pour les choses de la terre...* »). On remarquera enfin le rôle joué ici par le couple antithétique *Idole (Sylphide)-Spectre,* symbole onirique de la dialectique de l'Éternité et du Temps, du Paradis et de l'Enfer (cf. notre note sur le *Confiteor de l'artiste,* n. 2, p. 18). Le *coup brutal* du Temps, qui déclenche le souvenir (cf. *L'Horloge :* « Remember! Souviens-toi! *prodigue! Esto memor!* »), va aussitôt opérer, sous le signe de l'*horreur,* la métamorphose infernale du réel et le renversement des correspondances symboliques, particulièrement souligné par la transformation du *parfum d'un autre monde* en une *fétide odeur de tabac.*

crachats; les tristes fenêtres où la pluie a tracé des sillons dans la poussière; les manuscrits, raturés ou incomplets; l'almanach où le crayon a marqué les dates sinistres!

Et ce parfum d'un autre monde, dont je m'enivrais avec une sensibilité perfectionnée, hélas! il est remplacé par une fétide odeur de tabac mêlée à je ne sais quelle nauséabonde moisissure [1]. On respire ici maintenant le ranci de la désolation.

Dans ce monde étroit, mais si plein de dégoût, un seul objet connu me sourit : la fiole de laudanum; une vieille et terrible amie; comme toutes les amies, hélas! féconde en caresses et en traîtrises [2].

Oh! oui! le Temps a reparu; le Temps règne en souverain maintenant, et avec le hideux vieillard est revenu tout son démoniaque cortège de Souvenirs, de Regrets, de Spasmes, de Peurs, d'Angoisses, de Cauchemars, de Colères et de Névroses.

Je vous assure que les secondes [3a] maintenant sont fortement et solennellement accentuées, et chacune, en jaillissant de la pendule, dit : — « Je suis la Vie, l'insupportable, l'implacable Vie! »

Il n'y a qu'une Seconde dans la vie humaine qui ait mission d'annoncer une bonne nouvelle, la

---

1. Baudelaire fumait beaucoup; cf. dans *Les Fleurs du Mal*, *La Pipe*.

2. Autre détail autobiographique. A propos des *traîtrises* de la drogue, cf. *Paradis Artificiels, Poème du Haschisch* : « *La hideuse nature, dépouillée de son illumination de la veille, ressemble aux mélancoliques débris d'une fête.* »

3. Cf. variante.

bonne nouvelle qui cause à chacun une inexplicable peur[1].

Oui! le Temps règne; il a repris sa brutale dictature. Et il me pousse, comme si j'étais un bœuf, avec son double aiguillon. — « Et hue donc! bourrique! Sue donc, esclave! Vis donc, damné[2]! »

---

1. Cf. *Fleurs du Mal, La Mort des Pauvres* : « *C'est la clarté vibrante à notre horizon noir...* »

2. Cf. *Fleurs du Mal, L'Ennemi* (« *... Le Temps mange la vie...* »), *Le Goût du Néant* (« *Et le Temps m'engloutit minute par minute* ») et surtout, une fois encore, *l'Horloge* : « *... Meurs, vieux lâche !...* ».

VI

CHACUN SA CHIMÈRE [1a]

Sous un grand ciel gris, dans une grande plaine poudreuse, sans chemins, sans gazon, sans un chardon, sans une ortie, je rencontrai plusieurs hommes qui marchaient courbés [2].

Chacun d'eux portait sur son dos une énorme

---

1. Ce poème est une *allégorie* au sens baudelairien du terme : cf. *Paradis artificiels, Poème du Haschisch* où, après avoir évoqué les *analogies* de Fourier et les *correspondances* de Swedenborg (références éminemment « spiritualistes »), Baudelaire écrit : « *L'intelligence de l'allégorie prend en vous des proportions à vous-même inconnues ; nous noterons, en passant, que l'allégorie, ce genre si spirituel... qui est vraiment l'une des formes primitives et des plus naturelles de la poésie, reprend sa domination légitime dans l'intelligence illuminée par l'ivresse.* » Et dans les *Tableaux parisiens, Le Cygne,* le poète s'exclame : « *... tout pour moi devient allégorie* ». Ainsi l'allégorie est bien à la fois vision et symbole, et le poème allégorique, qui développe d'un seul mouvement le spectacle et le sens, devient alors une des techniques de manifestation et d'expression du *spirituel,* raison pour laquelle Baudelaire lui est si profondément attaché. Il est remarquable d'autre part que la *domination légitime* de l'allégorie, et par conséquent l'accès au *spirituel,* soient, selon le texte des *Paradis artificiels,* liés à une ivresse illuminante de l'intelligence, cette ivresse n'étant pas obligatoirement celle de la drogue, mais pouvant être aussi, comme dans le cas de notre poème, l'ivresse de la vision onirique.

2. Ce spectacle et ce paysage ne sont pas rares chez Baudelaire et résultent de la rencontre de son propre *spleen* avec

Chimère, aussi lourde qu'un sac de farine ou de charbon, ou le fourniment d'un fantassin romain.

Mais la monstrueuse bête n'était pas un poids inerte; au contraire, elle enveloppait et opprimait l'homme de ses muscles élastiques et puissants; elle s'agrafait avec ses deux vastes griffes à la poitrine de sa monture; et sa tête fabuleuse surmontait le front de l'homme, comme un de ces casques horribles par lesquels les anciens guerriers espéraient ajouter à la terreur de l'ennemi.

Je questionnai l'un de ces hommes, et je lui demandai où ils allaient ainsi. Il me répondit qu'il n'en savait rien, ni lui, ni les autres; mais qu'évidemment ils allaient quelque part, puisqu'ils étaient poussés par un invincible besoin de marcher [1].

Chose curieuse à noter : aucun de ces voyageurs n'avait l'air irrité contre la bête féroce suspendue à son cou et collée à son dos; on eût dit qu'il la considérait comme faisant partie de lui-même. Tous ces visages fatigués et sérieux ne témoignaient d'aucun désespoir; sous la coupole spleenétique du ciel [2], les pieds plongés dans la poussière d'un sol aussi désolé que ce ciel [3], ils cheminaient avec la

---

les influences de Brueghel, de Callot, de Goya. Cf. *Fleurs du Mal, Les Sept Vieillards* (« *Un brouillard sale et jaune inondait tout l'espace* »), *Les Aveugles, Spleen.*

1. Cf. la fin du poème précédent.

2. Cf. *Spleen III* : « *Quand le ciel bas et lourd pèse comme un couvercle…* » et *Le Couvercle* : « *Le Ciel, couvercle noir de la grande marmite — Où bout l'imperceptible et vaste Humanité* ».

3. C'est bien un paysage à la Brueghel. C'est aussi celui du *Voyage à Cythère* : « *Cythère n'était plus qu'un terrain des*

physionomie résignée de ceux qui sont condamnés
à espérer toujours.

Et le cortège passa à côté de moi et s'enfonça
dans l'atmosphère de l'horizon, à l'endroit où la
surface arrondie de la planète se dérobe à la curiosité
du regard humain.

Et pendant quelques instants je m'obstinai à
vouloir comprendre ce mystère; mais bientôt l'irré-
sistible Indifférence s'abattit sur moi, et j'en fus
plus lourdement accablé qu'ils ne l'étaient eux-
mêmes par leurs écrasantes Chimères [1].

---

plus maigres » et de *Spleen I* : « *Un granit entouré d'une vague
épouvante* ». C'est d'ailleurs un thème éminemment roman-
tique que celui du *désert*. Mais à travers le *spleen* baudelairien,
il devient, sous la forme de ce que T. S. Eliot (influencé par
Baudelaire) appellera *The Waste Land* (La Terre vaine), le
symbole privilégié du *mal du siècle* moderne. (Le poème de
T. S. Eliot intitulé *The Waste Land* a paru à New-York en
1922. Traduction française de Pierre Leyris dans : T. S. Eliot,
Poèmes 1910-1930, Éd. du Seuil, Paris, 1947).

1. L'acte poétique naît d'un effort de lucidité face au
mystère de la condition humaine ; l'allégorie est la technique
de cet effort et représente en quelque sorte la poésie à l'état
naissant d'expérience. Effort qui, cependant, se résout en
indifférence et là est la racine profonde du *spleen* poétique,
ressenti comme échec de l'Idéal. Cf. l'interprétation allégo-
rique du Melmoth de Maturin donnée par Baudelaire dans
le *Poème du Haschisch* : « *Souvenons-nous de Melmoth, cet admi-
rable emblème. Son épouvantable souffrance gît dans la disproportion
entre ses merveilleuses facultés, acquises instantanément par un
pacte satanique, et le milieu où, comme créature de Dieu, il est
condamné à vivre* » (et l'on sait que l'idée selon laquelle la voca-
tion poétique serait une sorte de *pacte satanique* implicite
était chère à Baudelaire, ce qui n'exclut pas que la poésie
puisse être aussi élévation vers Dieu, cela en vertu de la
loi fondamentale de « double postulation » formulée dans
Mon Cœur mis à nu, XIX).

VII

LE FOU ET LA VÉNUS [1a]

QUELLE admirable journée! Le vaste parc se
pâme sous l'œil brûlant du soleil, comme la
jeunesse sous la domination de l'Amour.

L'extase universelle des choses ne s'exprime par
aucun bruit; les eaux elles-mêmes sont comme
endormies. Bien différente des fêtes humaines, c'est
ici une orgie silencieuse.

On dirait qu'une lumière toujours croissante fait
de plus en plus étinceler les objets; que les fleurs
excitées brûlent du désir de rivaliser avec l'azur
du ciel par l'énergie de leurs couleurs, et que la
chaleur, rendant visibles les parfums, les fait monter
vers l'astre comme des fumées [2].

---

1. Nouvelle *allégorie,* comme souvent dans ces poèmes
en prose (cf. en particulier, outre la pièce précédente, les
pièces XIII, XIV, XIX, XXI, XXVII, XLIII, XLVII),
l'allégorie étant prose par son aspect concret, narratif et
descriptif, et poésie par son aspect abstrait, symbolique et
spirituel. Elle est donc bien comme le langage le plus naturel
du poème en prose.

2. Paysage *surnaturaliste* s'il en fut. On notera en parti-
culier le rythme même de la description, qui commence
par « *l'extase universelle des choses* », formule où se résume
l'ambition commune à tous les artistes et poètes surnatu-

Cependant, dans cette jouissance universelle, j'ai aperçu un être affligé.

Aux pieds d'une colossale Vénus, un de ces fous artificiels, un de ces bouffons volontaires chargés de faire rire les rois quand le Remords ou l'Ennui les obsède, affublé d'un costume éclatant et ridicule, coiffé de cornes et de sonnettes, tout ramassé contre le piédestal, lève des yeux pleins de larmes vers l'immortelle Déesse [1].

---

ralistes. Plus précisément, les notations concernant l'indéfinie croissance de la lumière en liaison avec l'excitation des fleurs rejoint directement le sentiment mystique d'artistes comme l'Anglais Samuel Palmer dans ses aquarelles et gouaches de 1825-1830 (par exemple : *Un Jardin à Shoreham,* Londres, Victoria and Albert Museum) ou l'Allemand Runge qui écrivait dans une lettre du 7 décembre 1802 : « *La couleur est l'art dernier ; pour nous, il est et doit demeurer mystique, et nous n'en avons un confus et merveilleux pressentiment que grâce aux fleurs.* » (Sur les surnaturalistes anglais, cf. H. Lemaître, *Le Paysage anglais à l'aquarelle,* Paris, Bordas, 1955, pp. 359-419, et sur les Allemands : Pierre Moisy, *Paysagistes Romantiques allemands,* Cahiers du Sud, numéro spécial sur le Romantisme allemand.) On retrouve enfin un climat analogue dans les termes même que, dans son *Salon de 1859,* Baudelaire choisit pour parler des paysages de Boudin (cf. *L'Étranger,* note 5) : « ... *ces immensités vertes et roses, suspendues et ajoutées les unes aux autres, ces fournaises béantes, ces firmaments de satin noir ou violet... ces horizons en deuil ou ruisselants de métal fondu, toutes ces profondeurs, toutes ces splendeurs...* » Tel est le pouvoir de l'*énergie des couleurs* et l'on sait combien Baudelaire était en effet un enthousiaste — pour des raisons « spirituelles » — de la peinture coloriste (il dit, par exemple, dans le *Salon de 1846,* son admiration pour la peinture de « *l'Angleterre, cette patrie des coloristes exaspérés* »).

1. Cette « bouffonnerie lyrique » (cf. *Fusées,* XXII : « *Concevoir un canevas pour une bouffonnerie lyrique ou féerique...* »), avec son arrière-goût tragique, est assez dans la manière

Et ses yeux disent : — « Je suis le dernier et le plus solitaire des humains, privé d'amour et d'amitié, et bien inférieur en cela au plus imparfait des animaux. Cependant je suis fait, moi aussi, pour comprendre et sentir l'immortelle Beauté ! Ah ! Déesse ! ayez pitié de ma tristesse et de mon délire ! »

Mais l'implacable Vénus regarde au loin je ne sais quoi avec ses yeux de marbre [1].

---

de Daumier, que Baudelaire admirait tant, et, plus près de nous, de Rouault, lui-même, sur ce point, disciple de Daumier (cf. en particulier les nombreuses œuvres de Rouault sur le thème du clown).

1. Cf. le célèbre poème des *Fleurs du Mal, La Beauté* : « *Je suis belle, ô mortels, comme un rêve de pierre...* » Quant à l'incarnation du poète face à la Beauté dans ce personnage allégorique du Fou face à la Vénus, elle résulte évidemment — et par là l'allégorie devient autobiographique — de la fusion de deux complexes d'infériorité : celui de l'homme devant la femme et celui du poète devant son idéal. Cf. à ce propos le cri final de la pièce XXIV de *Spleen et Idéal,* qui rejoint le sens profond de ce poème en prose : « *Et je chéris, ô bête implacable et cruelle, — Jusqu'à cette froideur par où tu m'es plus belle!* » Aussi le Fou est-il, comme le poète *maudit,* à la fois ridicule et pathétique (cf. aussi le poème en prose *Une Mort héroïque*). Ce poème enfin contient une référence sous-jacente au thème baudelairien de l'impuissance (cf. sur ce point *La Fanfarlo* : « *... le dieu de l'impuissance — dieu moderne et hermaphrodite — impuissance si colossale et si énorme qu'elle en est épique!* »)

VIII

LE CHIEN ET LE FLACON[1a]

M<small>ON</small> beau chien, mon bon chien, mon cher tou-
tou[2], approchez et venez respirer un ex-
cellent parfum acheté chez le meilleur parfumeur
de la ville. »

Et le chien, en frétillant de la queue, ce qui est,
je crois, chez ces pauvres êtres, le signe correspon-
dant du rire et du sourire, s'approche et pose curieu-
sement son nez humide sur le flacon débouché ;
puis, reculant soudainement avec effroi, il aboie
contre moi, en manière de reproche.

« — Ah ! misérable chien, si je vous avais offert

---

1. Ce titre réunit curieusement deux constantes prédi-
lections baudelairiennes, l'animal et le parfum. Mais le
poème opère le renversement de cette solidarité, à la faveur
de l'équivoque de l'animal, qui devient le symbole du
public après avoir été d'abord l'objet de l'affection du poète,
tandis que le parfum représente évidemment la beauté.
Ainsi se trouve allégoriquement proposé le thème, lui aussi
éminemment baudelairien, de l'imbécillité du public (cf. le
poème IV : *Un Plaisant,* où d'ailleurs l'animal joue l'autre
rôle. Il se peut que cette oscillation du symbolisme de l'animal
s'explique par l'équivoque même des sentiments de
Baudelaire, cf. nos notes sur le poème IV).

2. Cf. le poème L : *Les Bons Chiens.*

un paquet d'excréments, vous l'auriez flairé avec délices et peut-être dévoré. Ainsi, vous-même, indigne compagnon de ma triste vie, vous ressemblez au public, à qui il ne faut jamais présenter des parfums délicats qui l'exaspèrent, mais des ordures soigneusement choisies [1]. »

---

1. C'est encore le thème de *L'Albatros* et du poète exilé parmi les philistins. Mais c'est plus qu'un lieu commun. Cet apologue symbolique du chien et du parfum (dont la forme, réalisant la conjonction progressive de l'anecdote et du symbole, répond à la nature du *poème en prose*) est une sorte de condensé autobiographique : Baudelaire n'a jamais cessé d'éprouver douloureusement l'incompréhension du public et de ses représentants, éditeurs ou directeurs de journaux (à commencer par le dédicataire des *Petits Poèmes*, Arsène Houssaye) ; l'histoire même de ces poèmes en témoigne. Sur cette délicatesse du poète et sur sa résistance à la tentation *diabolique* de faire des concessions, cf. le poème XXI, *Les Tentations*. D'autre part, il est clair que nombre des projets contenus dans les *Journaux intimes,* comme aussi certaines pages des *Curiosités Esthétiques,* concernent ce thème lancinant du divorce entre l'artiste et le public, qui est certainement l'une des sources les plus profondes du spleen baudelairien. Cf. en particulier *Fusées,* IX : « *Les nations n'ont de grands hommes que malgré elles, — comme les familles. Elles font tous leurs efforts pour n'en pas avoir. Et ainsi, le grand homme a besoin, pour exister, de posséder une force d'attaque plus grande que la force de résistance développée par des millions d'individus* » (c'est précisément la conscience qu'il a de manquer de cette *force d'attaque* qui inspire à Baudelaire son désespoir et son dégoût de soi-même, et en même temps son admiration pour des artistes qui, tel Delacroix, possèdent ce dont il se sent douloureusement dépourvu). — *Mon Cœur mis à nu,* XXII : « *Un Dandy ne fait rien. Vous figurez-vous un Dandy parlant au peuple, excepté pour le bafouer?* » — et, se rapportant plus précisément au goût du public pour l'ordure, *Mon Cœur mis à nu,* LXIII : « *Le Français est un animal de basse-cour si bien domestiqué qu'il n'ose franchir aucune palis-*

sade. Voir ses goûts en art et en littérature. — C'est un animal de race latine ; l'ordure ne lui déplaît pas, dans son domicile, et en littérature, il est scatophage. Il raffole des excréments... » Enfin, comme nous l'avons déjà noté (*La Chambre double*, p. 13, n. 6), le *Salon de 1859* a été écrit avec l'intention délibérée de dénoncer les concessions des artistes au goût du public (Cf. les pages d'introduction consacrées à la définition de l'*artiste moderne* : « *On dirait que la petitesse, la puérilité, l'incuriosité, le calme plat de la fatuité ont succédé à l'ardeur, à la noblesse, et à la turbulente ambition... il est bon de hausser la voix et de crier haro sur la bêtise contemporaine, quand, à la même époque, où un ravissant tableau de Delacroix trouvait difficilement acheteur à mille francs, les figures imperceptibles de Meissonnier se faisaient payer dix et vingt fois plus. Mais ces beaux temps sont passés ; nous sommes tombés plus bas, et M. Meissonnier, qui, malgré tous ses mérites, eut le malheur d'introduire et de populariser le goût du petit, est un véritable géant auprès des faiseurs de babioles actuels.* » Cette réaction de dégoût devant la décadence de l'art contemporain est sans doute, pour un homme aussi soucieux que Baudelaire de trouver dans l'art comme un symptôme de l'état moral et intellectuel d'une société, une des sources principales de l'indignation méprisante qui s'exprime dans ce poème.)

IX

LE MAUVAIS VITRIER [1a]

Il y a des natures purement contemplatives et tout à fait impropres à l'action, qui cependant, sous une impulsion mystérieuse et inconnue, agissent

---

1. Cf. nos notes sur la dédicace à Houssaye. L'anecdote ici rapportée, et enrobée d'ailleurs de considérations psychologiques qui montrent bien que Baudelaire ne la choisit que comme exemple-type de comportement *pervers,* n'est probablement qu'une sorte de *fable.* Il ne saurait être question en effet d'accorder le moindre crédit à ceux qui, avec des intentions hostiles, ont cru pouvoir, comme Jules Levallois dans ses *Mémoires d'un critique* (cité par J. Crépet), prendre cette histoire au pied de la lettre et y voir un exemple des *insanités* que Baudelaire « *se délectait à entasser, croyant se grandir aux yeux des profanes* ». Il s'agit là en fait d'une perversité très littéraire, un jalon dans la formation progressive d'une esthétique de l'acte gratuit ; on n'oubliera pas que le cher De Quincey était l'auteur, non seulement des *Souvenirs d'un mangeur d'opium,* mais aussi de l'*Assassinat considéré comme l'un des Beaux-Arts.* C'est là d'ailleurs un aspect important du « dandysme » et Baudelaire prend place dans une lignée qui va de De Quincey à Oscar Wilde et André Gide. Néanmoins, ce qui est chez d'autres pure littérature, tend à être chez Baudelaire une sorte de tentation inhérente à son tempérament, ce qui explique dans ce poème l'orientation tragique du thème de la mystification : le résultat en est une sorte de combinaison volontairement paradoxale du ton de l'aveu et de celui de la parodie (nouvel exemple du goût de Baudelaire pour la *parodie de soi-même*).

quelquefois avec une rapidité dont elles se seraient crues elles-mêmes incapables.

Tel qui, craignant de trouver chez son concierge une nouvelle chagrinante, rôde lâchement une heure devant sa porte sans oser rentrer, tel qui garde quinze jours une lettre sans la décacheter, ou ne se résigne qu'au bout de six mois à opérer une démarche nécessaire depuis un an, se sentent quelquefois brusquement précipités vers l'action par une force irrésistible, comme la flèche d'un arc [1]. Le moraliste et le médecin, qui prétendent tout savoir, ne peuvent pas expliquer d'où vient si subitement une si folle énergie à ces âmes paresseuses et voluptueuses, et comment, incapables d'accomplir les choses les plus simples et les plus nécessaires, elles trouvent à une certaine minute un courage de luxe pour exécuter les actes les plus absurdes et souvent même les plus dangereux.

Un de mes amis [2], le plus inoffensif rêveur qui

---

1. Notation autobiographique. Baudelaire se décrit ici lui-même, avec d'autant plus d'acuité qu'au moment de la composition de ce texte, cette tendance naturelle de son tempérament se trouvait pathologiquement accentuée par des alternances brusques de passivité léthargique et d'*impulsions mystérieuses*. De là à trouver à cette expérience une explication « spiritualiste », il n'y a qu'un pas, que Baudelaire ne tardera pas à franchir, lorsque après avoir développé un certain nombre d'analyses psychologiques générales, puis mentionné le cas d'un de ses amis, il en viendra à parler de lui-même à la première personne et fera alors intervenir des *Démons malicieux*.

2. Jacques Crépet suppose qu'il peut s'agir de Gérard de Nerval, « *le plus inoffensif rêveur qui ait existé* », en effet ; ce n'est pas invraisemblable, mais rien ne permet de l'affirmer absolument. En tout cas l'anecdote ici rapportée ne se ren-

ait existé, a mis une fois le feu à une forêt pour voir, disait-il, si le feu prenait avec autant de facilité qu'on l'affirme généralement. Dix fois de suite, l'expérience manqua ; mais, à la onzième, elle réussit beaucoup trop bien.

Un autre allumera un cigare à côté d'un tonneau de poudre, *pour voir, pour savoir, pour tenter la destinée,* pour se contraindre lui-même à faire preuve d'énergie, pour faire le joueur, pour connaître les plaisirs de l'anxiété, pour rien, par caprice, par désœuvrement.

C'est une espèce d'énergie qui jaillit de l'ennui et de la rêverie ; et ceux en qui elle se manifeste si opinément sont, en général, comme je l'ai dit, les plus indolents et les plus rêveurs des êtres.

Un autre, timide à ce point qu'il baisse les yeux même devant les regards des hommes, à ce point qu'il lui faut rassembler toute sa pauvre volonté pour entrer dans un café ou passer devant le bureau d'un théâtre, où les contrôleurs lui paraissent investis de la majesté de Minos, d'Éaque et de Rhadamanthe, sautera brusquement au cou d'un vieillard qui passe à côté de lui et l'embrassera avec enthousiasme devant la foule étonnée [1].

---

contre nulle part dans la biographie de Nerval, ni non plus dans les rêves, pathologiques ou non, d'*Aurélia*. Il reste que, parmi les *amis* de Baudelaire, c'est bien Gérard de Nerval dont le tempérament correspondait le mieux au type psychologique ici décrit par l'auteur.

1. Cf. *Fusées*, VIII : « *Jean-Jacques disait qu'il n'entrait dans un café qu'avec une certaine émotion. Pour une nature timide, un contrôle de théâtre ressemble quelque peu au tribunal des Enfers* » (texte qui prouve que Baudelaire ici transfère sur un autrui

Pourquoi? Parce que... parce que cette physio-
nomie lui était irrésistiblement sympathique? Peut-
être; mais il est plus légitime de supposer que lui-
même il ne sait pas pourquoi.

J'ai été plus d'une fois victime de ces crises et de
ces élans, qui nous autorisent à croire que des Démons
malicieux se glissent en nous et nous font accomplir,
à notre insu, leurs plus absurdes volontés [1].

Un matin je m'étais levé maussade, triste, fatigué
d'oisiveté, et poussé, me semblait-il, à faire quelque

---

probablement imaginaire sa propre nature timide, ce qui
peut être aussi le cas pour l'exemple précédent attribué à
un ami). Enfin la liste de *Poèmes à faire* donnée par Nadar
dans son *Baudelaire intime* (cf. Appendice, nº 28) contient ce
titre, sous la rubrique *Choses parisiennes : La statistique et le
théâtre (L'Enfer au théâtre)*.

1. Notation autobiographique, présentée comme telle au
moment précis où Baudelaire va faire intervenir son inter-
prétation « spiritualiste ». Ces *Démons malicieux* ont d'ailleurs
une origine littéraire bien déterminée dans l'œuvre d'Edgar
Poe et ce poème, sans faire appel au mot même de *perversité,*
développe le même thème psycho-pathologique que *The
imp of the perverse.* D'ailleurs c'est bien à la suite de Poe, mais
parce qu'aussi la tentation de la perversité pour le moins
imaginaire était dans sa nature, que Baudelaire n'a cessé de
s'intéresser à toutes les formes de la perversion morale et
spirituelle, jusqu'à en tirer, tant dans *Les Fleurs du Mal* que
dans les *Poèmes en prose,* l'une des sources les plus originales
de sa poésie. C'est ce même intérêt qui explique l'influence
de De Quincey et les études des *Paradis artificiels*, ainsi que
le projet d'étude de la perversité (amoureuse cette fois) à
propos des *Liaisons dangereuses* de Laclos, qui date de 1856-57
(publié par Édouard Champion, Paris, Messein, 1903 et
repris dans l'édition des *Œuvres posthumes,* Paris, Mercure
de France, 1908). On trouve par exemple dans ce projet une

chose de grand, une action d'éclat ; et j'ouvris la
fenêtre, hélas !

(Observez, je vous prie, que l'esprit de mystifi-
cation qui, chez quelques personnes, n'est pas le
résultat d'un travail ou d'une combinaison, mais
d'une inspiration fortuite, participe beaucoup, ne
fût-ce que par l'ardeur du désir, de cette humeur,
hystérique selon les médecins, satanique selon ceux
qui pensent un peu mieux que les médecins, qui
nous pousse sans résistance vers une foule d'actions
dangereuses ou inconvenantes.)

La première personne que j'aperçus dans la rue,
ce fut un vitrier dont le cri perçant, discordant,
monta jusqu'à moi à travers la lourde et sale atmo-
sphère parisienne [1]. Il me serait d'ailleurs impossible
de dire pourquoi je fus pris à l'égard de ce pauvre
homme, d'une haine aussi soudaine que despotique.

---

note sur un *satanisme badin* qui n'est pas sans analogie avec
les *Démons malicieux* de notre poème.

  1. Contexte urbain qui n'est pas un simple décor. Tel qu'il
apparaît en bien d'autres endroits de l'œuvre baudelairienne,
le charme — malsain — de la *ville énorme* crée les meilleures
conditions pour l'explosion soudaine de la perversité :
Baudelaire ne note-t-il pas, dans *Les Petites Vieilles,* que, dans
le climat parisien, « *tout, même l'horreur, tourne aux enchante-
ments* »? Le héros de notre poème est ici victime d'un *enchan-
tement* de cette sorte (au sens fort du terme). Autre exemple
de cette liaison — essentielle — entre la perversité *satanique*
et l'atmosphère urbaine : dans les *Tableaux parisiens, Cré-
puscule du soir* : « *Cependant des démons malsains dans l'atmos-
phère — S'éveillent lourdement, comme des gens d'affaires, — Et
cognent en volant les volets et l'auvent.* » (Notons au passage que
cette présence satanique dans l'atmosphère urbaine est parti-
culièrement sensible alors que cette atmosphère est tout

« — Hé! hé! » et je lui criai de monter. Cependant je réfléchissais, non sans quelque gaieté, que, la chambre étant au sixième étage et l'escalier fort étroit, l'homme devait éprouver quelque peine à opérer son ascension et accrocher en maints endroits les angles de sa fragile marchandise.

Enfin il parut ; j'examinai curieusement toutes ses vitres, et je lui dis : « Comment? vous n'avez pas de verres de couleur? des verres roses, rouges, bleus, des vitres magiques, des vitres de paradis [1]? Impudent que vous êtes! vous osez vous promener dans des quartiers pauvres, et vous n'avez pas même de vitres qui fassent voir la vie en beau! » Et je le poussai vivement vers l'escalier, où il trébucha en grognant.

Je m'approchai du balcon et je me saisis d'un

---

spécialement *lourde et sale,* c'est-à-dire en ces deux moments, exactement équivalents pour Baudelaire, que sont le matin et le soir ; cf. l'expression de cette équivalence dans le titre d'une pièce des *Fleurs du Mal : Le Crépuscule du matin.*)

1. Cf. le rôle « surnaturaliste » de l'*énergie des couleurs* dans *La Chambre double* (et nos notes sur ce poème). Peut-être est-ce un trait spécifiquement baudelairien que la crise de perversité hostile à l'égard du pauvre vitrier soit imaginairement inspirée par cette soif d'un paradis de couleurs, d'autant plus violente qu'elle naît d'une conscience exaspérée de la *lourdeur* et de la *saleté* de l'atmosphère urbaine. Mais on notera ici une nouvelle manifestation de la « double postulation » baudelairienne, dans cette contiguïté du Paradis et de l'Enfer, si souvent éprouvée par le poète, si l'on en croit le témoignage de toute son œuvre : ceux qui cherchent leur paradis préparent leur enfer, et, ici, c'est l'aspiration au paradis qui est le symptôme de l'action des *Démons malicieux* de tout à l'heure.

petit pot de fleurs, et quand l'homme reparut au débouché de la porte, je laissai tomber perpendiculairement[1] mon engin de guerre sur le rebord postérieur de ses crochets; et le choc le renversant, il acheva de briser sous son dos toute sa pauvre fortune ambulatoire qui rendit le bruit éclatant d'un palais de cristal crevé par la foudre.

Et, ivre de ma folie, je lui criai furieusement : « La vie en beau! la vie en beau! »

Ces plaisanteries nerveuses ne sont pas sans péril, et on peut souvent les payer cher. Mais qu'importe l'éternité de la damnation à qui a trouvé dans une seconde l'infini de la jouissance[2]?

---

1. Faut-il insister sur la valeur ironique de cet adverbe mathématique, impassible et serein? C'est le ton même de la mystification, et l'indication que le froid calcul est ici (comme dans *Les Liaisons dangereuses*) le signe distinctif de la perversité. Ce détail a une certaine importance du point de vue psychologique, si l'on remarque qu'au début Baudelaire a parlé d'*impulsions* : l'impulsion incontrôlée en effet déclenche le processus de la perversité, qui, ensuite, se développe en acte selon la loi caractéristique du calcul et de l'impassibilité. Toujours, chez Baudelaire, l'influence satanique est caractérisée par cette conjonction de l'impulsion *irrésistible* et de la rigueur calculée de l'exécution (cf. *Fleurs du Mal, L'Irrémédiable* : « *Un phare ironique, infernal, — Flambeau des grâces sataniques, — Soulagement et gloire uniques, — La conscience dans le Mal* ».)

2. On ne saurait trop souligner l'importance de cette réflexion finale (qui est comme la « morale » de l'apologue). C'est bien le satanisme qui est au cœur de la perversité, même sous la forme de la mystification la plus méchante et la plus vulgaire (Baudelaire n'a cessé d'osciller entre deux images de Satan : la grandeur miltonienne — *Fusées*, XVI : « *le plus parfait type de Beauté virile est Satan, à la manière de Milton* » —

et la vulgarité perverse). Cette conclusion contient enfin la transposition baudelairienne du mythe de Faust, avec substitution de la *jouissance* à la connaissance et à la puissance, ce qui équivaut en fait ici à une dégradation volontaire du mythe, comme Baudelaire a fait pour bien d'autres mythes romantiques. Il n'est pas rare par exemple que l'introduction de la sensualité dans les mythes sentimentaux joue le même rôle dégradant qu'ici l'introduction de la perversité dans le mythe prométhéen. A cet égard la lucidité psychologique, fondée sur la minutie de l'introspection, et déjà selon un principe psychanalytique, tend à contrecarrer la tendance de la perversité à se parer du masque du prestige et du mythe, comme le montre bien la rupture de ton entre les deux phrases de cette conclusion *(plaisanteries nerveuses... infini de la jouissance).*

X

A UNE HEURE DU MATIN[a]

ENFIN! seul! On n'entend plus que le roulement de quelques fiacres attardés et éreintés. Pendant quelques heures, nous posséderons le silence, sinon le repos. Enfin! la tyrannie de la face humaine a disparu, et je ne souffrirai plus que par moi-même [1].

Enfin! il m'est donc permis de me délasser dans un bain de ténèbres [2]! D'abord, un double tour

---

1. Cf. *Paradis artificiels*, *Un mangeur d'opium* (IV : *Les tortures de l'opium*) où se trouve indiquée la source de l'expression : « *la tyrannie de la face humaine* ». Elle est empruntée à De Quincey, et ce même passage souligne l'importance dramatique de l'ambiguïté inhérente à la pratique du *bain de multitude*, expérience commune à De Quincey et Baudelaire : « *Notre auteur avait trop aimé la foule, s'était trop délicieusement plongé dans les mers de la multitude, pour que la face humaine ne prît pas dans ses rêves une part despotique. Et alors se manifesta ce qu'il a déjà appelé, je crois, la tyrannie de la face humaine.* » Ce texte des *Paradis artificiels,* qui concerne aussi bien l'autobiographie de Baudelaire que la biographie de De Quincey, éclaire précisément la signification autobiographique de ce poème en prose.

2. Image chère à Baudelaire : cf. le *bain de multitude* des *Foules* (poème XII) et le texte des *Paradis Artificiels* cité dans notre précédente note. C'est un des aspects essentiels du « dandysme » baudelairien et de son tragique intime que la recherche anxieuse de la « volupté » dont cette image est

à la serrure. Il me semble que ce tour de clef aug-
mentera ma solitude et fortifiera les barricades qui
me séparent actuellement du monde.

Horrible vie ! Horrible ville [1] ! Récapitulons la
journée [2] : avoir vu plusieurs hommes de lettres,
dont l'un m'a demandé si l'on pouvait aller en
Russie par voie de terre (il prenait sans doute la
Russie pour une île) ; avoir disputé généreusement
contre le directeur d'une revue, qui à chaque objec-
tion répondait : « C'est ici le parti des honnêtes
gens », ce qui implique que tous les autres journaux
sont rédigés par des coquins ; avoir salué une
vingtaine de personnes, dont quinze me sont
inconnues ; avoir distribué des poignées de main
dans la même proportion, et cela sans avoir pris

---

le symbole, qu'il s'agisse de la plongée dans la multitude pour
y trouver la vraie solitude ou de la plongée dans les ténèbres
pour y trouver la vraie lucidité. On notera aussi, dans le
passage de la première à la seconde « strophe » *(Enfin!...
Enfin!)*, la substitution progressive du *bain de ténèbres* au
Enfin! seul!, symbole de la contiguïté spirituelle de la solitude
et de la nuit ; cf. *Fleurs du Mal, La fin de la journée* : « *La nuit
voluptueuse monte* —... *Le Poète se dit : « Enfin!... ».*

1. Face à la poésie des *villes énormes* et du *bain de multitude,*
voici l'autre pôle de la dialectique baudelairienne : le symbole
de la nuit rejoint celui de l'*ailleurs* surnaturaliste : « *au fond
de l'inconnu pour trouver du nouveau, anywhere out of the world* »
(cf. poème XLVIII).

2. Cf. *Fleurs du Mal, Examen de minuit* : « *La pendule sonnant
minuit — Ironiquement nous engage — A nous rappeler quel
usage — Nous fîmes du jour qui s'enfuit* », (mais, dans le poème
en prose, l'expérience, le langage, le rythme et le ton sont
plus tragiques qu'ironiques. On sait que, chez Baudelaire,
l'ironique et le tragique ne sont que les deux modes de la
musique du désespoir).

la précaution d'acheter des gants ; être monté pour
tuer le temps, pendant une averse, chez une sau-
teuse qui m'a prié de lui dessiner un costume de
Vénustre ; avoir fait ma cour à un directeur de
théâtre, qui m'a dit en me congédiant : « Vous
feriez peut-être bien de vous adresser à Z... ; c'est
le plus lourd, le plus sot et le plus célèbre de tous
mes auteurs ; avec lui vous pourriez peut-être
aboutir à quelque chose. Voyez-le, et puis nous
verrons [1] » ; m'être vanté (pourquoi?) de plusieurs

1. Tous ces détails sont rigoureusement autobiographiques ;
cf. les références citées par Jacques Crépet : le projet d'article
sur Villemain où, après avoir cité ce texte de son auteur :
« *Le cercueil* [de Chateaubriand] *fut porté par quelques marins à
l'extrémité du* Grand Bey », Baudelaire commente : « *Il prend
une île pour un Turc* » ; un passage des *Baudelairiana* d'Asse-
lineau : « *La* Revue politique *dirigée par M. Amail lui avait
refusé des poésies. Il en revint très irrité. M. Amail, saint-simo-
nien et républicain vertueux, lui avait dit en lui rendant son manus-
crit : « Nous n'imprimons pas de ces fantaisies-là, NOUS AU-
TRES. »* N'y aurait-il pas, dans cette anecdote, l'une des
sources personnelles de la haine du poète à l'égard d'une cer-
taine « démocratie » ? On en rapprochera en tout cas ces textes
des *Journaux intimes : Fusées,* XIX : « *Pourquoi les démocrates
n'aiment pas les chats, il est facile de le deviner. Le chat est beau...* »
et de *Mon cœur mis à nu,* XXII : « *Il n'y a de gouvernement raison-
nable et assuré que l'aristocratique. Monarchie ou république basées
sur la démocratie sont également absurdes et faibles* » ; cf. aussi
Fusées, XVII : « *Beaucoup d'amis, beaucoup de gants, — de peur
de la gale* » ; quant aux *sauteuses,* on sait que Baudelaire en fré-
quenta beaucoup (cf. en particulier les allusions analogues
de *La Chambre double .... abomination artistique... une infâme
concubine...*) ; enfin l'histoire du directeur de théâtre se rap-
porte aux tentatives infructueuses que fit Baudelaire pour
gagner un peu d'argent par ce moyen (cf. les projets de théâtre
publiés par Eugène Crépet dans les *Œuvres posthumes* de 1887

vilaines actions que je n'ai jamais commises [1], et avoir lâchement nié quelques autres méfaits que j'ai accomplis avec joie, délit de fanfaronnade, crime de respect humain ; avoir refusé à un ami un service facile, et donné une recommandation écrite à un parfait drôle ; ouf ! est-ce bien fini ?

Mécontent de tous et mécontent de moi, je voudrais bien me racheter et m'enorgueillir un peu dans le silence et la solitude de la nuit [2]. Ames de ceux que j'ai aimés, âmes de ceux que j'ai chantés, fortifiez-moi, soutenez-moi, éloignez de moi le mensonge et les vapeurs corruptrices du monde ; et vous, Seigneur mon Dieu [3] ! accordez-moi la grâce

---

et repris par Y. G. Le Dantec dans son édition de la Pléiade, pp. 1243-1262).

1. C'est exactement le cas de l'histoire du *Mauvais Vitrier* (poème IX).

2. Cf. lettre à sa mère, mars 1853 : « *Pourquoi, ayant une idée si juste, si nette, du devoir et de l'utile, fais-je toujours le contraire ?* » L'expérience personnelle et douloureuse du poète rejoint le célèbre lieu commun qui se rencontre aussi bien chez le païen Horace (... *deteriora sequor*) que chez le chrétien Racine (*Cantiques spirituels* : « *Je ne fais pas le bien que j'aime — Et je fais le mal que je hais.* »)

3. Ce sont des *intercesseurs* qui aident le poète à passer de la simple nostalgie de rédemption à la prière authentique. On trouve dans les *Journaux intimes* (*Mon Cœur mis à nu*, XCV) le témoignage émouvant de la sincérité de cet appel aux intercesseurs : « *Faire tous les matins ma prière à Dieu, réservoir de toute force et de toute justice, à mon père, à Mariette et à Poe, comme intercesseurs... me fier à Dieu... pour la réussite de mes projets...* » (A propos de Mariette, cf. aussi, *Fleurs du Mal*, C : « *La servante au grand cœur dont vous étiez jalouse — Et qui dort son sommeil sous une humble pelouse, — Nous devrions pourtant lui porter quelques fleurs...* ».)

de produire quelques beaux vers qui me prouvent
à moi-même que je ne suis pas le dernier des hommes,
que je ne suis pas inférieur à ceux que je méprise [1].

---

1. On sait que le thème de la dignité rédemptrice de l'art
et de la poésie revient sans cesse chez Baudelaire ; cf. en par-
ticulier les célèbres strophes de *Bénédiction (Soyez béni mon
Dieu...)* et surtout la non moins célèbre fin des *Phares* :
(« ... *le meilleur témoignage que nous puissions donner de notre
dignité...* »). Nous pensons qu'il est inutile d'insister sur tout
ce que la poésie moderne doit à la diffusion de ce thème baude-
lairien du salut par la poésie considérée comme un véritable
« exercice spirituel ». (Sur ce sujet néanmoins cf. le bref mais
riche opuscule du poète Pierre-Jean Jouve : *Tombeau de
Baudelaire*, La Baconnière, Neuchâtel, 1942 ; nouv. éd.
Ed. du Seuil, Paris, 1957. On n'oubliera pas non plus que cet
aspect de l'influence baudelairienne a profondément agi
sur le renouvellement de la poésie anglaise moderne, comme
en témoignent l'inspiration et l'œuvre de T. S. Eliot ; cf.
Georges Cattaui : *T. S. Eliot*. Éditions Universitaires, Paris,
1957.)

XI

LA FEMME SAUVAGE
ET LA PETITE-MAITRESSE [1a]

« VRAIMENT, ma chère, vous me fatiguez sans mesure et sans pitié ; on dirait, à vous entendre soupirer, que vous souffrez plus que les glaneuses sexagénaires et que les vieilles mendiantes qui ramassent des croûtes de pain à la porte des cabarets.

---

1. Le sujet de ce poème est mentionné par deux fois dans des lettres de Baudelaire à son éditeur Poulet-Malassis (15 décembre 1859 et 13 mars 1860) comme devant faire partie de la deuxième édition des *Fleurs du Mal* : il devait donc d'abord être écrit en vers. Notons que c'est là un des arguments invoqués par ceux qui — tel Catulle-Mendès — croient pouvoir affirmer que les *Poèmes en prose* ne sont dus qu'à l'impuissance de Baudelaire en face des difficultés de la versification. Mais il est patent d'autre part que Baudelaire a traité plusieurs sujets à la fois sous forme de poèmes en prose et de poèmes en vers. En fait il semble plutôt que dans certains cas, comme celui de ce poème, l'auteur ait hésité entre la prose et le vers, le thème initial pouvant évoluer dans un sens ou dans l'autre, car il est clair enfin que si poème en prose et poème en vers peuvent éventuellement naître d'un même thème, leur traitement par Baudelaire en fait deux genres esthétiques absolument distincts (et par exemple le poète ne pourrait pas dire des *Fleurs du Mal* ce que, dans sa préface à Houssaye, il dit des *Poèmes en prose* : « ... ni queue ni tête... à la fois tête et queue, alternativement et réciproquement... »).

« Si au moins vos soupirs exprimaient le remords, ils vous feraient quelque honneur ; mais ils ne traduisent que la satiété du bien-être et l'accablement du repos. Et puis, vous ne cessez de vous répandre en paroles inutiles : « Aimez-moi bien ! j'en ai tant besoin ! Consolez-moi par-ci, caressez-moi par là ! » Tenez, je veux essayer de vous guérir ; nous en trouverons peut-être le moyen, pour deux sols, au milieu d'une fête, et sans aller bien loin.

« Considérons bien, je vous prie, cette solide cage de fer derrière laquelle s'agite, hurlant comme un damné, secouant les barreaux comme un orang-outang exaspéré par l'exil, imitant, dans la perfection, tantôt les bonds circulaires du tigre, tantôt les dandinements stupides de l'ours blanc, ce monstre poilu dont la forme imite assez vaguement la vôtre.

« Ce monstre est un de ces animaux qu'on appelle généralement « mon ange ! » c'est-à-dire une femme. L'autre monstre, celui qui crie à tue-tête, un bâton à la main, est un mari. Il a enchaîné sa femme légitime comme une bête, et il la montre dans les faubourgs, les jours de foire, avec permission des magistrats, cela va sans dire.

« Faites bien attention ! Voyez avec quelle voracité (non simulée peut-être !) elle déchire des lapins vivants et des volailles piaillantes que lui jette son cornac. « Allons, dit-il, il ne faut pas manger tout son bien en un jour », et, sur cette sage parole, il lui arrache cruellement la proie, dont les boyaux dévidés restent un instant accrochés aux dents de la bête féroce, de la femme, veux-je dire.

« Allons ! un bon coup de bâton pour la calmer !
car elle darde des yeux terribles de convoitise sur
la nourriture enlevée. Grand Dieu ! le bâton n'est
pas un bâton de comédie, avez-vous entendu
résonner la chair, malgré le poil postiche ? Aussi
les yeux lui sortent maintenant de la tête, elle hurle
plus naturellement [1]. Dans sa rage, elle étincelle tout
entière, comme le fer qu'on bat.

« Telles sont les mœurs conjugales de ces deux
descendants d'Ève et d'Adam, ces œuvres de vos
mains, ô mon Dieu ! Cette femme est incontesta-
blement malheureuse, quoique après tout, peut-être,
les jouissances titillantes de la gloire ne lui soient
pas inconnues. Il y a des malheurs plus irrémédiables,
et sans compensation. Mais dans le monde où elle
a été jetée, elle n'a jamais pu croire que la femme
méritait une autre destinée.

« Maintenant, à nous deux, chère précieuse ! A
voir les enfers dont le monde est peuplé, que vou-

---

1. En soulignant cet adverbe, Baudelaire rejoint une de
ses plus chères idées : l'homme — et surtout la femme — ne
sont jamais si *naturels* que dans la dépravation et la mons-
truosité. Dans les *Curiosités esthétiques* (*Le Peintre de la vie
moderne*, XI : *Éloge du maquillage*) on peut lire par exemple :
« *Sitôt que nous sortons de l'ordre des nécessités et des besoins, pour
entrer dans celui du luxe et des plaisirs, nous voyons que la nature
ne peut conseiller que le crime...* ». On notera que, selon ce même
texte, cette conviction de Baudelaire est liée à sa croyance
au péché originel, et ainsi, le procès de la nature et la haine
de la femme appartiennent à ce curieux jansénisme baude-
lairien, dont la violence, retenue ou non, contribue à définir
l'atmosphère originale des *Journaux intimes* autant que de ce
poème.

lez-vous que je pense de votre joli enfer, vous qui
ne reposez que sur des étoffes aussi douces que votre
peau, qui ne mangez que de la viande cuite, et
pour qui un domestique habile prend soin de décou-
per les morceaux?

« Et que peuvent signifier pour moi tous ces
petits soupirs qui gonflent votre poitrine parfumée,
robuste coquette? Et toutes ces affectations apprises
dans les livres, et cette infatigable mélancolie,
faite pour inspirer au spectateur un tout autre
sentiment que la pitié? En vérité, il me prend
quelquefois envie de vous apprendre ce que c'est
que le vrai malheur.

« A vous voir ainsi, ma belle délicate, les pieds
dans la fange et les yeux tournés vaporeusement
vers le ciel, comme pour lui demander un roi,
on dirait vraisemblablement une jeune grenouille
qui invoquerait l'idéal. Si vous méprisez le soliveau
(ce que je suis maintenant, comme vous savez bien),
gare la grue *qui vous croquera, vous gobera et vous
tuera à son plaisir* [1]!

« Tant poète que je sois, je ne suis pas aussi dupe
que vous voudriez le croire, et si vous me fatiguez
trop souvent de vos *précieuses* pleurnicheries, je
vous traiterai en *femme sauvage,* ou je vous jetterai
par la fenêtre, comme une bouteille vide [2]. »

---

1. Citation adaptée de la célèbre fable de La Fontaine :
Les Grenouilles qui demandent un roi : « *... une Grue — Qui les
croque, qui les tue, — Qui les gobe à son plaisir...* »
2. Nombreux sont les textes où Baudelaire exprime sa
haine de la femme jeune, triomphante et parée, haine nourrie

d'ailleurs de désir : on pourra, de ce point de vue, rapprocher de ce poème en prose le poème des *Fleurs du Mal, A une madone*, en particulier les derniers vers : « *Enfin, pour compléter ton rôle de Marie — Et pour mêler l'amour avec la barbarie, — Volupté noire! des sept Péchés capitaux, — Bourreau plein de remords, je ferai sept Couteaux — Bien affilés, et comme un jongleur insensible, — Prenant le plus profond de ton amour pour cible, — Je les planterai tous dans ton Cœur pantelant, — Dans ton Cœur sanglotant, dans ton Cœur ruisselant.* » Enfin la femme, particulièrement la femme parée, la « petite-maîtresse », est l'occasion pour Baudelaire de porter ici à son paroxysme, mais sans que le mot y soit, le thème qui lui est cher de l'universelle prostitution ; cf. à ce sujet *Journaux intimes*, particulièrement *Mon cœur mis à nu*, XLV, XLVI, LXV, et surtout V : « *La femme est le contraire du dandy* » (même lorsque, comme ici, elle fait le dandy !), et LXIX : « *De la nécessité de battre les femmes* » *;* un peu plus loin, Baudelaire ajoute un aveu qui éclaire singulièrement l'origine et le sens du *ressentiment* qui anime ce poème : « *C'est toujours l'animal adorateur se trompant d'idole* » : parce que l'adoration de la femme est toujours une *erreur* du poète, le désir de traiter la *petite-maîtresse* en *femme sauvage* apparaît au moment où la lucidité vient détruire la magie de la fausse idole ; produit suprême de la *nature*, la femme en incarne l'incapacité originelle à satisfaire le désir nostalgique de l'homme, et l'homme se venge, de la femme et de la nature, par le ressentiment ; c'est ce qu'ont de commun ici le poète et le mari de la *femme sauvage*. On notera que la comparaison avec un spectacle de foire sur laquelle est fondé tout le poème se retrouve dans le *jongleur* d'*A une madone*.

XII

LES FOULES [1a]

Ⅰ𝐋 n'est pas donné à chacun de prendre un bain

---

1. Si l'on devait choisir un seul des poèmes en prose pour
en faire le symbole concentré de l'esthétique baudelairienne
du genre, peut-être devrait-on faire choix de celui-ci : la
jouissance esthétique de la foule, l'équivalence poétique de
la *multitude* et de la *solitude* sont l'une des principales sources
de ces poèmes en prose (la *multitude* est prose tandis que la
solitude est poésie). Quant aux origines de ce sentiment
esthétique de la Foule, il faut sans doute les trouver d'abord
dans le tempérament même et l'âme du poète ; mais on
ne saurait oublier qu'il en a aussi découvert l'expérience
dans quelques-unes de ses lectures ou de ses contemplations
les plus chères (et ce sont là, justement, influences préétablies,
reconnaissance d'affinités plutôt qu'influences proprement
dites, et, comme par un effet de boule de neige, la reconnais-
sance des affinités intensifie le développement des influences) :
Edgar Poe avait écrit *L'Homme des foules,* et l'art de Constan-
tin Guys est, selon Baudelaire, un art de la jouissance des
foules. Aussi n'est-ce point par hasard que les deux noms
sont réunis dans un texte des *Curiosités esthétiques* qui est
le meilleur commentaire de ce poème (*Le peintre de la vie
moderne,* III : *L'artiste, homme du monde, homme des foules et
enfant.* On notera que ce texte est de 1860 et le poème de
1861) : « *Vous souvenez-vous d'un tableau... écrit par la plus
puissante plume de cette époque et qui a pour titre* L'Homme des
Foules ? *Derrière la vitre d'un café, un convalescent, contemplant
la foule avec jouissance, se mêle, par la pensée, à toutes les pensées
qui s'agitent autour de lui. Revenu récemment des ombres de la*

de multitude[1] : jouir de la foule est un art; et celui-là seul peut faire, aux dépens du genre humain, une ribote de vitalité, à qui une fée a insufflé dans son berceau le goût du travestissement et du masque, la haine du domicile et la passion du voyage[2].

Multitude, solitude : termes égaux et conver-

---

mort, il aspire avec délices tous les germes et tous les effluves de la vie... Finalement, il se précipite à travers cette foule à la recherche d'un inconnu dont la physionomie entrevue l'a, en un clin d'œil, fasciné... Supposez un artiste qui serait toujours, spirituellement, à l'état du convalescent, et vous aurez la clé du caractère de M. G. » (c'est aussi une des clés du *caractère* de Baudelaire).

1. Cf. Lettre à Sainte-Beuve, 4 mai 1865 (à propos de la difficulté de composition des poèmes en prose, qui, dit cette lettre, ont *besoin de spectacles, de foules...*) : « *J'ai besoin de ce fameux* bain de multitude *dont l'incorrection vous avait justement choqué.* » (Il est probable qu'il y a ici allusion à une observation faite sans doute par Sainte-Beuve au cours d'une conversation; c'est un fait que, si *juste* qu'elle fût, cette observation du critique n'incita point le poète à corriger son texte. L'expression en effet représentait trop bien sa « jouissance esthétique » de la foule pour qu'il pût y renoncer.)

2. Cf. le texte cité plus haut des *Curiosités esthétiques* : « *C'est une immense jouissance que d'élire domicile dans le nombre, dans l'ondoyant, dans le mouvement, dans le fugitif et l'infini* » ; cf. aussi *Mon cœur mis à nu*, VI : « *Il y a dans tout changement quelque chose d'infâme et d'agréable à la fois, quelque chose qui tient de l'infidélité et du déménagement* » ; et XXXVI : « *Étude de la grande maladie de l'horreur du domicile* » (mais on notera que, tandis que, dans les *Journaux intimes*, l'*horreur du domicile* est une *grande maladie*, ici la *haine du domicile* est le don d'une fée; c'est que Baudelaire ne cesse d'être à lui-même ambigu, et c'est peut-être la clé de sa personnalité et de son œuvre que cette ambiguïté essentielle de son expérience spirituelle, qu'il a résumée dans la célèbre formule de la *double postulation*, *Mon cœur mis à nu*, XIX; la même ambiguïté se retrouve d'ailleurs ici même, sur un autre plan, dans l'*égalité* et la *convertibilité* des deux *termes*, multitude et solitude).

tibles par le poète actif et fécond [1]. Qui ne sait pas peupler sa solitude, ne sait pas non plus être seul dans une foule affairée [2].

Le poète jouit de cet incomparable privilège, qu'il peut à sa guise être lui-même et autrui. Comme ces âmes errantes qui cherchent un corps, il entre, quand il veut, dans le personnage de chacun. Pour lui seul, tout est vacant; et si de certaines places paraissent lui être fermées, c'est qu'à ses yeux elles ne valent pas la peine d'être visitées.

Le promeneur solitaire et pensif tire une singulière ivresse de cette universelle communion. Celui-là qui épouse facilement la foule [3] connaît

[1]. Le même qualificatif est appliqué par Baudelaire à Constantin Guys : « ... *pressé, violent, actif...* »

[2]. Cf. le mot de Guys cité par Baudelaire : « *Tout homme...* qui s'ennuie au sein de la multitude *est un sot! un sot! et je le méprise!* » Quant à l'expression *peupler sa solitude* elle évoque inévitablement Jean-Jacques Rousseau, qui, lui, peuplait sa solitude *d'êtres selon son cœur.* D'ailleurs, dans ce même texte sur Guys, Baudelaire évoque Rousseau (« *M. G. est vieux. Jean-Jacques commença, dit-on, à écrire à quarante-deux ans. Ce fut peut-être vers cet âge que M. G... eut l'audace de jeter sur une feuille blanche de l'encre et des couleurs.* ») Mais la différence n'en est pas moins considérable entre la solitude misanthropique de Jean-Jacques et celle de Baudelaire (qui d'ailleurs n'aimait pas Rousseau : cf. *Le Poème du haschisch*, IV, où Baudelaire parle des *abominables jouissances* de Jean-Jacques, qui *s'était enivré sans haschisch,* et la note manuscrite publiée dans le *Catalogue des autographes de Champfleury*, 1891 : *De Jean-Jacques — auteur sentimental et infâme*). On notera un peu plus loin un autre emprunt à Jean-Jacques : *le promeneur solitaire...*

[3]. La même expression se rencontre encore, textuellement, et soulignée, dans le texte des *Curiosités esthétiques* : « *Sa passion et sa profession, c'est* d'épouser la foule... »

des jouissances fiévreuses, dont seront éternellement
privés l'égoïste, fermé comme un coffre, et le pares-
seux, interné comme un mollusque. Il adopte
comme siennes toutes les professions, toutes les
joies et toutes les misères que la circonstance lui
présente.

Ce que les hommes nomment amour est bien
petit, bien restreint et bien faible, comparé à cette
ineffable orgie, à cette sainte prostitution de l'âme [1]
qui se donne tout entière, poésie et charité, à l'im-
prévu qui se montre, à l'inconnu qui passe.

Il est bon d'apprendre quelquefois aux heureux
de ce monde, ne fût-ce que pour humilier un instant
leur sot orgueil, qu'il est des bonheurs supérieurs
au leur, plus vastes et plus raffinés. Les fondateurs
de colonies, les pasteurs de peuples, les prêtres
missionnaires exilés au bout du monde, connaissent
sans doute quelque chose de ces mystérieuses
ivresses; et, au sein de la vaste famille que leur
génie s'est faite, ils doivent rire quelquefois de

---

1. Cf. *Fusées*, I : « *Il n'est pas de plaisir noble qui ne puisse
être ramené à la prostitution. — Dans un spectacle, dans un bal,
chacun jouit de tous. — Qu'est-ce que l'art? Prostitution. — Le
plaisir d'être dans les foules est une expression mystérieuse de
la jouissance de la multiplication du nombre. — Tout est nombre.
Le nombre est dans tout... L'ivresse est un nombre.* » Quant
à la double alliance de mots : *sainte* prostitution de *l'âme,*
elle reflète, une fois de plus, dans l'ordre concerté du langage,
l'équivoque de la *double postulation,* et c'est esthétiquement
que, dans l'art, s'opère le renversement du pire en meilleur,
de la prostitution en *poésie et charité.*

ceux qui les plaignent pour leur fortune si agitée et pour leur vie si chaste [1].

---

1. Il y a là, pour reprendre la thèse de Georges Blin *(Le Sadisme de Baudelaire,* José Corti, Paris, 1948), comme une interprétation sadique de la charité (et du même coup de la poésie, puisque les deux mots viennent d'être jumelés) : « *bonheurs... plus raffinés... mystérieuses ivresses* ». C'est un fait en tout cas que la *charité* apparaît bien ici comme une jouissance plus que comme un sacrifice, et comme une sorte de thérapeutique *dandyste* de l'Ennui ; la chasteté même devient suprême satisfaction de l'*appétit* d'ivresse, dont d'autres non moins suprêmes satisfactions sont la *ribote* et l'*orgie* plus haut évoquées. Victime de l'Ennui, et inapte à s'en délivrer effectivement dans sa vie, Baudelaire ne cesse de rechercher et de collectionner en littérature les remèdes imaginaires, conformes à son appétit profond : telle est pour lui une des fonctions essentielles de la poésie (comme de toute activité esthétique) et c'est pourquoi *les pasteurs de peuples, les prêtres missionnaires, les fondateurs de colonies* sont ici les jumeaux spirituels du *poète actif et fécond* et de l'*artiste qui serait toujours, spirituellement, à l'état du convalescent* de *l'Homme des Foules,* Constantin Guys, ou Edgar Poe.

XIII

LES VEUVES[a]

Vauvenargues [1] dit que dans les jardins publics il est des allées hantées principalement par

---

1. C'est ici — sauf erreur — le seul lieu, dans toute l'œuvre de Baudelaire, où se trouve cité le nom de Vauvenargues. Il y a pourtant chez ce dernier, parfois, comme une sorte de pressentiment des formes nobles du dandysme baudelairien, et s'il est vrai que Baudelaire portait en lui quelque trace de « beylisme » (ce que Sainte-Beuve eut de la peine à lui pardonner non plus qu'à Stendhal lui-même) on n'oubliera pas que le « beylisme » devait quelque chose à Vauvenargues (cf. sur ce point le précieux opuscule de Georges Saintville : *Stendhal et Vauvenargues, Études stendhaliennes,* Paris, Le Divan, 1938 ; sur Baudelaire et Stendhal, cf. Margaret Gilman, PMLA, mars 1939 ; enfin le *Choix de maximes consolantes sur l'amour* publié par Baudelaire dans le *Corsaire-Satan* du 3 mars 1846 est une tentative pour refaire ce que, dans une note, l'auteur appelle *le Stendhal,* c'est-à-dire le célèbre livre *De l'Amour*). Le texte de Vauvenargues auquel fait ici allusion Baudelaire figure dans l'édition Gilbert de 1857. Chose curieuse, ce poème qui commence par le nom de Vauvenargues fut publié dans *La Presse* du 27 août 1862 en même temps que le poème précédent où, parlant du *poète actif et fécond,* Baudelaire emploie les mêmes termes que Vauvenargues applique au génie : « *Le génie est actif et fécond* » (*Introduction à la connaissance de l'esprit humain,* X : *De l'étendue de l'esprit*). On peut donc supposer que Baudelaire avait lu récemment l'œuvre de Vauvenargues,

l'ambition déçue, par les inventeurs malheureux, par les gloires avortées, par les cœurs brisés, par toutes ces âmes tumultueuses et fermées, en qui grondent encore les derniers soupirs d'un orage, et qui reculent loin du regard insolent des joyeux et des oisifs. Ces retraites ombreuses sont les rendez-vous des éclopés de la vie.

C'est surtout vers ces lieux que le poète et le philosophe aiment diriger leurs avides conjectures. Il y a là une pâture certaine. Car s'il est une place qu'ils dédaignent de visiter, comme je l'insinuais tout à l'heure, c'est surtout la joie des riches. Cette turbulence dans le vide n'a rien qui les attire. Au contraire, ils se sentent irrésistiblement entraînés vers tout ce qui est faible, ruiné, contristé, orphelin [1].

---

dont la première publication « intégrale » avait été un des événements de l'actualité littéraire avec l'édition Gilbert de 1857.

1. L'esthétique du *deuil* est pour Baudelaire un élément essentiel de la « modernité » : « *Et cependant n'a-t-il pas sa beauté et son charme indigène, cet habit* [moderne] *tant victimé ? N'est-il pas l'habit nécessaire de notre époque souffrante et portant jusque sur ses épaules noires et maigres le symbole d'un deuil perpétuel ? Remarquez bien que l'habit noir et la redingote ont non seulement leur beauté politique, qui est l'expression de l'égalité universelle, mais encore leur beauté poétique, qui est l'expression de l'âme publique ; — une immense défilade de croque-morts, cro-que-morts politiques, croque-morts amoureux, croque-morts bour-geois. Nous célébrons tous quelque enterrement* » (*Salon de 1846*, XVIII : *De l'héroïsme de la vie moderne*). D'autre part, dans un texte sur Victor Hugo, contemporain de ce poème (*L'Art romantique, Réflexions sur quelques-uns de mes contem-porains, Revue fantaisiste*, 1861 ; on notera que ce texte a paru non seulement la même année, mais dans la même revue que

Un œil expérimenté ne s'y trompe jamais. Dans ces traits rigides ou abattus, dans ces yeux caves et ternes, ou brillants des derniers éclairs de la lutte, dans ces rides profondes et nombreuses, dans ces démarches si lentes ou si saccadées, il déchiffre tout de suite les innombrables légendes de l'amour trompé, du dévouement méconnu, des efforts non récompensés, de la faim et du froid humblement, silencieusement supportés.

Avez-vous quelquefois aperçu des veuves sur ces bancs solitaires, des veuves pauvres [1]? Qu'elles soient en deuil ou non, il est facile de les reconnaître. D'ailleurs, il y a toujours dans le deuil du pauvre quelque chose qui manque, une absence d'harmonie qui le rend plus navrant. Il est contraint de lésiner sur sa douleur. Le riche porte la sienne au grand complet.

---

notre poème), on trouve une répétition quasi textuelle de cette phrase : « *le poète se montre toujours l'ami attendri de tout ce qui est faible, solitaire, contristé, de tout ce qui est orphelin* ». Enfin, dans *Fusées,* XVI, Baudelaire, annonçant qu'il a trouvé la définition de *son* Beau, ne manque pas de souligner la part qu'y doit occuper la *tristesse*.

1. L'image de la veuve solitaire semble bien être un souvenir personnel, dont l'origine lointaine remonte peut-être même au séjour de Baudelaire à Lyon, de sa onzième à sa quinzième année ; la première apparition de l'image se trouve en effet dans *La Fanfarlo* (1847 : « *elle semblait rechercher les endroits abandonnés, et s'asseyait tristement avec des attitudes de veuve, tenant parfois dans sa main distraite un livre qu'elle ne lisait pas* »), où l'auteur nous dit que son héros, Samuel, avait connu ce personnage *aux environs de Lyon.* On sait que la même image réapparaît dans *Les Fleurs du Mal (Les Petites Vieilles* et *A une passante).*

Quelle est la veuve la plus triste et la plus attristante[a], celle qui traîne à sa main un bambin avec qui elle ne peut pas partager[b] sa rêverie, ou celle qui est tout à fait seule ? Je ne sais... Il m'est arrivé une fois de suivre pendant de longues heures une vieille affligée de cette espèce ; celle-là roide[c], droite, sous un petit châle usé, portait dans tout son être une fierté de stoïcienne [1][d].

Elle était évidemment condamnée, par une absolue solitude, à des habitudes de vieux célibataire, et le caractère masculin de ses mœurs ajoutait un piquant mystérieux à leur austérité. Je ne sais[e] dans quel misérable café et de quelle façon elle déjeuna. Je la suivis au cabinet de lecture ; et je l'épiai longtemps pendant qu'elle cherchait dans les gazettes, avec des yeux actifs, jadis brûlés par les larmes, des nouvelles d'un intérêt puissant et personnel.

Enfin, dans l'après-midi, sous un ciel d'automne charmant, un de ces ciels d'où descendent en foule les regrets et les souvenirs, elle s'assit à l'écart dans un jardin, pour entendre, loin de la foule, un de ces concerts dont la musique des régiments gratifie le peuple parisien [2].

---

1. Cf. *Les Petites Vieilles* : « *Celle-là droite encore... — Son front de marbre avait l'air fait pour le laurier...* » et : « *Telles vous cheminez, stoïques et sans plaintes...* »

2. Cf. *Les Petites Vieilles*, III : « *Une, entre autres, à l'heure où le soleil tombant — Ensanglante le ciel de blessures vermeilles, — Pensive, s'asseyait à l'écart sur un banc, — Pour entendre un de ces concerts, riches de cuivre, — Dont les soldats parfois inondent nos jardins, — Et qui, dans ces soirs d'or où l'on se sent revivre, — Versent quelque héroïsme au cœur des citadins.* »

C'est sans doute là la petite débauche de cette vieille innocente (ou de cette vieille purifiée), la consolation bien gagnée d'une de ces lourdes journées sans ami, sans causerie, sans joie, sans confident, que Dieu laissait tomber sur elle, depuis bien des ans peut-être! trois cent soixante-cinq fois par an.

Une autre encore :

Je ne puis jamais m'empêcher de jeter un regard, sinon universellement sympathique, au moins curieux [1], sur la foule de parias qui se pressent autour de l'enceinte d'un concert public. L'orchestre jette à travers la nuit des chants de fête, de triomphe ou de volupté. Les robes traînent en miroitant ; les regards se croisent ; les oisifs, fatigués de n'avoir rien fait, se dandinent, feignant de déguster indolemment la musique. Ici rien que de riche, d'heureux ; rien qui ne respire et n'inspire l'insouciance

---

1. Nouvel exemple de l'ambiguïté fondamentale de Baudelaire : son attention de poète à tout ce qui est *contristé, orphelin,* on ne sait si elle est de charité ou de curiosité, peut-être même cruelle : n'a-t-il pas plus haut parlé d'*avides conjectures* et employé le mot *pâture?* C'est que, comme le suggérait aussi le déchiffrement des *innombrables légendes,* le poète est avant tout un lecteur d'humanité, fonction elle-même ambiguë, car ce lecteur connaît la sympathie et la pitié, mais au même instant ne peut laisser la sympathie prendre le pas sur la *curiosité,* seule génératrice de fécondité esthétique (si du moins l'on en croit ce que Baudelaire écrit à propos de Constantin Guys, *loc. cit.* : « *la curiosité est devenue une passion fatale, irrésistible... la curiosité peut être considérée comme le point de départ de son génie... C'est un moi insatiable du non-moi...* »).

Les robes traînent en miroitant ; les regards se croisent... (*Les Veuves.*)

Édouard Manet. - La Musique aux Tuileries.

(National Gallery - Londres.)

et le plaisir de se laisser vivre ; rien, excepté l'aspect
de cette tourbe[a] qui s'appuie là-bas sur la barrière
extérieure, attrapant gratis, au gré du vent, un lam-
beau de musique, et regardant l'étincelante four-
naise intérieure [1].

C'est toujours chose intéressante que ce reflet
de la joie du riche au fond de l'œil du pauvre. Mais
ce jour-là, à travers ce peuple vêtu de blouses et
d'indienne, j'aperçus un être dont la noblesse
faisait un éclatant contraste avec toute la trivialité
environnante.

C'était une femme grande, majestueuse, et si
noble dans tout son air, que je n'ai pas souvenir
d'avoir vu sa pareille dans les collections des aris-
tocratiques beautés du passé [2]. Un parfum de hau-

---

1. Passage qui est comme la description du tableau de
Manet, *La Musique aux Tuileries* (Londres - National Gallery),
exposé en 1862 et exécuté en 1861, donc exactement contem-
porain de ce poème. C'est d'ailleurs Baudelaire qui en avait
conseillé le sujet au peintre, qui le représenta sur son tableau,
à gauche, de profil, entre Gautier et Fantin-Latour. Cas
intéressant d'un sujet « moderne » parallèlement traité,
dans le même esprit, par un poète épris de peinture et par
un peintre ami de l'écrivain.

2. La galerie de ces visions de veuves ne s'achève pas par
hasard sur cette figure, dont la noblesse en effet autorise
le contrepoint de la sympathie et de la curiosité, contrepoint
qui peut même conduire alors jusqu'aux abords de l'amour.
Cf. une autre version de cette figure dans *Les Fleurs du Mal*,
A une passante : « *Longue, mince, en grand deuil, douleur
majestueuse, — Une femme passa... — Agile et noble avec sa
jambe de statue... — Ne te verrai-je plus que dans l'éternité ? —
... Car j'ignore où tu fuis, tu ne sais où je vais, — O toi que j'eusse
aimée, ô toi qui le savais!* » Quant aux *collections des aristocra-
tiques beautés du passé*, Baudelaire entend évoquer par là

taine vertu émanait de toute sa personne. Son visage, triste et amaigri, était en parfaite accordance avec le grand deuil dont elle était revêtue. Elle aussi, comme la plèbe à laquelle elle s'était mêlée et qu'elle ne voyait pas, elle regardait le monde lumineux avec un œil profond, et elle écoutait en hochant doucement la tête.

Singulière vision! « A coup sûr, me dis-je, cette pauvreté-là, si pauvreté il y a, ne doit pas admettre l'économie sordide ; un si noble visage m'en répond. Pourquoi donc reste-t-elle volontairement dans un milieu où elle fait une tache si éclatante? »

Mais en passant curieusement auprès d'elle, je crus en deviner la raison. La grande veuve tenait par la main un enfant comme elle vêtu de noir ; si modique que fût le prix d'entrée, ce prix suffisait peut-être pour payer un des besoins du petit être, mieux encore, une superfluité, un jouet.

Et elle sera rentrée à pied, méditant et rêvant, seule, toujours seule ; car l'enfant est turbulent, égoïste, sans douceur et sans patience ; et il ne peut même pas, comme le pur animal, comme le chien et le chat[a], servir de confident aux douleurs solitaires[1].

---

les souvenirs picturaux dont son imagination est pleine. Il n'est pas exclu que, par l'effet d'un sentiment en quelque sorte pré-proustien, Baudelaire éprouve d'autant mieux la noblesse de cette apparition que cette femme est comme un *tableau,* et le plus beau que le poète ait jamais rencontré.

1. Comme pour servir de point d'orgue rythmique au mouvement ascendant du poème, c'est un alexandrin qui en marque le terme. On pourra même noter que cet alexandrin final est précédé (à condition de ne pas compter les *e* muets,

ce qui est normal dans un poème *en prose*) d'une suite de
trois demi-alexandrins : cette organisation en forme stro-
phique de la fin du poème ne doit pas être purement fortuite,
et le recours à un rythme virtuellement versifié (qui, de plus,
obéit aux règles classiques de la césure au sixième pied)
achève et couronne l'apparition de cette figure de *passante,*
qui incarne bien aux yeux du poète — comme la poésie
elle-même — la *noblesse* absolue de la *douleur solitaire* (sur
l'importance centrale de ce thème chez Baudelaire, cf., entre
autres textes, les deux derniers vers du *Cygne* : « *Je pense
aux matelots oubliés dans une île, — Aux captifs, aux vaincus!...
à bien d'autres encore!* »)

XIV

LE VIEUX SALTIMBANQUE

Partout s'étalait, se répandait, s'ébaudissait le peuple en vacances. C'était une de ces solennités [1] sur lesquelles, pendant un long temps, comptent les saltimbanques, les faiseurs de tours, les montreurs d'animaux et les boutiquiers ambulants, pour compenser[a] les mauvais temps de l'année.

En ces jours-là il me semble[b] que le peuple oublie tout, la douleur et le travail ; il devient pareil aux enfants[c]. Pour les petits c'est un jour de congé, c'est l'horreur de l'école renvoyée à vingt-quatre

---

1. Ce mot correspond à l'un des thèmes fondamentaux de la « poésie en prose » ; un peu plus loin, Baudelaire le répétera intentionnellement : « ... *les baraques qui se pavanent à ces époques solennelles* ». C'est que l'esthétique comme la spiritualité propres du poème en prose (et même sa technique) naissent, au moins en partie, de cette intuition spécifique de la solennité implicite du quotidien immédiat (c'est d'ailleurs pourquoi le poète est éventuellement à l'affût de l'insolite) : là est une des sources de la modernité poétique ; il s'impose, sur ce point encore, de faire référence à Constantin Guys, dont les œuvres accomplissent en langage graphique et pictural l'idéal baudelairien du poème en prose. Mais sans doute, sur ce sujet de la fête foraine et du saltimbanque, songera-t-on plus encore, en lisant Baudelaire, aux œuvres inspirées par le cirque à un artiste comme Toulouse-Lautrec.

heures. Pour les grands c'est un armistice conclu avec les puissances malfaisantes de la vie, un répit dans la contention et la lutte universelles.

L'homme du monde lui-même et l'homme[a] occupé de travaux spirituels échappent difficilement à l'influence de ce jubilé populaire. Ils absorbent, sans le vouloir, leur part de cette atmosphère d'insouciance. Pour moi, je ne manque jamais, en vrai Parisien, de passer la revue de toutes les baraques qui se pavanent à ces époques solennelles.

Elles se faisaient en vérité, une concurrence formidable : elles piaillaient, beuglaient, hurlaient. C'était un mélange de cris, de détonations de cuivre et d'explosions de fusées. Les queues-rouges et les Jocrisses convulsaient les traits de leurs visages basanés, racornis par le vent, la pluie et le soleil ; ils lançaient, avec l'aplomb des comédiens sûrs de leurs effets, des bons mots et des plaisanteries d'un comique solide et lourd comme celui de Molière. Les Hercules, fiers de l'énormité de leurs membres, sans front et sans crâne, comme les orangs-outangs, se prélassaient majestueusement sous les maillots[b] lavés la veille pour la circonstance. Les danseuses, belles comme des fées ou des princesses, sautaient et cabriolaient sous le feu des lanternes qui remplissaient leurs jupes d'étincelles.

Tout n'était que lumière, poussière, cris, joie, tumulte ; les uns dépensaient, les autres gagnaient, les uns et les autres également joyeux. Les enfants se suspendaient aux jupons de leurs mères pour obtenir quelque bâton de sucre, ou montaient

sur les épaules de leurs pères pour mieux voir un
escamoteur éblouissant comme un dieu. Et partout
circulait, dominant tous les parfums, une odeur
de friture qui était comme l'encens de cette fête.

Au bout, à l'extrême bout de la rangée de
baraques [1], comme si, honteux, il s'était exilé lui-
même de toutes ces splendeurs, je vis un pauvre
saltimbanque, voûté, caduc, décrépit, une ruine
d'homme, adossé contre un des poteaux de sa cahute ;
une cahute plus misérable que celle du sauvage le
plus abruti, et dont deux bouts de chandelles, cou-
lants et fumants, éclairaient trop bien encore la
détresse.

Partout la joie, le gain, la débauche ; partout la
certitude du pain pour les lendemains ; partout
l'explosion frénétique de la vitalité. Ici la misère
absolue, la misère affublée, pour comble d'horreur,
de haillons comiques, où la nécessité, bien plus que
l'art, avait introduit le contraste. Il ne riait pas, le
misérable ! Il ne pleurait pas, il ne dansait pas, il ne
gesticulait pas, il ne criait pas ; il ne chantait aucune
chanson, ni gaie, ni lamentable, il n'implorait pas.
Il était muet et immobile. Il avait renoncé, il avait
abdiqué. Sa destinée était faite [2].

---

1. Par sa situation même dans la topographie de la foire,
le vieux saltimbanque est bien le frère des *oubliés* du *Cygne*.
Il est aussi comme la négresse de ce même poème, exilée des
splendeurs de la *superbe Afrique*. On sait quel rôle joue dans
la poésie de Baudelaire cette nostalgie des splendeurs d'une
Afrique spirituelle.

2. Ce portrait du saltimbanque, dont on sent déjà qu'il est
une figure du poète, va bien au-delà de Guys ou même de

Mais quel regard profond, inoubliable, il promenait sur la foule et les lumières, dont le flot mouvant s'arrêtait à quelques pas de sa répulsive misère ! Je sentis ma gorge serrée par la main terrible de l'hystérie, et il me sembla que mes regards étaient offusqués par ces larmes rebelles qui ne veulent pas tomber.

Que faire ? A quoi bon demander à l'infortuné quelle curiosité, quelle merveille il avait à montrer dans ces ténèbres puantes, derrière son rideau déchiqueté ? En vérité, je n'osais ; et dût la raison de ma timidité vous faire rire, j'avouerai que je craignais de l'humilier. Enfin, je venais de me résoudre à déposer en passant quelque argent sur une de ses planches, espérant qu'il devinerait mon intention, quand un grand reflux de peuple, causé par je ne sais quel trouble, m'entraîna loin de lui.

Et, m'en retournant, obsédé par cette vision, je cherchai à analyser ma soudaine douleur, et je me dis : Je viens de voir l'image du vieil homme de lettres qui a survécu à la génération dont il fut le brillant amuseur ; du vieux poète sans amis, sans famille, sans enfants, dégradé par sa misère et par l'ingratitude publique, et dans la baraque de qui le monde oublieux ne veut plus entrer [1] !

Toulouse-Lautrec : c'est Georges Rouault qui réalisera en images picturales la vision du poète, avec ses clowns, à qui il donnera cette même *misère absolue,* et ce même « *regard profond, inoubliable* ». D'autre part une source probable de ce portrait est le tableau de Joseph Stevens (Salon de 1857) dont il est question dans *Les Bons Chiens* (cf. nos notes sur ce poème).

　　1. Baudelaire pense-t-il aux exemples célèbres de déchéance

sociale du vieil écrivain? Le poème est écrit à une époque où
la vieillesse de Lamartine pouvait faire songer à ce personnage
de *vieux poète* victime de *l'ingratitude publique*. Il n'en est pas
moins vrai que, s'il n'est pas encore, selon l'âge, un *vieil
homme de lettres,* Baudelaire songe à lui-même et à son avenir :
après la faillite de son éditeur, il ne pourra plus se faire publier.
Mais peut-on appliquer à Baudelaire, néanmoins, cette image
du « *vieil homme de lettres qui a survécu à la génération dont il fut
le brillant amuseur* »? Ce qui est dans ce poème plus exactement
accordé à l'image que Baudelaire se fait parfois de lui-même,
c'est plutôt la comparaison avec le saltimbanque. Déjà le
cygne et la négresse des *Fleurs du Mal* appartenaient à l'uni-
vers forain ; il est aussi question, dans *Mon cœur mis à nu*
(LXIX), de « *glorifier le vagabondage et ce qu'on peut appeler le
bohémianisme* » *;* les « gens du voyage » sont à plusieurs
reprises présents dans *Les Fleurs du Mal (Bohémiens en voyage,
Le Cygne, A une jeune saltimbanque)* *;* citons enfin le dernier
tercet de *La Muse vénale* : « *Ou, saltimbanque à jeun, étaler
tes appas — Et ton rire trempé de pleurs qu'on ne voit pas — Pour
faire épanouir la rate du vulgaire* ». Ainsi Baudelaire appartient
à cette lignée d'artistes qui ont choisi le symbole du saltim-
banque pour exprimer la misère et le tragique modernes,
lignée qui va de Baudelaire à Toulouse-Lautrec et Rouault,
et dont le témoignage se retrouve aussi dans le cinéma con-
temporain, avec des films comme *La Strada* de Fellini ou
La Nuit des Forains d'Ingmar Bergman. Signalons à ce sujet,
après M. A. Fongaro, le remarquable article de G. Macchia,
Divagazioni intorno a uno Scenario di Baudelaire (*Bianco e Nero,*
février 1942) qui montre comment une certaine *vision,*
caractéristique du cinéma contemporain (et qui trouvera
son point culminant dans le « néo-réalisme » italien), est
essentiellement baudelairienne.

XV

LE GATEAU[a]

JE voyageais. Le paysage au milieu duquel j'étais placé était d'une grandeur et d'une noblesse irrésistibles. Il en passa sans doute en ce moment quelque chose dans mon âme. Mes pensées voltigeaient avec une légèreté égale à celle de l'atmosphère ; les passions vulgaires, telles que la haine et l'amour profane, m'apparaissaient maintenant aussi éloignées que les nuées qui défilaient au fond des abîmes sous mes pieds ; mon âme me semblait aussi vaste et aussi pure que la coupole du ciel dont j'étais enveloppé ; le souvenir des choses terrestres n'arrivait à mon cœur qu'affaibli et diminué, comme le son de la clochette des bestiaux imperceptibles qui paissaient loin, bien loin, sur le versant d'une autre montagne. Sur le petit lac immobile, noir de son immense profondeur, passait quelquefois l'ombre d'un nuage, comme le reflet du manteau d'un géant aérien volant à travers le ciel. Et je me souviens que cette sensation solennelle et rare, causée par un grand mouvement parfaitement silencieux, me remplissait d'une joie mêlée de peur. Bref, je me sentais, grâce à l'enthousiasmante beauté dont j'étais environné, en parfaite paix avec moi-même et avec l'univers [1] ; je crois même que, dans ma parfaite béatitude et dans mon total oubli de tout le mal terrestre, j'en étais venu à ne plus trouver si ridicules les journaux qui prétendent que l'homme est né bon ; — quand, la matière incurable renouvelant ses exigences, je songeai à réparer la fatigue et à soulager l'appétit causés par une si longue ascension. Je tirai de ma poche un gros morceau de pain, une tasse de cuir et un flacon d'un certain élixir que les pharmaciens vendaient dans ce temps-là aux touristes pour le mêler à l'occasion avec de l'eau de neige.

Je découpais tranquillement mon pain, quand un bruit très léger me fit lever les yeux. Devant moi se tenait un petit être déguenillé, noir, ébouriffé, dont les yeux creux, farouches et comme suppliants,

---

1. Ce paysage surnaturaliste est typiquement baudelairien. Parlant du paysage dans le *Salon de 1846* (XV), Baudelaire avait écrit : « *Dans le paysage, ... on peut établir des classifications basées sur les méthodes différentes* ». Baudelaire, lui, appartient à la catégorie des paysagistes « imaginatifs », ceux pour qui un paysage est d'abord « *une adoration éternelle de l'œuvre visuelle* ». Et sans doute le paysagiste le plus proche parent de Baudelaire est-il Théodore Rousseau, à propos duquel il énonce, dans le *Salon de 1846,* une formule qui pourrait aisément s'appliquer aux *Poèmes en prose* : « *Il y* [dans le paysage] *met beaucoup de son âme ; c'est un naturaliste entraîné sans cesse vers l'idéal* ». Notons enfin, avec les précédents éditeurs, que ce paysage surnaturaliste figurait dans un poème de jeunesse composé en 1839, *Incompatibilité,* avec, en particulier, l'image du nuage sur le lac : « *Et lorsque, par hasard, une nuée errante — Assombrit dans son vol le lac silencieux...* ».

dévoraient le morceau de pain [1]. Et je l'entendis soupirer, d'une voix basse et rauque, le mot : *gâteau !* Je ne pus m'empêcher de rire en entendant l'appellation dont il voulait bien honorer mon pain presque blanc, et j'en coupai pour lui une belle tranche que je lui offris. Lentement il se rapprocha, ne quittant pas des yeux l'objet de sa convoitise ; puis, happant le morceau avec sa main, se recula vivement, comme s'il eût craint que mon offre ne fût pas sincère ou que je m'en repentisse déjà.

Mais au même instant il fut culbuté par un autre petit sauvage, sorti je ne sais d'où, et si parfaitement semblable au premier qu'on aurait pu le prendre pour son frère jumeau. Ensemble ils roulèrent sur le sol, se disputant la précieuse proie, aucun n'en voulant sans doute sacrifier la moitié pour son frère. Le premier, exaspéré, empoigna le second par les cheveux ; celui-ci lui saisit l'oreille avec les dents, et en cracha un petit morceau sanglant avec un superbe juron patois. Le légitime propriétaire du gâteau essaya d'enfoncer ses petites griffes dans les yeux de l'usurpateur ; à son tour celui-ci appliqua toutes ses forces à étrangler son adversaire d'une main, pendant que de l'autre, il tâchait de glisser

---

1. Le poème obéit à la même structure que le *Rêve parisien* des *Fleurs du Mal,* avec la même irruption du réel dans l'idéal, du sordide dans le « spirituel » : « *En rouvrant mes yeux pleins de flamme — J'ai vu l'horreur de mon taudis...* ». Quant à l'image de cet enfant, elle n'est pas sans évoquer des souvenirs de peinture espagnole (on sait que la découverte de la peinture espagnole, grâce aux collections de Louis-Philippe, fut une des grandes découvertes artistiques de la génération de Baudelaire).

dans sa poche le prix du combat. Mais, ravivé par
le désespoir, le vaincu se redressa et fit rouler le
vainqueur par terre d'un coup de tête dans l'estomac.
A quoi bon décrire une lutte hideuse qui dura en
vérité plus longtemps que leurs forces enfantines
ne semblaient le promettre [1]? Le gâteau voyageait
de main en main et changeait de poche à chaque
instant ; mais, hélas ! il changeait aussi de volume,
et lorsque enfin, exténués, haletants, sanglants, ils
s'arrêtèrent par impossibilité de continuer, il n'y
avait plus, à vrai dire, aucun sujet de bataille ; le mor-
ceau de pain avait disparu, et il était éparpillé en miettes
semblables aux grains de sable auxquels il était mêlé.

Ce spectacle m'avait embrumé le paysage, et la
joie calme où s'ébaudissait mon âme avant d'avoir
vu ces petits hommes avait totalement disparu ; j'en
restai triste assez longtemps, me répétant sans cesse :
« Il y a donc un pays superbe où le pain s'appelle
du *gâteau,* friandise si rare qu'elle suffit pour engen-
drer une guerre parfaitement fratricide ! »

---

[1]. En marge de la description complaisante de cette *lutte
hideuse* des deux enfants, description poussée jusqu'au point
où elle doit revêtir une sorte de signification métaphysique,
ne peut-on citer ce passage du *Salon de 1859* ou, à propos de
Delacroix, Baudelaire parle de la *monstruosité* de l'enfant :
« *L'enfance n'apparaissait à son esprit que les mains barbouillées
de confiture... ou battant le tambour... ou incendiaire et animalement
dangereuse comme le singe.* « *Je me souviens fort bien — disait-il
parfois — que, quand j'étais enfant,* j'étais un monstre... ». *Ainsi,
par le simple bon sens, il faisait un retour vers l'idée catholique.
Car on peut dire que l'enfant, en général, est, relativement à l'homme,
en général, beaucoup plus rapproché du péché originel.* » Cf. aussi
l'enfant au rat vivant du *Joujou du pauvre.*

XVI

L'HORLOGE[1]

L ES Chinois voient l'heure dans l'œil des chats[a]. Un jour un missionnaire, se promenant[b] dans la banlieue de Nankin, s'aperçut qu'il avait oublié sa montre, et demanda à un petit garçon quelle heure il était.

Le gamin du céleste Empire hésita d'abord ; puis, se ravisant, il répondit : « Je vais vous le dire. » Peu d'instants après, il reparut, tenant dans ses bras un

---

1. Pièce dont la source et la destination restent énigmatiques. Hâtons-nous de dire d'abord qu'elle n'a rien de commun avec le poème des *Fleurs du Mal* qui porte le même titre. Mais les variantes montrent que ce texte, d'abord écrit pour un chat, fut ensuite offert à une femme, à laquelle Baudelaire donne le nom de Féline. Il n'a pas été possible d'identifier exactement cette femme, dont on sait seulement qu'elle est aussi la dédicataire d'un exemplaire des *Fleurs du Mal*. On sait d'autre part quel était l'amour de Baudelaire pour les chats, qui étaient aussi l'*orgueil de son cœur* (« *Viens, mon beau chat, sur mon cœur amoureux...* »). L'analogie entre le chat et la femme (pour ce motif surnommée *Féline*) exorcise ici la féminité de l'infernale perversité que Baudelaire se plaît d'ordinaire à y découvrir. Et ce qui distingue Féline comme le chat, c'est la promesse d'extase enfermée dans le mystère du regard (cf. ici : « *au fond de ses yeux adorables* » et *Le Chat* : « *Et laisse-moi plonger dans tes beaux yeux...* »).

fort gros chat, et le regardant, comme on dit, dans
le blanc des yeux, il affirma sans hésiter : « Il n'est
pas encore tout à fait midi. » Ce qui était vrai[a].

Pour moi, si je me penche vers la belle Féline,
la si bien nommée, qui est à la fois l'honneur de son
sexe, l'orgueil de mon cœur[b] et le parfum de mon
esprit, que ce soit la nuit, que ce soit le jour, dans
la pleine lumière ou dans l'ombre opaque[c], au fond
de ses yeux adorables, je vois toujours l'heure
distinctement, toujours la même, une heure vaste,
solennelle, grande comme l'espace, sans divisions
de minutes ni de secondes, — une heure immobile
qui n'est pas marquée sur les horloges, et cependant
légère comme un soupir, rapide comme un coup d'œil.

Et si quelque importun venait me déranger pen-
dant que mon regard repose sur ce délicieux cadran[d],
si quelque Génie malhonnête et intolérant, quelque
Démon du contretemps[e] venait me dire : « Que
regardes-tu là avec tant de soin ? Que cherches-tu
dans les yeux de cet être ? Y vois-tu l'heure, mortel
prodigue et fainéant[f] ? » je répondrais sans hésiter :
« Oui, je vois l'heure ; il est l'Éternité ! »

N'est-ce pas, madame, que voici un madrigal
vraiment méritoire, et aussi emphatique que vous-
même ? En vérité, j'ai eu tant de plaisir à broder cette
prétentieuse galanterie, que je ne vous demanderai
rien en échange [1].

---

1. L'auto-ironie de cette fin est bien la forme baudelai-
rienne et dandyste de la litote ; avec, cependant, le souvenir
littéraire de la « pointe » chère aux précieux. Quant à la valeur
du mot *madrigal,* cf. le titre d'une pièce des *Fleurs du Mal* :

Madrigal triste, où se retrouve épisodiquement le thème du
regard générateur d'extase : « *Je t'aime quand ton grand œil
verse — Une eau chaude comme le sang...* — *J'aspire, volupté
divine,* — *Hymne profond, délicieux....* »

UN HÉMISPHÈRE
DANS UNE CHEVELURE [a]

LAISSE-MOI respirer longtemps, longtemps, l'odeur
de tes cheveux, y plonger tout mon visage,
comme un homme altéré dans l'eau d'une source,
et les agiter avec ma main comme un mouchoir
odorant, pour secouer des souvenirs dans l'air [1].

Si tu pouvais savoir tout ce que je vois ! tout ce
que je sens ! tout ce que j'entends dans tes cheveux !
Mon âme voyage sur le parfum comme l'âme des
autres hommes sur la musique [2].

Tes cheveux contiennent tout un rêve, plein de

---

1. On notera l'évidente analogie entre la chevelure de ce
poème et les *yeux adorables* du poème précédent. On sait que
le thème de la chevelure était cher à Baudelaire : il se rencontre
dans un autre poème en prose, *Les Vocations*, ainsi que dans
plusieurs pièces des *Fleurs du Mal, Parfum exotique, Un
Fantôme* et surtout *La Chevelure* (titre que portait aussi le
poème en prose dans la publication de la *Revue fantaisiste ;*
dans la publication de *la Presse,* le texte avait pour sous-
titre : *poème exotique*). Poème en prose et poème en vers font
appel à la même inspiration et aux mêmes images, ce qui
explique sans doute que ce poème en prose soit un de ceux
que sa structure strophique, son imagerie, son rythme, sa
rhétorique, rendent particulièrement proches du poème
en vers.

2. Cf. *Fleurs du Mal, Parfum exotique.*

voilures et de mâtures, ils contiennent de grandes mers dont les moussons me portent vers de charmants climats, où l'espace est plus beau et plus profond[a], où l'atmosphère est parfumée par les fruits, par les feuilles et par la peau humaine [1].

Dans l'océan de ta chevelure, j'entrevois un port fourmillant de chants mélancoliques, d'hommes vigoureux de toutes nations et de navires de toutes formes découpant leurs architectures fines et compliquées sur un ciel immense où se prélasse l'éternelle chaleur [2b].

---

1. Cf. *L'Invitation au voyage*. Quant à l'importance des visions de mâts et de navires dans les rêves de Baudelaire, cf. *Fusées*, XI : « *Ces beaux et grands navires, imperceptiblement balancés (dandinés) sur les eaux tranquilles, ces robustes navires, à l'air désœuvré et nostalgique, ne nous disent-ils pas dans une langue muette : Quand partons-nous pour le bonheur ?* » Comme dans *La Chambre double,* ce *bonheur* est solidaire de la polyphonie des sensations soutenue par les correspondances entre les différents niveaux de la vie « spirituelle », les parfums, les paysages, les souvenirs, les rêves. (Sur le rôle particulier de la correspondance entre souvenirs et sensations oniriques chez Baudelaire cf. en particulier *Fleurs du Mal, Spleen,* LXXVI, où cette correspondance joue inversement, non plus dans le sens de l'extase, mais dans le sens de l'ennui.) Quant à la liaison entre le navire et le rêve de voyage, cf. *Fleurs du Mal, Le Beau Navire* et surtout *Le Serpent qui danse :* « *Comme un navire qui s'éveille — Au vent du matin, — Mon âme rêveuse appareille — Pour un ciel lointain* » *;* or, dans cette même pièce, on trouve aussi, comme dans notre poème en prose, le thème de la chevelure comparée à la mer *(« Sur ta chevelure profonde — Aux âcres parfums, — Mer odorante et vagabonde — Aux flots bleus et bruns... »).*

2. Cf. *Fusées,* XXII (à propos du « *charme infini et mystérieux qui gît dans la contemplation d'un navire* ») : « *L'idée poétique qui se dégage de cette opération du mouvement dans les lignes est*

Dans les caresses de ta chevelure, je retrouve les langueurs des longues heures passées sur un divan[a], dans la chambre d'un beau navire, bercées par le roulis imperceptible du port, entre les pots de fleurs et les gargoulettes rafraîchissantes [1].

Dans l'ardent foyer de ta chevelure, je respire l'odeur du tabac mêlé à l'opium et au sucre ; dans la nuit de ta chevelure, je vois resplendir l'infini de l'azur tropical ; sur les rivages duvetés de ta chevelure, je m'enivre des odeurs combinées du goudron, du musc et de l'huile de coco [2].

Laisse-moi mordre longtemps[b] tes tresses lourdes et noires. Quand je mordille tes cheveux élastiques et rebelles[c], il me semble que je mange des souvenirs [3d].

---

l'hypothèse d'un être vaste, immense, compliqué mais eurythmique, d'un animal plein de génie, souffrant et soupirant tous les soupirs et toutes les ambitions humaines. »

1. Cf. *Le Beau Navire* : « *Quand tu vas balayant l'air de ta jupe large — Tu fais l'effet d'un beau vaisseau qui prend le large, — Chargé de toile, et va roulant — Suivant un rythme doux, et paresseux, et lent.* »

2. Cf. *Fleurs du Mal, Un Fantôme,* II : « *Lecteur, as-tu quelquefois respiré — Avec ivresse et lente gourmandise — Ce grain d'encens qui remplit une église, — Ou d'un sachet le musc invétéré* ».

3. Cf. encore *id. ibid.* : « *De ses cheveux élastiques et lourds, — Vivant sachet, encensoir de l'alcôve, — Une senteur montait, sauvage et fauve.* »

XVIII

L'INVITATION AU VOYAGE[1]

IL est un pays superbe, un pays de Cocagne, dit-on,
que je rêve de visiter avec une vieille amie[a].
Pays singulier, noyé dans les brumes de notre Nord,
et qu'on pourrait appeler l'Orient de l'Occident,

---

1. Comme le précédent, ce poème est le doublet en prose
d'un poème en vers, la très célèbre *Invitation au voyage* des
Fleurs du Mal. Quant au thème du voyage, cette *nostalgie
du pays qu'on ignore,* on sait quelle fut sa fortune dans le
Romantisme ; or Baudelaire est bien un néo-romantique,
et c'est même, d'un certain point de vue, la conjonction du
néo-romantisme et de la modernité qui fait l'originalité de
son œuvre et en particulier des poèmes en prose. L'œuvre
en effet oscille entre ces deux pôles, mais il arrive aussi que,
comme ici, le néo-romantisme l'emporte sur la modernité.
Notons enfin que, dans ce poème, le romantisme baude-
lairien reste fidèle à une source et à une référence largement
exploitées, la célèbre *Chanson de Mignon :* les variantes mon-
trent même que, dans sa première version (1857), le poème
commençait par l'évocation de Mignon et était donc bien
une variation sur le thème : *Connais-tu le pays...?* On trouvera
le texte de cette première version aux variantes. Mais il est
digne de remarque que, tandis que la référence à Mignon
subsiste dans la version de 1861, elle disparaît complètement
de la version définitive, celle de 1862. A cette dernière date,
Baudelaire semble donc avoir voulu détacher plus nettement
le poème de sa source romantique.

la Chine de l'Europe [1], tant la chaude et capricieuse
fantaisie s'y est donné carrière, tant elle l'a patiem-
ment et opiniâtrement illustré de ses savantes et
délicates végétations.

Un vrai pays de Cocagne, où tout est beau, riche,
tranquille, honnête ; où le luxe a plaisir[a] à se mirer
dans l'ordre ; où la vie est grasse et douce à respirer ;
d'où le désordre, la turbulence et l'imprévu sont
exclus[b] ; où le bonheur est marié au silence ; où la
cuisine elle-même est poétique, grasse et excitante
à la fois [2] ; où tout vous ressemble, mon cher ange.

Tu connais cette maladie fiévreuse qui s'empare
de nous dans les froides misères, cette nostalgie du
pays qu'on ignore, cette angoisse de la curiosité [3c] ?

---

1. La localisation est plus précise dans le poème en prose
que dans le poème en vers, où, comme on sait, il n'est pas
question du Nord (ni non plus de la *Chine de l'Europe*) mais
seulement des *soleils mouillés — De ces ciels brouillés*. L'ex-
pression *Chine de l'Europe* peut faire allusion aux « chinoi-
series » de la porcelaine de Delft, mais nous pensons aussi
que ce devait être une expression à la mode à l'époque où
Baudelaire écrivait, car on la trouve, avec un tout autre sens
d'ailleurs, sous la plume de Gérard de Nerval (*Voyage en
Orient, Introd.*, IX, et Lettre à Mallac, *Correspond.*, éd. Richer,
n⁰ 49). Quant à ce *pays de Cocagne,* c'est évidemment la
Hollande (qui figure aussi, notons-le au passage, dans deux
poèmes d'Aloysius Bertrand).

2. Allusion probable aux célèbres intérieurs des peintres
hollandais, où effectivement « *le luxe a plaisir à se mirer dans
l'ordre* » (Baudelaire a trouvé ici une des meilleures formules
qui puissent exprimer un caractère typique de l'intimisme
hollandais, non pas celui de Vermeer, que l'époque de
Baudelaire n'avait pas encore « découvert », mais celui, par
exemple, de Pieter de Hooch et de ses congénères).

3. La nostalgie baudelairienne est, par cette formule,

Il est une contrée qui te ressemble, où tout est beau, riche, tranquille et honnête, où la fantaisie a bâti et décoré une Chine occidentale, où la vie est douce à respirer, où le bonheur est marié au silence. C'est là qu'il faut aller vivre, c'est là qu'il faut aller mourir !

Oui, c'est là qu'il faut aller respirer, rêver et allonger les heures par l'infini des sensations. Un musicien a écrit l'*Invitation à la valse* ; quel est celui qui composera l'*Invitation au voyage,* qu'on puisse offrir à la femme aimée[a], à la sœur d'élection [1] ?

Oui, c'est dans cette atmosphère qu'il ferait bon vivre, — là-bas, où les heures plus lentes contiennent plus de pensées, où les horloges sonnent le bonheur avec une plus profonde et plus significative solennité.

Sur des panneaux luisants, ou sur des cuirs dorés et d'une richesse sombre, vivent discrètement des peintures béates, calmes et profondes[b], comme les âmes des artistes qui les créèrent. Les soleils couchants, qui colorent si richement la salle à manger[c] ou le salon, sont tamisés par de belles étoffes ou par ces hautes fenêtres ouvragées que le plomb divise

---

exactement définie dans sa complexité profonde : elle est en effet à la fois un mal « spirituel », une *angoisse,* et une exigence esthétique, angoisse de la *curiosité :* rappelons à ce propos que, dans son étude sur Guys, Baudelaire faisait de la curiosité le ressort de la création artistique. C'est ici une nouvelle occasion de souligner l'essentielle ambiguïté baudelairienne, qui ne cesse de confondre, à dessein, esthétique et spiritualité, pour, de cette conjonction, faire jaillir l'étincelle poétique.

1. Les musiciens rattraperont ce retard : six d'entre eux mettront en musique le poème des *Fleurs du Mal,* parmi lesquels les deux plus célèbres sont Duparc et Chabrier.

en nombreux compartiments[1]. Les meubles sont vastes, curieux, bizarres, armés de serrures et de secrets comme des âmes raffinées[a]. Les miroirs, les métaux, les étoffes, l'orfèvrerie et la faïence y jouent[b] pour les yeux une symphonie muette et mystérieuse ; et de toutes choses, de tous les coins, des fissures des tiroirs et des plis des étoffes s'échappe un parfum singulier, un *revenez-y* de Sumatra[c], qui est comme l'âme de l'appartement [2][d].

Un vrai pays de Cocagne, te dis-je, où tout est riche, propre et luisant, comme une belle conscience, comme une magnifique batterie de cuisine, comme une splendide orfèvrerie, comme une bijouterie bariolée ! Les trésors du monde y affluent, comme dans la maison d'un homme laborieux et qui a bien mérité du monde entier. Pays singulier, supérieur aux autres, comme l'art l'est à la Nature, où celle-ci est réformée par le rêve, où elle est corrigée, embellie, refondue.

Qu'ils cherchent, qu'ils cherchent encore, qu'ils reculent sans cesse les limites de leur bonheur, ces alchimistes de l'horticulture ! Qu'ils proposent des prix de soixante et de cent mille florins[e] pour qui

---

1. Détail directement emprunté aux intérieurs de la peinture hollandaise.

2. Dans le poème en vers, ce *parfum singulier* (associé comme ici au mobilier et à la décoration) est quelque peu précisé ; peut-être même n'est-ce pas exactement la même sensation : « *Les plus rares fleurs — Mêlant leurs odeurs — Aux vagues senteurs de l'ambre* ».

résoudra leurs ambitieux problèmes! Moi, j'ai
trouvé ma *tulipe noire* et mon *dahlia bleu* [1]!

Fleur incomparable[a], tulipe retrouvée, allégo-
rique dahlia, c'est là, n'est-ce pas, dans ce beau pays
si calme et si rêveur, qu'il faudrait aller vivre et
fleurir? Ne serais-tu pas encadrée dans ton analogie,
et ne pourrais-tu pas te mirer, pour parler comme
les mystiques, dans ta propre *correspondance* [2b]?

Des rêves! toujours des rêves! et plus l'âme est
ambitieuse et délicate[c], plus les rêves l'éloignent du
possible. Chaque homme porte en lui sa dose d'opium
naturel, incessamment sécrétée et renouvelée, et,

---

1. J. Crépet cite ici, fort opportunément, ce texte de Hous-
saye (*Voyages humoristiques,* 1856), dont la lecture toute
récente a pu évidemment, en 1857, inspirer directement à
Baudelaire ce détail anecdotique : « *On sait peut-être qu'au
siècle dernier, quand il n'existait que deux* Semper Augustus,
*l'un à Amsterdam, l'autre à Harlem, un agioteur offrit de celui de
Harlem quatre mille six cents florins, un carrosse neuf et une paire
de chevaux gris tout harnachés ; l'agioteur allait triompher et faire
sa fortune quand un de ses pareils offrit pour le même* Semper
Augustus *une maison de campagne avec ses dépendances.* » Natu-
rellement, on notera chez Baudelaire le mouvement, caracté-
ristique de la technique du poème en prose, par lequel on
passe de l'anecdote à l'interprétation « surnaturaliste » par
l'intermédiaire de l'*allégorie.*
2. Les mystiques en effet ont toujours reconnu la spiri-
tualité du symbole de la fleur. Mais Baudelaire songe ici sans
doute plus particulièrement à ceux qui l'ont le plus influencé,
Jacob Boehme, et plus encore Swedenborg, à qui le poète
a emprunté sa mystique des *correspondances,* tandis que l'*ana-
logie* évoque la mystique de Fourier. Mais, comme ordinai-
rement, ces allusions mystiques obéissent à un mobile esthé-
tique (*analogie* et *correspondances* se transposant alors en *allé-
gorie*) et les images du cadre et du miroir réintroduisent le
rêve proprement pictural et l'évocation des tableaux hollan-

de la naissance à la mort, combien comptons-nous[a] d'heures remplies par la jouissance positive, par l'action réussie et décidée? Vivrons-nous jamais, passerons-nous jamais dans ce tableau qu'a peint mon esprit, ce tableau qui te ressemble?

Ces trésors, ces meubles, ce luxe, cet ordre, ces parfums, ces fleurs miraculeuses, c'est toi. C'est encore toi, ces grands fleuves et ces canaux tranquilles. Ces énormes navires qu'ils charrient, tout chargés de richesses, et d'où montent les chants monotones de la manœuvre, ce sont mes pensées qui dorment ou qui roulent sur ton sein. Tu les conduis doucement vers la mer qui est l'Infini, tout en réfléchissant les profondeurs du ciel dans la limpidité de ta belle âme ; — et quand, fatigués par la houle et gorgés des produits de l'Orient, ils rentrent au port natal, ce sont encore mes pensées enrichies qui reviennent de l'infini vers toi [1].

---

dais. C'est ce thème de l'analogie entre la femme et un climat enfermé dans un tableau qui sera plus tard repris et développé par Marcel Proust dans des pages célèbres. Plus loin d'ailleurs, Baudelaire avouera l'essence picturale de son rêve *(ce tableau qu'a peint mon esprit),* confirmant ainsi que ce voyage, auquel la femme est invitée par le poète, est bien un voyage au pays du rêve pictural : l'art n'est-il pas un des principaux ingrédients de cet *opium naturel* auquel le poète doit de pouvoir parfois combler sa nostalgie?

1. Cf. le texte de *Fusées,* XXII, précédemment cité, ainsi que *Fleurs du Mal, Le Beau Navire ;* et *Poèmes en prose, Le Port.*

LE JOUJOU DU PAUVRE [1a]

JE veux donner l'idée d'un divertissement inno-
cent. Il y a si peu d'amusements qui ne soient
pas coupables !

Quand vous sortirez le matin avec l'intention
décidée de flâner sur les grandes routes, remplissez
vos poches de petites inventions à un sol, — telles
que le polichinelle plat, mû par un seul fil, les for-
gerons qui battent l'enclume, le cavalier et son
cheval dont la queue est un sifflet, — et le long des
cabarets, au pied des arbres, faites-en hommage aux
enfants inconnus et pauvres que vous rencontrerez.
Vous verrez leurs yeux s'agrandir démesurément.
D'abord ils n'oseront pas prendre ; ils douteront
de leur bonheur. Puis leurs mains agripperont

---

1. Publié pour la première fois en 1862, ce poème reprend
l'essai *Morale du Joujou*. Les raisons de l'intérêt de Baudelaire
pour le jouet sont éclairées par deux textes importants,
l'un dans l'essai même d'où est tiré ce poème, et où, parlant
des *parents qui n'en veulent jamais donner*, le poète déclare
qu'ils *ne connaissent pas et ne permettent pas les moyens poétiques
de passer le temps*, l'autre dans *Fusées*, VIII : « *La vie n'a
qu'un charme vrai : c'est le charme du* Jeu ». Cf. variante.

vivement le cadeau, et ils s'enfuiront comme font
les chats qui vont manger loin de vous le morceau
que vous leur avez donné, ayant appris à se défier
de l'homme.

Sur une route, derrière la grille d'un vaste
jardin, au bout duquel apparaissait la blancheur
d'un joli château frappé par le soleil, se tenait un
enfant beau et frais, habillé de ces vêtements de
campagne si pleins de coquetterie.

Le luxe, l'insouciance et le spectacle habituel
de la richesse rendent ces enfants-là si jolis, qu'on
les croirait faits d'une autre pâte que les enfants
de la médiocrité ou de la pauvreté.

A côté de lui, gisait sur l'herbe un joujou splen-
dide, aussi frais que son maître, verni, doré, vêtu
d'une robe pourpre, et couvert de plumets et de
verroteries. Mais l'enfant ne s'occupait pas de son
joujou préféré, et voici ce qu'il regardait :

De l'autre côté de la grille, sur la route, entre les
chardons et les orties, il y avait un autre enfant,
sale, chétif, fuligineux, un de ces marmots-parias
dont un œil impartial découvrirait la beauté, si,
comme l'œil du connaisseur devine une peinture
idéale sous un vernis de carrossier, il le nettoyait
de la répugnante patine de la misère.

A travers ces barreaux symboliques séparant
deux mondes, la grande route et le château, l'enfant
pauvre montrait à l'enfant riche son propre joujou,
que celui-ci examinait avidement comme un objet
rare et inconnu. Or, ce joujou, que le petit souillon
agaçait, agitait et secouait dans une boîte grillée,

c'était un rat vivant! Les parents, par économie sans doute, avaient tiré le joujou de la vie elle-même.

Et les deux enfants se riaient l'un à l'autre fraternellement, avec des dents d'une *égale* blancheur [1].

---

1. En marge de ce poème, l'un de ceux où s'exprime le mieux, par la pratique du réalisme de l'insolite, l'ambiguïté baudelairienne, peut-être doit-on citer un texte capital de *Mon Cœur mis à nu,* XLVII : « *Un chapitre sur l'indestructible, éternelle, universelle et ingénieuse férocité humaine.* » On notera (cf. variantes) que la conclusion du poème ne se rencontrait pas dans l'essai.

XX

LES DONS DES FÉES[a]

C'ÉTAIT grande assemblée des Fées, pour procéder à la répartition des dons parmi tous les nouveau-nés, arrivés à la vie depuis vingt-quatre heures.

Toutes ces antiques et capricieuses Sœurs du Destin, toutes ces Mères bizarres de la joie et de la douleur, étaient fort diverses : les unes avaient l'air sombre et rechigné, les autres, un air folâtre et malin ; les unes, jeunes, qui avaient toujours été jeunes ; les autres, vieilles, qui avaient toujours été vieilles.

Tous les pères qui ont foi dans les Fées étaient venus, chacun apportant son nouveau-né dans ses bras.

Les Dons, les Facultés, les bons Hasards, les Circonstances invincibles, étaient accumulés à côté du tribunal, comme les prix sur l'estrade, dans une distribution de prix. Ce qu'il y avait ici de particulier, c'est que les Dons n'étaient pas la récompense d'un effort, mais tout au contraire une grâce accordée à celui qui n'avait pas encore vécu, une grâce pouvant déterminer sa destinée et devenir aussi bien la source de son malheur que de son bonheur.

Les pauvres Fées étaient très affairées ; car la foule des solliciteurs était grande, et le monde intermédiaire, placé entre l'homme et Dieu, est soumis comme nous à la terrible loi du Temps et de son infinie postérité, les Jours, les Heures, les Minutes, les Secondes.

En vérité, elles étaient aussi ahuries que des ministres un jour d'audience, ou des employés du Mont-de-Piété quand une fête nationale autorise les dégagements gratuits. Je crois même qu'elles regardaient de temps à autre l'aiguille de l'horloge avec autant d'impatience que des juges humains qui, siégeant depuis le matin, ne peuvent s'empêcher de rêver au dîner, à la famille et à leurs chères pantoufles. Si, dans la justice surnaturelle, il y a un peu de précipitation et de hasard, ne nous étonnons pas qu'il en soit de même quelquefois dans la justice humaine. Nous serions nous-mêmes, en ce cas, des juges injustes.

Aussi furent commises ce jour-là quelques bourdes qu'on pourrait considérer comme bizarres, si la prudence, plutôt que le caprice, était le caractère distinctif, éternel des Fées.

Ainsi la puissance d'attirer magnétiquement la fortune fut adjugée à l'héritier unique d'une famille très riche, qui, n'étant doué d'aucun sens de charité, non plus que d'aucune convoitise pour les biens les plus visibles de la vie, devait se trouver plus tard prodigieusement embarrassé de ses millions.

Ainsi furent donnés l'amour du Beau et la Puissance poétique au fils d'un sombre gueux, carrier de son état, qui ne pouvait, en aucune façon, aider les facultés, ni soulager les besoins de sa déplorable progéniture.

J'ai oublié de vous dire que la distribution, en ces cas solennels, est sans appel, et qu'aucun don ne peut être refusé.

Toutes les Fées se levaient, croyant leur corvée accomplie ; car il ne restait plus aucun cadeau, aucune largesse à jeter à tout ce fretin humain, quand un brave homme, un pauvre petit commerçant, je crois, se leva, et empoignant par sa robe de vapeurs multicolores[a] la Fée qui était le plus à sa portée, s'écria :

« Eh ! madame ! vous nous oubliez ! Il y a encore mon petit ! Je ne veux pas être venu pour rien. »

La Fée pouvait être embarrassée ; car il ne restait plus *rien*. Cependant elle se souvint à temps d'une loi bien connue, quoique rarement appliquée, dans le monde surnaturel, habité par ces déités impalpables, amies de l'homme, et souvent contraintes de s'adapter à ses passions, telles que les Fées, les Gnomes, les Salamandres, les Sylphides, les Sylphes, les Nixes, les Ondins et les Ondines, — je veux parler de la loi qui concède aux Fées, dans un cas semblable à celui-ci, c'est-à-dire le cas d'épuisement des lots, la faculté d'en donner encore un, supplémentaire et exceptionnel, pourvu toutefois qu'elle ait l'imagination suffisante pour le créer immédiatement.

Donc la bonne Fée répondit, avec un aplomb digne de son rang : « Je donne à ton fils... je lui donne... le *Don de plaire!* »

« Mais plaire comment? plaire?... plaire pourquoi? » demanda opiniâtrement le petit boutiquier, qui était sans doute un de ces raisonneurs si communs, incapables de s'élever jusqu'à la logique de l'Absurde.

« Parce que! parce que! » répliqua la Fée courroucée, en lui tournant le dos ; et rejoignant le cortège de ses compagnes, elle leur disait : « Comment trouvez-vous ce petit Français vaniteux, qui veut tout comprendre, et qui ayant obtenu pour son fils le meilleur des lots, ose encore interroger et discuter l'Indiscutable [1]? »

---

1. Baudelaire n'a cessé de souffrir de son inaptitude congénitale à plaire et de l'impopularité qui en découlait : aussi ne manque-t-il aucune occasion de fustiger et la vanité du peuple et la médiocrité de ses idoles (cf. *Mon Cœur mis à nu, passim*). Quant à cet apologue ironique, amère parodie du *conte de fées,* il doit toute sa virulence à ce que, dans cette économie *indiscutable* de l'*Absurde*, le destin de l'auteur est de toujours vouloir éprouver « *le plaisir aristocratique de déplaire* » (*Fusées,* XVIII).

XXI

LES TENTATIONS
OU ÉROS, PLUTUS ET LA GLOIRE[a]

Dᴇᴜx superbes Satans et une Diablesse, non
moins extraordinaire, ont, la nuit dernière,
monté l'escalier mystérieux par où l'Enfer donne
assaut à la faiblesse de l'homme qui dort, et commu-
nique en secret avec lui. Et ils sont venus se poser
glorieusement devant moi, debout comme sur
une estrade. Une splendeur sulfureuse émanait de
ces trois personnages, qui se détachaient ainsi du
fond opaque de la nuit. Ils avaient l'air si fier et si
plein de domination, que je les pris d'abord tous
les trois pour de vrais Dieux[2].

Le visage du premier Satan était d'un sexe
ambigu, et il y avait aussi, dans les lignes de son
corps, la mollesse des anciens Bacchus. Ses beaux

---

1. Autre poème que Baudelaire avait d'abord projeté
d'écrire en vers pour la deuxième édition des *Fleurs du Mal,*
sous le titre *Le Rêve.*

2. Les apparitions de diables et diablesses font naturelle-
ment partie du bric-à-brac romantique, mais ce poème est
un bel exemple de la façon dont Baudelaire exploite un certain
pittoresque fantastique pour en faire, selon l'exemple d'Edgar
Poe, à la fois le masque et le symbole de son autobiographie
spirituelle.

yeux languissants, d'une couleur ténébreuse et indécise, ressemblaient à des violettes chargées encore des lourds pleurs de l'orage, et ses lèvres entr'ouvertes à des cassolettes chaudes, d'où s'exhalait la bonne odeur d'une parfumerie ; et à chaque fois qu'il soupirait, des insectes musqués s'illuminaient, en voletant, aux ardeurs de son souffle.

Autour de sa tunique de pourpre était roulé, en manière de ceinture, un serpent chatoyant qui, la tête relevée, tournait langoureusement vers lui ses yeux de braise. A cette ceinture vivante étaient suspendus, alternant avec des fioles pleines de liqueurs sinistres, de brillants couteaux et des instruments de chirurgie [1]. Dans sa main droite il tenait une autre fiole dont le contenu était d'un rouge lumineux, et qui portait pour étiquette ces mots bizarres : « Buvez, ceci est mon sang, un parfait cordial » ; dans la gauche un violon qui lui servait sans doute à chanter ses plaisirs et ses douleurs, et à répandre la contagion de sa folie dans les nuits de sabbat.

A ses chevilles délicates traînaient quelques anneaux d'une chaîne d'or rompue, et quand la gêne qui en résultait le forçait à baisser les yeux vers la terre, il contemplait vaniteusement les ongles de ses pieds, brillants et polis comme des pierres bien travaillées [2].

---

1. Sauf le serpent, c'est la même vision que dans l'*Hymne à la Beauté* des *Fleurs du Mal* : « *Et le Meurtre, parmi tes plus chères breloques — Sur ton ventre orgueilleux danse amoureusement.* »

2. Le brillant et le poli de la pierre ou du métal exercent

Il me regarda avec ses yeux inconsolablement navrés, d'où s'écoulait une insidieuse ivresse, et il me dit d'une voix chantante : « Si tu veux, si tu veux, je te ferai le seigneur des âmes, et tu seras le maître de la matière vivante, plus encore que le sculpteur peut l'être de l'argile ; et tu connaîtras le plaisir, sans cesse renaissant, de sortir de toi-même pour t'oublier dans autrui, et d'attirer les autres âmes jusqu'à les confondre avec la tienne. »

Et je lui répondis : « Grand merci ! je n'ai que faire de cette pacotille d'êtres qui, sans doute, ne valent pas mieux que mon pauvre moi. Bien que j'aie quelque honte à me souvenir, je ne veux rien oublier ; et quand même je ne te reconnaîtrais pas, vieux monstre, ta mystérieuse coutellerie, tes fioles équivoques, les chaînes dont tes pieds sont empêtrés, sont des symboles qui expliquent assez clairement les inconvénients de ton amitié. Garde tes présents. »

Le second Satan n'avait ni cet air à la fois tragique et souriant, ni ces belles manières insinuantes, ni cette beauté délicate et parfumée. C'était un homme vaste, à gros visage sans yeux, dont la lourde bedaine surplombait les cuisses, et dont toute la peau était dorée et illustrée, comme d'un tatouage, d'une

---

sur Baudelaire une singulière fascination, toujours liée au sentiment de la beauté froide et stérile (cf. *Fleurs du Mal*, XXVII : *Ses yeux polis sont faits de minéraux charmants — ... — Où tout n'est qu'or, acier, lumière et diamant,* éléments qui composent *La froide majesté de la femme stérile*). Cf. aussi *Mon Cœur mis à nu*, XLIX : « *L'éternelle Vénus (caprice, hystérie, fantaisie) est une des formes séduisantes du Diable* ».

foule de petites figures mouvantes représentant les formes nombreuses de la misère universelle. Il y avait de petits hommes efflanqués qui se suspendaient volontairement à un clou ; il y avait de petits gnomes difformes, maigres, dont les yeux suppliants réclamaient l'aumône mieux encore que leurs mains tremblantes ; et puis de vieilles mères portant des avortons accrochés à leurs mamelles exténuées. Il y en avait encore bien d'autres.

Le gros Satan tapait avec son poing sur son immense ventre, d'où sortait alors un long et retentissant cliquetis de métal, qui se terminait en un vague gémissement fait de nombreuses voix humaines. Et il riait, en montrant impudemment ses dents gâtées, d'un énorme rire imbécile, comme certains hommes de tous les pays quand ils ont trop bien dîné [1].

Et celui-là me dit : « Je puis te donner ce qui obtient tout, ce qui vaut tout, ce qui remplace tout ! » Et il tapa sur son ventre monstrueux, dont l'écho sonore fit le commentaire de sa grossière parole.

Je me détournai avec dégoût, et je répondis : « Je n'ai besoin, pour ma jouissance, de la misère de personne ; et je ne veux pas d'une richesse attris-

---

1. Il y a là, dans cette évocation éminemment caricaturale, comme un souvenir de Daumier, dont on sait combien Baudelaire l'admirait. Cf. ce qu'il en écrit dans les *Curiosités esthétiques (Quelques caricaturistes français)*, et en particulier ceci : « *Vous verrez défiler devant vos yeux, dans sa réalité fantastique et saisissante, tout ce qu'une grande ville contient de vivantes monstruosités. Tout ce qu'elle renferme de trésors effrayants, grotesques, sinistres et bouffons...* ».

tée, comme un papier de tenture, de tous les malheurs représentés sur ta peau. »

Quant à la Diablesse, je mentirais si je n'avouais pas qu'à première vue je lui trouvai un bizarre charme. Pour définir ce charme, je ne saurais le comparer à rien de mieux qu'à celui des très belles femmes sur le retour, qui cependant ne vieillissent plus, et dont la beauté garde la magie pénétrante des ruines. Elle avait l'air à la fois impérieux et dégingandé, et ses yeux, quoique battus, contenaient une force fascinatrice. Ce qui me frappa le plus, ce fut le mystère de sa voix, dans laquelle je retrouvais le souvenir des *contralti* les plus délicieux et aussi un peu de l'enrouement des gosiers incessamment lavés par l'eau-de-vie[a].

« Veux-tu connaître ma puissance ? » dit la fausse déesse avec sa voix charmante et paradoxale. « Écoute ! »

Et elle emboucha alors une gigantesque trompette, enrubannée, comme un mirliton, des titres de tous les journaux de l'univers, et, à travers cette trompette, elle cria mon nom, qui roula ainsi à travers l'espace avec le bruit de cent mille tonnerres, et me revint répercuté par l'écho de la plus lointaine planète [1].

« Diable ! fis-je, à moitié subjugué, voilà qui est précieux[b] ! » Mais en examinant plus attentivement la séduisante virago, il me sembla vaguement que

---

1. Parodie de l'allégorie traditionnelle de la Renommée, où l'on retrouve à la fois l'aspiration de Baudelaire à la popularité et son dédain des moyens d'y parvenir. Mais il est remarquable que cette Renommée « moderne » revête à la fois

je la reconnaissais pour l'avoir vue trinquant avec quelques drôles de ma connaissance ; et le son rauque du cuivre apporta à mes oreilles je ne sais quel souvenir d'une trompette prostituée.

Aussi je répondis, avec tout mon dédain : « Vat'en ! Je ne suis pas fait pour épouser la maîtresse de certains que je ne veux pas nommer. »

Certes, d'une si courageuse abnégation j'avais le droit d'être fier. Mais, malheureusement, je me réveillai, et toute ma force m'abandonna. « En vérité, me dis-je, il fallait que je fusse bien lourdement assoupi pour montrer de tels scrupules. Ah ! s'ils pouvaient revenir pendant que je suis éveillé, je ne ferais pas tant le délicat ! »

Et je les invoquai à haute voix, les suppliant de me pardonner, leur offrant de me déshonorer aussi souvent qu'il le faudrait pour mériter leurs faveurs ; mais je les avais sans doute fortement offensés, car ils ne sont jamais revenus [1].

---

l'apparence prestigieuse de la cantatrice et l'apparence sordide de l'ivrognesse, nouvelle forme de la perpétuelle ambiguïté de la *fascination* féminine.

1. De ce poème on pourra rapprocher la pièce XXIX *(Le Joueur généreux)* et surtout sa conclusion. Pour l'image de femme qui a donné naissance au personnage de la Diablesse, cf. le poème XXXIX, *Un Cheval de race*, et les deux premiers vers de la pièce des *Fleurs du Mal*, *Allégorie* : « *C'est une femme belle et de riche encolure — Qui laisse dans son vin traîner sa chevelure...* ». Notons enfin que ce poème, comme *Le Joueur généreux,* est une transposition baudelairienne (c'est-à-dire mi-tragique, mi-parodique) du mythe de Faust (cf. aussi à ce propos notre note sur la conclusion du *Mauvais Vitrier*).

XXII

LE CRÉPUSCULE DU SOIR [1a]

Le jour tombe. Un grand apaisement se fait dans les pauvres esprits fatigués du labeur de la journée ; et leurs pensées prennent maintenant les couleurs tendres et indécises du crépuscule.

Cependant du haut de la montagne arrive à mon balcon, à travers les nues transparentes du soir, un grand hurlement, composé d'une foule de cris discordants, que l'espace transforme en une lugubre harmonie, comme celle de la marée qui monte ou d'une tempête qui s'éveille.

Quels sont les infortunés que le soir ne calme pas, et qui prennent, comme les hibous, la venue de la nuit pour un signal de sabbat ? Cette sinistre ululation nous arrive du noir hospice perché sur la montagne ; et, le soir, en fumant et en contemplant le repos de l'immense vallée, hérissée de maisons dont chaque fenêtre dit : « C'est ici la paix mainte-

---

1. C'est un trait caractéristique de Baudelaire que sa sensibilité à la fascination particulière du crépuscule urbain ; cf., dans les *Fleurs du Mal, Recueillement* et surtout la pièce qui porte le même titre que ce poème en prose (bien que sa substance en soit finalement fort différente).

nant ; c'est ici la joie de la famille ! » je puis, quand le vent souffle de là-haut, bercer ma pensée étonnée à cette imitation des harmonies de l'enfer [1].

Le crépuscule excite les fous. — Je me souviens que j'ai eu deux amis que le crépuscule rendait tout malades. L'un méconnaissait alors tous les rapports d'amitié et de politesse, et maltraitait, comme un sauvage, le premier venu. Je l'ai vu jeter à la tête d'un maître d'hôtel un excellent poulet, dans lequel il croyait voir je ne sais quel insultant hiéroglyphe. Le soir, précurseur des voluptés profondes, lui gâtait les choses les plus succulentes.

L'autre, un ambitieux blessé, devenait, à mesure que le jour baissait, plus aigre, plus sombre, plus taquin. Indulgent et sociable encore pendant la journée, il était impitoyable le soir ; et ce n'était pas seulement sur autrui, mais aussi sur lui-même, que s'exerçait rageusement sa manie crépusculeuse.

Le premier est mort fou, incapable de reconnaître sa femme et son enfant ; le second porte en lui l'inquiétude d'un malaise perpétuel, et fût-il gratifié de tous les honneurs que peuvent conférer les républiques et les princes, je crois que le crépuscule allumerait encore en lui la brûlante envie de distinctions imaginaires. La nuit, qui mettait ses ténèbres dans leur esprit, fait la lumière dans le mien ; et, bien qu'il ne soit pas rare de voir la même cause engendrer

---

1. Dans un poème en prose intitulé *La Mer* et traduit par Gérard de Nerval (*Revue des Deux Mondes,* 15 juillet 1848), Henri Heine évoque aussi ce qu'il nomme *un hôpital de fous philharmoniques*.

deux effets contraires, j'en suis toujours comme intrigué et alarmé.

O nuit! ô rafraîchissantes ténèbres! vous êtes pour moi le signal d'une fête intérieure, vous êtes la délivrance d'une angoisse! Dans la solitude des plaines, dans les labyrinthes pierreux d'une capitale, scintillement des étoiles, explosion des lanternes, vous êtes le feu d'artifice de la déesse Liberté [1]!

Crépuscule, comme vous êtes doux et tendre! Les lueurs roses qui traînent encore à l'horizon comme l'agonie du jour sous l'oppression victorieuse de sa nuit, les feux des candélabres qui font des taches d'un rouge opaque sur les dernières gloires du couchant, les lourdes draperies qu'une main invisible attire des profondeurs de l'Orient, imitent tous les sentiments compliqués qui luttent dans le cœur de l'homme aux heures solennelles de la vie.

On dirait encore une de ces robes étranges de danseuses, où une gaze transparente et sombre laisse entrevoir les splendeurs amorties d'une jupe éclatante, comme sous le noir présent transperce le délicieux passé; et les étoiles vacillantes d'or et d'argent, dont elle est semée, représentent ces feux

---

1. Telle n'est pas toujours la fonction de la nuit chez Baudelaire. En vertu de la loi fondamentale de double postulation, dans ce cas, comme en bien d'autres, étendue de l'homme au cosmos lui-même, la nuit est tantôt cette *fête intérieure* dont il est ici question, suscitée par l'évacuation de l'angoisse, tantôt au contraire une plongée dans la conscience de l'angoisse, et le lieu où, si l'on en croit *Examen de Minuit* (*Fleurs du Mal*), l'âme éprouve son universelle culpabilité.

de la fantaisie qui ne s'allument bien que sous le deuil profond de la Nuit [1].

---

1. De même, dans *Recueillement*, l'évocation de la douceur nocturne s'accompagne d'images funèbres : « *Vois...* — *Le Soleil moribond s'endormir sous une arche* — *Et, comme un long linceul traînant à l'Orient,* — *Entends, ma chère, entends la douce Nuit qui marche.* »

XXIII

LA SOLITUDE[1a]

Un gazetier philanthrope[2] me dit que la solitude est mauvaise pour l'homme et à l'appui de sa thèse, il cite, comme tous les incrédules, des paroles des Pères de l'Église.

Je sais que le Démon fréquente volontiers les lieux arides, et que l'Esprit de meurtre et de lubricité

---

1. Poème à rapprocher du poème XII *(Les Foules)* non pour convaincre Baudelaire de contradiction, mais pour saisir l'une des structures fondamentales de cet état d'âme spécial que Baudelaire nommait le *spleen de Paris,* et qui est la dialectique de la *multitude* et de la *solitude.* Cf. *Mon Cœur mis à nu,* XII : *sentiment* de solitude *dès mon enfance… cependant goût très vif de la vie et du plaisir,* et aussi *id.* I : *De la vaporisation et de la centralisation du* Moi. *Tout est là.*

2. Cf. variante. Ce personnage, qui n'apparaît que dans la dernière version du texte (1864), où il remplace le second ami de *Crépuscule du soir,* poème avec lequel celui-ci fut d'abord jumelé, suggère la véritable intention de Baudelaire : ce poème en effet rejoint les nombreux textes baudelairiens où le poète développe son réquisitoire contre son temps et sa protestation contre la société contemporaine et ses mythes. Ce *maudit gazetier* est le symbole de l'opinion moyenne, que représentait, par exemple, un journal comme *le Siècle.* Dans ce contexte social, la solitude du poète est le signe à la fois du mépris *(il sait que je dédaigne les siennes)* et de la vraie liberté.

s'enflamme merveilleusement dans les solitudes. Mais il serait possible que cette solitude ne fût dangereuse que pour l'âme oisive et divagante qui la peuple de ses passions et de ses chimères [1].

Il est certain qu'un bavard, dont le suprême plaisir consiste à parler du haut d'une chaire ou d'une tribune, risquerait fort de devenir fou furieux dans l'île de Robinson. Je n'exige pas de mon gazetier les courageuses vertus de Crusoé, mais je demande qu'il ne décrète pas d'accusation les amoureux de la solitude et du mystère.

Il y a, dans nos races jacassières, des individus qui accepteraient avec moins de répugnance le supplice suprême, s'il leur était permis de faire du haut de l'échafaud une copieuse harangue, sans craindre que les tambours de Santerre ne leur coupassent intempestivement la parole.

Je ne les plains pas, parce que je devine que leurs effusions oratoires leur procurent des voluptés égales à celles que d'autres tirent du silence et du recueillement ; mais je les méprise.

Je désire surtout que mon maudit gazetier me laisse m'amuser à ma guise. « Vous n'éprouvez donc jamais, — me dit-il, avec un ton de nez très apostolique, — le besoin de partager vos jouissances ? » Voyez-vous le subtil envieux ! Il sait que

---

1. Allusion probable à Rousseau et au « rousseauisme », inspirée par la célèbre phrase où Jean-Jacques déclare vouloir *peupler* sa solitude d'*êtres selon son cœur*. Le mot même de *chimères* est emprunté à la même source.

je dédaigne les siennes, et il vient s'insinuer dans les miennes, le hideux trouble-fête !

« Ce grand malheur de ne pouvoir être seul !... » dit quelque part La Bruyère[a], comme pour faire honte à tous ceux qui courent s'oublier dans la foule, craignant sans doute de ne pouvoir se supporter eux-mêmes.

« Presque tous nos malheurs nous viennent de n'avoir pas su rester dans notre chambre », dit un autre sage, Pascal, je crois, rappelant ainsi dans la cellule du recueillement tous ces affolés qui cherchent le bonheur dans le mouvement et dans une prostitution que je pourrais appeler *fraternitaire,* si je voulais parler la belle langue de mon siècle [1].

---

1. Cf. la trompette *prostituée* de la Diablesse des *Tentations :* ce poème est d'ailleurs le développement de la réponse de Baudelaire à la tentation de la démagogie et de la popularité. Les *Journaux intimes* ne manquent pas de notes qui peuvent servir de commentaires à ce texte, par exemple : ... « *le monde est fait de gens qui ne peuvent penser qu'en commun, en bandes* » (*Mon Cœur mis à nu*, XV) — « *Vous figurez-vous un Dandy parlant au peuple, excepté pour le bafouer ?* » (*id.* XXII). Quant au rôle particulier du *gazetier* dans cette prostitution *fraternitaire*, cf. *id.* XXV : « *Du rédacteur en chef et de la pionnerie. Immense goût de tout le peuple français pour la pionnerie...* ». On sait d'autre part que Baudelaire avait de nombreuses raisons personnelles de détester la presse, dont il n'eut qu'à se plaindre tant dans l'affaire du procès des *Fleurs du Mal* que lors de ses démêlés avec les « rédacteurs en chef » à propos de la publication de certains des poèmes en prose.

XXIV

LES PROJETS [1a]

IL se disait, en se promenant dans un grand parc
solitaire : « Comme elle serait belle dans un
costume de cour, compliqué et fastueux, descendant,
à travers l'atmosphère d'un beau soir, les degrés de
marbre d'un palais, en face des grandes pelouses

---

1. Le thème de cette pièce est évidemment un lieu com-
mun dont il est inutile, pensons-nous, de souligner la fécon-
dité littéraire. Mais, chez Baudelaire, ce thème s'insère dans
un « cycle » bien déterminé, le cycle de l'invitation au voyage
et de l'*anywhere out of the world,* et le poème en réunit les prin-
cipales variations : le palais et son luxe fastueux, l'exotisme
et son orgie de sensations, la simplicité et sa particulière
volupté.

Quant au thème lui-même du contraste entre la fécondité
du voyage imaginaire et la vanité du voyage réel, cf. la pre-
mière strophe du *Voyage* dans *Les Fleurs du Mal* : « *Pour
l'enfant, amoureux de cartes et d'estampes,* — *L'univers est égal
à son vaste appétit.* — *Ah! que le monde est grand à la clarté des
lampes!* — *Aux yeux du souvenir que le monde est petit!* » Notons
enfin que chez Baudelaire, ce lieu commun prend place
parmi sa vaste exploration de l'Ennui ; cf. encore *Le Voyage* :
« *Amer savoir, celui qu'on tire du voyage* — *Le monde, monotone
et petit, aujourd'hui,* — *Hier, demain, toujours, nous fait voir
notre image :* — *Une oasis d'horreur dans un désert d'ennui.* »

et des bassins ! Car elle a naturellement l'air d'une princesse [1]. »

En passant plus tard dans une rue, il s'arrêta devant une boutique de gravures, et, trouvant dans un carton une estampe représentant un paysage tropical, il se dit : « Non ! ce n'est pas dans un palais que je voudrais posséder sa chère vie[a]. Nous n'y serions pas *chez nous*. D'ailleurs ces murs criblés d'or ne laisseraient pas une place pour accrocher son image ; dans ces solennelles galeries, il n'y a pas un coin pour l'intimité. Décidément, c'est *là*[b] qu'il faudrait demeurer pour cultiver le rêve de ma vie. »

Et, tout en analysant des yeux les détails de la gravure, il continuait mentalement : « Au bord de la mer, une belle case en bois, enveloppée de tous ces arbres bizarres et luisants dont j'ai oublié les noms..., dans l'atmosphère, une odeur enivrante, indéfinissable..., dans la case, un puissant parfum de rose et de musc..., plus loin, derrière notre petit domaine, des bouts de mâts[c] balancés par la houle..., autour de nous, au-delà de la chambre éclairée d'une lumière rose tamisée par les stores, décorée de nattes fraîches et de fleurs capiteuses, avec de rares sièges d'un rococo portugais[d], d'un bois lourd et téné-

---

1. Baudelaire a toujours souffert de ne pouvoir lui-même mener une vie fastueuse (cf. le premier vers de *La Muse vénale* : « *O muse de mon cœur, amante des palais...* »). Quant à l'image de la femme-princesse, elle est une de ses plus constantes obsessions (et l'un des deux pôles de l'ambiguïté féminine, l'autre étant la femme-prostituée).

breux (où elle reposerait si calme, si bien éventée, fumant le tabac légèrement opiacé!), au-delà de la varangue, le tapage des oiseaux ivres de lumières, et le jacassement[a] des petites négresses..., et, la nuit, pour servir d'accompagnement à mes songes, le chant plaintif des arbres à musique, des mélancoliques filaos[b]! Oui, en vérité, c'est bien *là*[c] le décor que je cherchais. Qu'ai-je à faire de palais [1]? »

Et plus loin, comme il suivait une grande avenue, il aperçut une auberge proprette, où, d'une fenêtre égayée par des rideaux d'indienne bariolée, se penchaient deux têtes rieuses. Et tout de suite : « Il faut, — se dit-il, — que ma pensée soit une grande vagabonde pour aller chercher si loin ce qui est si près de moi. Le plaisir et le bonheur sont dans la première auberge venue, dans l'auberge du hasard, si féconde en voluptés. Un grand feu, des faïences voyantes, un souper passable, un vin rude, et un lit très large avec des draps un peu âpres, mais frais ; quoi de mieux? »

Et en rentrant seul chez lui, à cette heure où les

---

1. Cf. *L'Invitation au voyage* et *La Vie antérieure* ainsi que *Parfum exotique*. Plus précisément le décor de la *case en bois* avec son parfum, qui rattache directement ce « projet » au poème suivant, est une variation sur le thème de la pièce *Bien loin d'ici* des *Fleurs du Mal* : « *C'est ici la case sacrée — Où cette fille très parée, — Tranquille et toujours préparée, — D'une main éventant ses seins, — Et son coude dans les coussins, — Écoute pleurer les bassins : — C'est la chambre de Dorothée. — La brise et l'eau chantent au loin — Leur chanson de sanglots heurtée — Pour bercer cette enfant gâtée. — Du haut en bas, avec grand soin, — Sa peau délicate est frottée — D'huile odorante et de benjoin. — Des fleurs se pâment dans un coin.* »

conseils de la Sagesse ne sont plus étouffés par les bourdonnements de la vie extérieure [1a], il se dit : « J'ai eu aujourd'hui, en rêve, trois domiciles où j'ai trouvé un égal plaisir. Pourquoi contraindre mon corps à changer de place, puisque mon âme voyage si lestement ? Et à quoi bon exécuter des projets, puisque le projet est en lui-même une jouissance suffisante ? »

---

1. Cf. *Fleurs du Mal, Les Hiboux* : « *Leur attitude au sage enseigne — Qu'il faut en ce monde qu'il craigne — Le tumulte et le mouvement.* » Finalement, comme on voit ici, cette « sagesse » baudelairienne n'est pas renoncement, mais suprême « jouissance ».

XXV

LA BELLE DOROTHÉE [1a]

L E soleil accable la ville de sa lumière droite et
terrible; le sable est éblouissant et la mer miroite.

---

1. Sujet que Baudelaire se proposait de traiter en vers (cf.
notre note sur le poème XI). Le nom de Dorothée se ren-
contre dans la pièce *Bien loin d'ici*, que nous avons citée en
marge du poème précédent. Il semble bien que ce personnage
appartienne à un souvenir personnel de Baudelaire (cf. l'ar-
ticle de Mme Solange Rosenmark, *Le voyage de Baudelaire à
l'île Maurice, Revue de France*, 15 décembre 1921 : « C'était
une Malabaraise, fille d'une Indienne de Bénarès... Elle était
la sœur de lait de Mme Autard de Bragard, et de quatre mois
son aînée... et naguère encore les vieilles dames de l'île
Maurice se souvenaient d'elle »). Ce souvenir, contaminé
peut-être avec d'autres, apparaît à plusieurs reprises dans
l'œuvre de Baudelaire : cf. dans *Les Fleurs du Mal, A une
dame créole* et, dans *Les Épaves, A une Malabaraise*.
    C'est en 1841-42 que Baudelaire fit ce « voyage aux Iles »
qui devait si profondément marquer sa nostalgie, proche
parente de *Paul et Virginie* et annonciatrice de la quête para-
disiaque de Paul Gauguin (sur l'itinéraire de ce voyage, qui
sans doute n'alla pas plus loin que l'île Maurice et la Réunion,
cf. l'article de Charles D. Hérisson, *Mercure de France*,
octobre 1956). Mme Autard de Bragard (dont une fille épousa
Ferdinand de Lesseps) reçut Baudelaire à l'île Maurice et
c'est à elle que fut adressé le sonnet *A une Dame créole*, com-
posé alors que Baudelaire n'avait que 20 ans. Ainsi les sou-
venirs jumelés de la *Dame créole* et de la *Malabaraise* se retrou-

Le monde stupéfié s'affaisse lâchement et fait la sieste, une sieste qui est une espèce de mort savoureuse où le dormeur, à demi éveillé, goûte les voluptés de son anéantissement.

Cependant Dorothée, forte et fière comme le soleil, s'avance dans la rue déserte, seule vivante à cette heure sous l'immense azur, et faisant sur la lumière une tache éclatante et noire.

Elle s'avance, balançant mollement son torse si mince sur ses hanches si larges. Sa robe de soie collante, d'un ton clair et rose, tranche vivement sur les ténèbres de sa peau et moule exactement sa taille longue, son dos creux et sa gorge pointue[a].

Son ombrelle rouge, tamisant la lumière, projette sur son visage sombre le fard sanglant de ses reflets.

Le poids de son énorme chevelure presque bleue tire en arrière sa tête délicate et lui donne un air triomphant et paresseux. De lourdes pendeloques gazouillent secrètement à ses mignonnes oreilles.

De temps en temps la brise de mer soulève par le coin sa jupe flottante et montre sa jambe luisante et superbe ; et son pied, pareil aux pieds des déesses de marbre que l'Europe enferme dans ses musées, imprime fidèlement sa forme sur le sable fin. Car Dorothée est si prodigieusement coquette que le plaisir d'être admirée l'emporte chez elle sur l'orgueil

---

vent, par-dessus plus de vingt années, à l'origine et au terme de l'œuvre baudelairienne (*A une Dame créole,* octobre 1841 — *La Belle Dorothée,* juin 1863. Moins de trois ans plus tard, au début d'avril 1866, Baudelaire était frappé d'aphasie).

de l'affranchie, et, bien qu'elle soit libre, elle marche sans souliers.

Elle s'avance ainsi, harmonieusement, heureuse de vivre et souriant d'un blanc sourire, comme si elle apercevait au loin dans l'espace un miroir reflétant sa démarche et sa beauté.

A l'heure où les chiens eux-mêmes gémissent de douleur sous le soleil qui les mord, quel puissant motif fait donc aller ainsi la paresseuse Dorothée, belle et froide comme le bronze?

Pourquoi a-t-elle quitté sa petite case si coquette-ment arrangée, dont les fleurs et les nattes font à si peu de frais un parfait boudoir ; où elle prend tant de plaisir à se peigner, à fumer, à se faire éventer ou à se regarder dans le miroir de ses grands éven-tails de plumes, pendant que la mer, qui bat la plage à cent pas de là, fait à ses rêveries indécises un puissant et monotone accompagnement, et que la marmite de fer, où cuit un ragoût de crabes au riz et au safran, lui envoie, du fond de la cour, ses parfums excitants [1]?

Peut-être a-t-elle un rendez-vous avec quelque jeune officier qui, sur des plages lointaines, a entendu parler par ses camarades de la célèbre Dorothée. Infailliblement, elle le priera, la simple créature,

---

1. Selon un passage des *Souvenirs* de Théodore de Banville (1887), Baudelaire se plaisait à évoquer les recettes exotiques qu'il avait apprises au cours de son voyage : « *Il avait appris... des recettes extraordinaires et il les expliquait avec une séduction irrésistible... Ah! ces ragoûts, comme il les racontait bien, et comme on en aurait volontiers mangé* » (cité par J. Crépet).

de lui décrire le bal de l'Opéra, et lui demandera si on peut y aller pieds nus, comme aux danses du dimanche, où les vieilles Cafrines elles-mêmes deviennent ivres et furieuses de joie ; et puis encore si les belles dames de Paris sont toutes plus belles qu'elle [1].

Dorothée est admirée et choyée de tous, et elle serait parfaitement heureuse si elle n'était obligée d'entasser piastre sur piastre pour racheter sa petite sœur qui a bien onze ans, et qui est déjà mûre, et si belle[a] ! Elle réussira sans doute, la bonne Dorothée : le maître de l'enfant est si avare, trop avare pour comprendre une autre beauté que celle des écus[b] !

---

1. Baudelaire semble avoir été frappé du désir qu'avaient ces « filles des tropiques » de connaître la France. A sa Malabaraise des *Épaves,* il pose cette question : « *Pourquoi, l'heureuse enfant, veux-tu voir notre France, — Ce pays trop peuplé que fauche la souffrance ?...* » et, dans les derniers vers du poème, il évoque la future nostalgie de son personnage, « *suivant, dans nos sales brouillards, — Des cocotiers absents les fantômes épars* », dans les mêmes termes qu'il emploie à propos de la négresse du *Cygne :* « *cherchant, l'œil hagard, — Les cocotiers absents de la superbe Afrique — Derrière la muraille immense du brouillard* ».

XXVI

LES YEUX DES PAUVRES

Ah! vous voulez savoir pourquoi je vous hais aujourd'hui. Il vous sera sans doute moins facile de le comprendre qu'à moi de vous l'expliquer[a]; car vous êtes, je crois, le plus bel exemple d'imperméabilité féminine qui se puisse rencontrer [1].

Nous avions passé ensemble une longue journée qui m'avait paru courte. Nous nous étions bien promis que toutes nos pensées nous seraient communes à l'un et à l'autre, et que nos deux âmes désormais n'en feraient plus qu'une ; — un rêve qui n'a rien d'original, après tout, si ce n'est que, rêvé par tous les hommes, il n'a été réalisé par aucun[b].

Le soir, un peu fatiguée, vous voulûtes vous asseoir devant un café neuf [2] qui[c] formait le coin d'un boulevard neuf, encore tout plein de gravois et

---

1. La conscience aiguë de l'*imperméabilité féminine* et de l'obstacle infranchissable qu'elle oppose à la perfection de l'amour est un des grands tourments de Baudelaire, et la raison de sa misogynie quasi métaphysique.

2. Selon un article de Sainte-Beuve (*Nouveaux Lundis*, 24 avril 1865), le poème aurait eu d'abord pour titre *Le Café neuf*.

montrant déjà glorieusement ses splendeurs ina-
chevées. Le café étincelait. Le gaz, lui-même, y
déployait toute l'ardeur d'un début [1], et éclairait
de toutes ses forces les murs aveuglants de blancheur,
les nappes éblouissantes des miroirs, les ors des
baguettes et des corniches, les pages[a] aux joues
rebondies traînés par les chiens en laisse, les dames
riant au faucon perché sur leur poing, les nymphes
et les déesses portant sur leur tête des fruits, des
pâtés et du gibier, les Hébés et les Ganymèdes pré-
sentant à bras tendu la petite amphore à bavaroises
ou l'obélisque bicolore des glaces panachées ; toute
l'histoire et toute la mythologie mises au service
de la goinfrerie.

Droit devant nous, sur la chaussée, était planté
un brave homme d'une quarantaine[b] d'années, au
visage fatigué, à la barbe grisonnante, tenant d'une
main un petit garçon et portant sur l'autre bras un
petit être trop faible pour marcher. Il remplissait
l'office de bonne et faisait prendre à ses enfants l'air
du soir. Tous en guenilles. Ces[c] trois visages étaient
extraordinairement sérieux, et ces six yeux contem-
plaient fixement le café nouveau avec une admira-
tion égale, mais nuancée diversement par l'âge [2].

---

1. Baudelaire écrit en effet au début des développements
de l'éclairage au gaz et beaucoup de ses contemporains ont,
comme lui, souligné les effets poétiques ou fantastiques de
l'incandescence de cette nouvelle lumière artificielle.
2. Cf. ce que Baudelaire notait dans *Les Veuves* : « *C'est
toujours chose intéressante que ce reflet de la joie du riche au fond de
l'œil du pauvre.* »

Les yeux du père disaient : « Que c'est beau ! que c'est beau ! on dirait que tout l'or du pauvre monde est venu se porter[a] sur ces murs. » — Les yeux du petit garçon[b] : « Que c'est beau ! que c'est beau ! mais c'est une maison où peuvent seuls entrer les gens qui ne sont pas comme nous. » Quant aux yeux du plus petit, ils étaient trop fascinés pour exprimer autre chose qu'une joie stupide et profonde.

Les chansonniers disent que le plaisir rend l'âme bonne et amollit le cœur. La chanson avait raison ce soir-là[c], relativement à moi. Non seulement j'étais attendri par cette famille d'yeux, mais je me sentais un peu honteux de nos verres et de nos carafes, plus grands que notre soif[d] [1]. Je tournais mes regards

---

1. État d'âme apparemment simple et ordinaire, mais dont l'origine est complexe : l'attendrissement et la charité de Baudelaire en face des *yeux des pauvres* naissent de sa réaction contre la vulgarité de la *goinfrerie ;* sans doute est-ce aussi la raison pour laquelle il placera dans la bouche de sa compagne une expression délibérément triviale *(« leurs yeux ouverts comme des portes cochères »).* Et ainsi la dureté à l'égard du pauvre lui apparaît non seulement comme une inhumanité mais plus encore comme une sorte de péché esthétique. Hypothèse confirmée par un très curieux passage de l'*Art romantique :* à propos de l'*École païenne,* Baudelaire cite deux anecdotes où c'est l'artiste snob qui joue le rôle que joue ici la maîtresse, mais, dans un cas comme dans l'autre, c'est une certaine forme de vulgarité spirituelle (faite d'obéissance aveugle à la mode et au conformisme social) qui engendre la dureté du cœur ; et, dans le cas de l'artiste, la fausse passion de l'art entraînera la même corruption du cœur que, dans le cas de la femme, la fausse passion du « monde » : « *La folie de l'art est égale à l'abus de l'esprit. La création d'une de ces deux suprématies engendre la sottise, la dureté du cœur et une immensité d'orgueil et d'égoïsme* » (ainsi

vers les vôtres, cher amour, pour y lire *ma* pensée ; je plongeais dans vos yeux si beaux et si bizarrement doux, dans vos yeux verts, habités par le Caprice et inspirés par la Lune, quand vous me dites : « Ces gens-là me sont insupportables avec leurs yeux ouverts comme des[a] portes cochères ! Ne pourriez-vous pas prier le maître du café de les éloigner d'ici ? »

Tant il est difficile de s'entendre, mon cher ange, et tant la pensée est incommunicable, même entre gens qui s'aiment [1] !

---

pour Baudelaire, sottise, vulgarité et dureté de cœur vont de pair, et la charité est une manière aristocratique de se désolidariser de la foule). « *Je me rappelle avoir entendu dire à un artiste farceur qui avait reçu une pièce de monnaie fausse : Je la garde pour un pauvre. Le misérable prenait un infernal plaisir à voler le pauvre et à jouir en même temps des bénéfices d'une réputation de charité. J'ai entendu dire à un autre : Pourquoi donc les pauvres ne mettent-ils pas des gants pour mendier ? Ils feraient fortune. Et à un autre : Ne donnez pas à celui-là : il est mal drapé ; ses guenilles ne lui vont pas bien.* » Rien n'empêche de penser que ces anecdotes soient authentiques, comme d'ailleurs aussi celle qui fait le sujet de ce poème. La première anecdote sera d'ailleurs reprise dans le poème en prose XXVIII, *La Fausse Monnaie*.

1. Prisonnier de soi-même et se heurtant sans cesse, dans les relations sociales et familiales comme dans l'amour, à l'incompréhension d'autrui, Baudelaire ressent avec une particulière intensité le drame de l'*incommunicabilité*, et l'angoisse qui en découle hante *Les Fleurs du Mal* et les *Journaux intimes ;* cf. en particulier : *Fusées*, VI : « *Nous aimons les femmes à proportion qu'elles nous sont plus étrangères.* » — et surtout *Mon cœur mis à nu*, LV : « *Dans l'amour, comme dans presque toutes les affaires humaines, l'entente cordiale est le résultat d'un malentendu. Ce malentendu, c'est le plaisir. L'homme crie :* « *Oh! mon ange!* ». *La femme roucoule :* « *Maman! Maman!* ».

Et ces deux imbéciles sont persuadés qu'ils pensent de concert. —
*Le gouffre infranchissable, qui fait l'incommunicabilité, reste
infranchi* ». Quant à la vulgarité *naturelle* de la femme, où
Baudelaire voit la cause principale de l'incommunicabilité
dans l'amour, cf. *Mon cœur mis à nu*, V : « *La femme est le
contraire du dandy* » (et c'est en effet, en partie au moins, par
dandysme que, devant *les yeux du pauvre*, Baudelaire s'attendrit
et trouve là l'occasion d'une nouvelle expérience de l'incom-
municabilité). — « *Donc elle doit faire horreur... — La femme
est* naturelle, *c'est-à-dire abominable. — Aussi est-elle toujours
vulgaire, c'est-à-dire le contraire du dandy.* »

XXVII

UNE MORT HÉROIQUE [1a]

FANCIOULLE était un admirable bouffon, et presque
un des amis du prince. Mais pour les personnes
vouées par état au comique, les choses sérieuses ont
de fatales attractions, et, bien qu'il puisse paraître
bizarre que les idées de patrie et de liberté s'em-
parent despotiquement du cerveau d'un histrion,

---

1. Ce poème est un des plus longs, et surtout il manifeste
la tendance du poème en prose — ailleurs souvent simplement
virtuelle — à se transformer en véritable nouvelle. On a
déjà signalé l'éventuelle parenté entre le Fancioulle de Bau-
delaire et le Hop Frog d'Edgar Poe, mais il subsiste bien des
différences entre les deux personnages. Sans doute ne saurait-
on minimiser l'influence de Poe sur l'atmosphère des poèmes
en prose et même parfois sur leur technique ; mais plus
profondément encore, le *poème en prose* tend à être, dans bien
des cas, la forme baudelairienne de l'*histoire extraordinaire*
poesque, et c'est peut-être dans ce poème que Baudelaire
s'approche au plus près du conteur américain : on y trouve
en effet cette forme typique de *suspense* qui caractérise Poe,
ainsi que la technique du portrait concentré qui campe un
personnage à la fois énigmatique et symbolique. Enfin
le personnage du prince paraît bien avoir été emprunté
par Baudelaire au *Masque de la mort rouge* de Poe, où le
personnage de Prospero présente sensiblement les mêmes
caractères.

un jour Fancioulle entra dans une conspiration formée par quelques gentilshommes mécontents.

Il existe partout des hommes de bien[a] pour dénoncer au pouvoir ces individus d'humeur atrabilaire qui veulent déposer les princes et opérer, sans la consulter, le déménagement d'une société. Les seigneurs en question furent arrêtés, ainsi que Fancioulle, et voués à une mort certaine.

Je croirais volontiers que le prince fut presque fâché de trouver son comédien favori parmi les rebelles. Le prince n'était ni meilleur ni pire qu'un autre ; mais une excessive sensibilité le rendait, en beaucoup de cas, plus cruel et plus despote que tous ses pareils. Amoureux passionné des beaux-arts, excellent connaisseur d'ailleurs, il était vraiment insatiable de voluptés. Assez indifférent relativement aux hommes et à la morale, véritable artiste lui-même, il ne connaissait d'ennemi dangereux que l'ennui [1], et les efforts bizarres qu'il faisait pour fuir ou pour vaincre ce tyran du monde lui auraient certainement attiré, de la part d'un historien sévère, l'épithète de « monstre », s'il avait été permis, dans ses domaines, d'écrire quoi que ce fût qui ne tendît pas uniquement au plaisir ou à l'étonnement, qui

---

1. Autoportrait transposé de l'auteur, dont on sait combien le torturait le despotisme de l'Ennui, sous le signe duquel sont, par leur préface, placées *Les Fleurs du Mal* : sous le vêtement de ce prince, Baudelaire exprime la même solution de l'Ennui par la cruauté et la perversité qui inspire le rôle qu'il se donne dans l'histoire du *Mauvais Vitrier* (cf. nos notes sur ce poème).

est une des formes les plus délicates du plaisir[1]. Le

---

1. Notation très baudelairienne : le dandysme fait une part importante à ce plus délicat des plaisirs qu'est le plaisir d'étonner (très proche du *goût aristocratique de déplaire* de *Fusées*, XVIII. D'ailleurs, lorsque, dans le même journal intime, XVII, Baudelaire définit les ressorts de son esthétique, il se réfère implicitement à des techniques de l'étonnement : « *Deux qualités littéraires fondamentales : surnaturalisme et ironie* » ; de même, lorsqu'en ce même lieu, il fait des formes extrêmes de l'étonnement le moyen d'accéder à la possession suprême de la solitude : « *Quand j'aurai inspiré le dégoût et l'horreur universels, j'aurai conquis la solitude* »). Et le plaisir de l'étonnement rejoint cette esthétique de la curiosité que Baudelaire définit dans son article sur Constantin Guys. Mais c'est dans son article sur *l'Exposition de 1855* que Baudelaire a le plus clairement affirmé que l'art est perpétuel *étonnement* (et du même coup, si l'on rapproche ce texte de notre poème, on voit apparaître l'une des raisons pour lesquelles, comme le suggère l'évocation de Néron, le raffinement dans la cruauté et la perversité peut être considéré comme l'un des beaux-arts, une des multiples formes du satanisme esthétique, car le satanisme, comme la perversité, relève de la catégorie générale du *bizarre*) : « *Tout le monde conçoit sans peine que, si les hommes chargés d'exprimer le beau se conformaient aux règles des professeurs-jurés, le beau lui-même disparaîtrait de la terre, puisque tous les types, toutes les idées, toutes les sensations se confondraient dans une vaste unité, monotone et impersonnelle, immense comme l'ennui et le néant. La variété, condition* sine qua non *de la vie, serait effacée de la vie. Tant il est vrai qu'il y a dans les productions multiples de l'art quelque chose de toujours nouveau qui échappera éternellement à la règle et aux analyses de l'école. L'étonnement, qui est une des grandes jouissances causées par l'art et la littérature, tient à cette variété même des types et des sensations... J'irai encore plus loin : ...* Le Beau est toujours bizarre... *Cette dose de bizarrerie... joue dans l'art... le rôle du goût ou de l'assaisonnement dans les mets...* » Aussi le critère de l'étonnement et du bizarre servira-t-il souvent à Baudelaire de principe de jugement : il vante chez Ingres ce qu'il appelle son *hétéroclitisme*, et, dans son essai sur l'*Essence du rire,* il définit le *comique absolu* comme un

grand malheur de ce prince fut qu'il n'eut jamais un théâtre assez vaste pour son génie. Il y a de jeunes Nérons qui étouffent dans des limites trop étroites, et dont les siècles à venir ignoreront toujours le nom et la bonne volonté. L'imprévoyante Providence avait donné à celui-ci des facultés plus grandes que ses États.

Tout d'un coup le bruit courut que le souverain voulait faire grâce à tous les conjurés ; et l'origine de ce bruit fut l'annonce d'un grand spectacle où Fancioulle devait jouer l'un de ses principaux et de ses meilleurs rôles, et auquel assisteraient même, disait-on, les gentilshommes condamnés ; signe évident, ajoutaient les esprits superficiels, des tendances généreuses du prince offensé.

De la part d'un homme aussi naturellement et volontairement excentrique, tout était possible, même la vertu, même la clémence, surtout s'il avait pu espérer d'y trouver des plaisirs inattendus. Mais pour ceux qui comme moi, avaient pu pénétrer plus avant dans les profondeurs de cette âme curieuse et malade, il était infiniment plus probable que le prince voulait juger de la valeur des talents scéniques d'un homme condamné à mort. Il voulait profiter de l'occasion pour faire une expérience physiologique d'un intérêt *capital,* et vérifier jusqu'à quel point les facultés habituelles d'un artiste pouvaient être altérées ou modifiées par la situation

---

vertige proche parent du fantastique et du merveilleux (cf. note suivante).

extraordinaire où il se trouvait. Au-delà, existait-il dans son âme une intention plus ou moins arrêtée de clémence? C'est un point qui n'a jamais pu être éclairci.

Enfin, le grand jour arrivé, cette petite cour déploya toutes ses pompes, et il serait difficile de concevoir, à moins de l'avoir vu, tout ce que la classe privilégiée d'un petit État, à ressources restreintes, peut montrer de splendeurs pour une vraie solennité.

Celle-là était doublement vraie, d'abord par la magie du luxe étalé, ensuite par l'intérêt moral et mystérieux qui y était attaché.

Le sieur Fancioulle excellait surtout dans les rôles muets ou peu chargés de paroles, qui sont souvent les principaux dans ces drames féeriques dont l'objet est de représenter symboliquement le mystère de la vie. Il entra en scène légèrement et avec une aisance parfaite, ce qui contribua à fortifier, dans le noble public, l'idée de douceur et de pardon.

Quand on dit d'un comédien : « Voilà un bon comédien », on se sert d'une formule qui implique que sous le personnage se laisse encore deviner le comédien : c'est-à-dire l'art, l'effort, la volonté. Or, si un comédien arrivait à être relativement au personnage qu'il est chargé d'exprimer, ce que les meilleurs statues de l'antiquité, miraculeusement animées, vivantes, marchantes, voyantes, seraient relativement à l'idée générale et confuse de beauté, ce serait là, sans doute, un cas singulier et tout à fait imprévu. Fancioulle fut, ce soir-là, une parfaite

idéalisation, qu'il était impossible de ne pas supposer
vivante, possible, réelle. Ce bouffon allait, venait,
riait, pleurait, se convulsait, avec une indestructible
auréole autour de la tête, invisible pour tous, mais
visible pour moi, et où se mêlaient, dans un étrange
amalgame, les rayons de l'art et la gloire du martyre.
Fancioulle introduisait, par je ne sais quelle grâce
spéciale, le divin et le surnaturel, jusque dans les
plus extravagantes bouffonneries. Ma plume tremble,
et des larmes d'une émotion toujours présente me
montent aux yeux pendant que je cherche à vous
décrire cette inoubliable soirée. Fancioulle me
prouvait, d'une manière péremptoire, irréfutable,
que l'ivresse de l'art est plus apte que toute autre à
voiler les terreurs du gouffre ; que le génie peut
jouer la comédie au bord de la tombe avec une joie
qui l'empêche de voir la tombe, perdu, comme il
est, dans un paradis excluant toute idée de tombe
et de destruction [1].

---

[1]. Cette sorte d'idéal du comédien, incarné ici par le
bouffon condamné à mort, n'est pas sans quelque analogie
avec ce que Baudelaire écrivait en 1855, dans cet essai sur
l'*Essence du rire* que nous venons de citer dans notre précé-
dente note. Cf. en particulier ce qu'il dit de la *première
pantomime anglaise* qu'il ait vu jouer : le jeu de Fancioulle
nous paraît directement inspiré de ce souvenir, et le récit
que Baudelaire, dans son essai, nous donne de cette représen-
tation est comme une première esquisse de cette partie
de notre poème ; une frappante analogie, d'ailleurs, réunit
le *vertige* de la pantomime anglaise et *l'ivresse de l'art* dont il
est ici question (et l'on notera que, comme les acteurs de la
pantomime anglaise, Fancioulle est, lui aussi, surtout un
mime). Voici, en tout cas, le passage de l'*Essence du rire*

L'œuvre fantastique... sur la frontière du merveilleux.
(L'Essence du Rire, 1855.)
Georges Rouault. - Pierrot aristocrate.   *(Cliché Louis Carré.)*

Tout ce public, si blasé et frivole qu'il pût être, subit bientôt la toute-puissante domination de l'artiste. Personne ne rêva plus de mort, de deuil, ni de supplices. Chacun s'abandonna, sans inquiétude, aux voluptés multipliées que donne la vue d'un chef-d'œuvre d'art vivant. Les explosions de la joie et de l'admiration ébranlèrent à plusieurs reprises les voûtes de l'édifice avec l'énergie d'un tonnerre continu. Le prince lui-même, enivré, mêla ses applaudissements à ceux de sa cour.

Cependant, pour un œil clairvoyant, son ivresse, à lui, n'était pas sans mélange. Se sentait-il vaincu dans son pouvoir de despote? Humilié dans son art de terrifier les cœurs et d'engourdir les esprits? Frustré de ses espérances et bafoué dans ses prévisions[a]? De telles suppositions non exactement justifiées, mais non absolument injustifiables, traversèrent mon esprit pendant que je contemplais le visage du prince, sur lequel une pâleur nouvelle s'ajoutait sans cesse à sa pâleur habituelle, comme la neige s'ajoute à la neige. Ses lèvres se resserraient

---

auquel nous faisons allusion : « *Aussitôt le vertige est entré, le vertige circule dans l'air ; on respire le vertige, c'est le vertige qui remplit les poumons et renouvelle le sang dans le ventricule. — Qu'est-ce que ce vertige? C'est le comique absolu; il s'est emparé de chaque être. Léandre, Pierrot, Cassandre font des gestes extraordinaires, qui démontrent clairement qu'ils se sentent introduits de force dans une existence nouvelle.... Tous leurs gestes, tous leurs cris, toutes leurs mines disent : La fée l'a voulu, la destinée nous précipite... Et ils s'élancent à travers l'œuvre fantastique, qui, à proprement parler, ne commence que là, c'est-à-dire sur la frontière du merveilleux.* »

de plus en plus, et ses yeux s'éclairaient d'un feu
intérieur semblable à celui de la jalousie et de la
rancune, même pendant qu'il applaudissait ostensi-
blement les talents de son vieil ami, l'étrange bouffon,
qui bouffonnait si bien la mort[a]. A un certain mo-
ment, je vis Son Altesse se pencher vers un petit
page, placé derrière elle, et lui parler à l'oreille. La
physionomie espiègle du joli enfant s'illumina
d'un sourire ; et puis il quitta vivement la loge prin-
cière, comme pour s'acquitter d'une commission
urgente.

Quelques minutes plus tard un coup de sifflet
aigu, prolongé, interrompit Fancioulle dans un de
ses meilleurs moments, et déchira à la fois les oreilles
et les cœurs. Et de l'endroit de la salle d'où avait
jailli cette désapprobation inattendue, un enfant
se précipitait dans un corridor, avec des rires
étouffés.

Fancioulle, secoué, réveillé dans son rêve, ferma
d'abord les yeux, puis les rouvrit presque aussitôt,
démesurément agrandis, ouvrit ensuite la bouche
comme pour respirer convulsivement, chancela un
peu en avant, un peu en arrière, et puis tomba roide
mort sur les planches [1].

---

1. Selon Jacques Crépet, la source de ce dénoûment
pourrait se trouver dans un livre, dont nous savons, par
Fusées, XIV, que Baudelaire l'avait lu avec soin, le *De
l'Ennui* de Brierre de Boismont (1852) où se lit le passage
suivant : « *Rien de plus commun, chez les artistes enivrés des
applaudissements du public, que l'abattement, le chagrin, le désespoir,
le désir de la mort, lorsque cette faveur vient à se retirer d'eux.
Tous ceux qui ont connu Nourrit savent ce qu'il y avait de bonté...*

Le sifflet, rapide comme un glaive, avait-il réellement frustré le bourreau? Le prince avait-il lui-même deviné toute l'homicide efficacité de sa ruse? Il est permis d'en douter. Regretta-t-il son cher et inimitable Fancioulle? Il est doux et légitime de le croire.

Les gentilshommes coupables avaient joui pour la dernière fois du spectacle de la comédie. Dans la même nuit ils furent effacés de la vie[a].

Depuis lors, plusieurs mimes, justement appréciés dans différents pays, sont venus jouer devant la cour de... ; mais aucun d'eux n'a pu rappeler les merveilleux talents de Fancioulle, ni s'élever jusqu'à la même *faveur*[b].

---

dans cet excellent homme. Un succès partagé fut le commencement de ses maux, et un sifflet qu'il crut entendre son arrêt de mort. » Rapprochement qui prouve que, du moins en ce qui concerne le personnage de Fancioulle, ce poème est bien, de la part de Baudelaire, l'essai d'un nouveau *paradoxe sur le comédien,* et un épisode de ses recherches sur le *comique absolu.* En tout état de cause, le personnage du *comédien absolu,* victime du dandysme pervers et de l'ennui du Prince, est l'occasion pour Baudelaire de dramatiser, selon la manière d'Edgar Poe, deux des principaux thèmes de sa réflexion esthétique et de sa « spiritualité ».

XXVIII

LA FAUSSE MONNAIE[1]

Comme nous nous éloignions du bureau de tabac, mon ami fit un soigneux triage[a] de sa monnaie ; dans la poche gauche de son gilet il glissa de petites pièces d'or ; dans la droite, de petites pièces d'argent ; dans la poche gauche de sa culotte, une masse de gros sols[b], et enfin, dans la droite, une pièce d'argent de deux francs qu'il avait particulièrement examinée.

« Singulière et minutieuse répartition ! » me dis-je en moi-même.

Nous fîmes la rencontre d'un pauvre qui nous tendit sa casquette en tremblant. — Je ne connais rien de plus inquiétant que l'éloquence muette de ces yeux suppliants, qui contiennent à la fois, pour l'homme sensible qui sait y lire, tant d'humilité, tant de reproches[c]. Il trouve[d] quelque chose approchant cette profondeur de sentiment compliqué, dans les yeux larmoyants des chiens qu'on fouette.

L'offrande de mon ami fut beaucoup plus considérable que la mienne, et je lui dis : « Vous avez

---

1. Pour l'anecdote, probablement authentique, qui a servi de point de départ à ce poème, cf. notre note sur *Les Yeux des pauvres*.

raison ; après le plaisir d'être étonné, il n'en est
pas de plus grand que celui de causer une surprise [1].
— C'était la pièce fausse », me répondit-il tranquille-
ment, comme pour se justifier de sa prodigalité.

Mais dans mon misérable cerveau, toujours
occupé à chercher midi à quatorze heures (de quelle
fatigante faculté la nature m'a fait cadeau !) entra
soudainement cette idée qu'une pareille conduite,
de la part de mon ami, n'était excusable que par le
désir de créer un événement dans la vie de ce pauvre
diable, peut-être même de connaître les conséquences
diverses, funestes ou autres, que peut engendrer
une pièce fausse dans la main d'un mendiant[a]. Ne
pouvait-elle pas se multiplier en pièces vraies ? ne
pouvait-elle pas aussi le conduire en prison ? Un
cabaretier, un boulanger, par exemple, allait peut-
être le faire arrêter comme faux monnayeur ou
comme propagateur de fausse monnaie. Tout aussi
bien la pièce fausse serait peut-être, pour un pauvre
petit spéculateur[b], le germe d'une richesse de quel-
ques jours. Et ainsi ma fantaisie allait son train,
prêtant des ailes à l'esprit de mon ami et tirant
toutes les déductions possibles de toutes les hypo-
thèses possibles.

Mais celui-ci rompit brusquement ma rêverie
en reprenant mes propres paroles[c] : « Oui, vous

---

1. On retrouve ici, mais transposée, l'esthétique baudelai-
rienne de l'étonnement ; on notera que cette réflexion du
poète succède à un paragraphe dans lequel il se présentait
comme un *homme sensible :* ce contrepoint de la sensibilité
et du dandysme n'est pas rare chez Baudelaire.

avez raison ; il n'est pas de plaisir plus doux que de surprendre un homme en lui donnant plus qu'il n'espère. »

Je le regardai dans le blanc des yeux, et je fus épouvanté de voir que ses yeux brillaient d'une incontestable candeur. Je vis alors clairement qu'il avait voulu faire à la fois la charité et une bonne affaire ; gagner quarante sols et le cœur de Dieu ; emporter le paradis économiquement ; enfin attraper gratis un brevet d'homme charitable[a]. Je lui aurais presque pardonné le désir de la criminelle jouissance dont je le supposais tout à l'heure capable ; j'aurais trouvé curieux, singulier, qu'il s'amusât à compromettre les pauvres ; mais je ne lui pardonnerai jamais l'ineptie de son calcul. On n'est jamais excusable d'être méchant, mais il y a quelque mérite à savoir qu'on l'est [1] ; et le plus irréparable des vices est de faire le mal par bêtise.

---

1. Il est arrivé à Baudelaire de trouver même dans la conscience de la culpabilité une exceptionnelle jouissance, si du moins l'on en croit l'aveu des derniers vers de *L'Irrémédiable* : « *Soulagement et gloire uniques, — La conscience dans le Mal!* » Ce poème d'ailleurs illustre bien l'ambiguïté spirituelle de Baudelaire, qu'il a exprimée par sa formule de la *double postulation* : face à l'*homme sensible* il porte en lui (cf. *Le Mauvais Vitrier*) la tentation de la perversité intelligente, qui elle-même peut osciller de la mystification à cette *criminelle jouissance* dont il est ici question ; mais il est une forme du mal qui reste étrangère à sa nature, celle qui relève de la sottise et de l'imbécillité (ce qu'il eût sans doute volontiers appelé le mal à la manière *belge!*) : cf. à ce propos le poème IV, *Un Plaisant*, dont le héros se rend coupable d'un moindre crime, mais de la même sottise que « l'ami » qui nous est ici présenté.

XXIX

LE JOUEUR GÉNÉREUX [1a]

HIER, à travers la foule du boulevard, je me suis sentis frôlé par un Être mystérieux que j'avais toujours désiré connaître, et que je reconnus tout de suite, quoique je ne l'eusse jamais vu. Il y avait sans doute chez lui, relativement à moi, un désir analogue, car il me fit, en passant, un clignement d'œil significatif auquel je me hâtai d'obéir. Je le suivis attentivement, et bientôt je descendis derrière lui dans une demeure souterraine, éblouissante, où éclatait un luxe dont aucune des habitations supérieures de Paris ne pourrait fournir un exemple approchant [b]. Il me parut singulier que j'eusse pu passer si souvent à côté de ce prestigieux repaire sans en deviner l'entrée. Là régnait une atmosphère exquise, quoique capiteuse, qui faisait oublier presque instantanément toutes les fastidieuses horreurs de la vie ; on y respirait une béatitude sombre, analogue à celle que durent éprouver les mangeurs

---

1. Nouvelle « diablerie », nouvelle variation baudelairienne sur le mythe de Faust, proche parente du poème *Les Tentations* (dans la version de la *Revue du XIXᵉ siècle,* 1866, ce texte portait comme titre : *Le Diable*).

de lotus quand, débarquant dans une île enchantée
éclairée des lueurs d'une éternelle après-midi, ils
sentirent naître en eux, aux sons assoupissants des
mélodieuses cascades, le désir de ne jamais revoir
leurs pénates, leurs femmes, leurs enfants, et de ne
jamais remonter sur les hautes lames de la mer [1].

Il y avait là des visages étranges d'hommes et
de femmes marqués d'une beauté fatale, qu'il me
semblait avoir vus déjà à des époques et dans des
pays dont il m'était impossible de me souvenir
exactement, et qui m'inspiraient plutôt une sym-
pathie fraternelle que cette crainte qui naît ordinai-
rement à l'aspect de l'inconnu. Si je voulais essayer
de définir d'une manière quelconque l'expression
singulière[a] de leurs regards, je dirais que jamais
je ne vis d'yeux brillant[b] plus énergiquement de
l'horreur de l'ennui et du désir immortel de se sentir
vivre.

Mon hôte, et moi, nous étions déjà, en nous
asseyant, de vieux et parfaits amis. Nous man-
geâmes, nous bûmes[c] outre mesure de toutes sortes
de vins extraordinaires, et, chose non moins extra-
ordinaire[d], il me semblait, après plusieurs heures,
que je n'étais pas plus ivre que lui. Cependant le
jeu, ce plaisir surhumain, avait coupé à divers inter-
valles nos fréquentes libations, et je dois dire que
j'avais joué et perdu mon âme, en partie liée, avec
une insouciance et une légèreté héroïques. L'âme

---

1. L'histoire des Lotophages est racontée par Homère
au chant IX de *L'Odyssée*.

est une chose si impalpable, si souvent inutile, et quelquefois si gênante[a] que je n'éprouvai, quant à cette perte, qu'un peu moins d'émotion que si j'avais égaré, dans une promenade, ma carte de visite.

Nous fumâmes longuement quelques cigares dont la saveur et le parfum incomparables donnaient à l'âme la nostalgie de pays et de bonheurs inconnus, et, enivré de toutes ces délices, j'osai, dans un accès de familiarité qui ne parut pas lui déplaire, m'écrier, en m'emparant d'une coupe pleine jusqu'au bord[b] : « A votre immortelle santé, vieux Bouc[c] ! »

Nous causâmes aussi de l'univers, de sa création et de sa future destruction ; de la grande idée du siècle, c'est-à-dire du progrès et de la perfectibilité, et, en général, de toutes les formes de l'infatuation humaine. Sur ce sujet-là, Son Altesse ne tarissait pas en plaisanteries légères et irréfutables, et elle s'exprimait avec une suavité de diction et une tranquillité dans la drôlerie que je n'ai trouvées dans aucun des plus célèbres causeurs de l'humanité. Elle m'expliqua l'absurdité des différentes philosophies qui avaient jusqu'à présent pris possession du cerveau humain, et daigna même me faire confidence de quelques principes fondamentaux dont il ne me convient pas de partager les bénéfices et la propriété avec qui que ce soit. Elle ne se plaignit en aucune façon de la mauvaise réputation dont elle jouit dans toutes les parties du monde, m'assura qu'elle était, elle-même, la personne la plus intéressée à la destruction de la *superstition,* et m'avoua qu'elle n'avait eu peur, relativement à son propre pouvoir, qu'une seule fois, c'était le jour où elle avait entendu un prédicateur, plus subtil que ses confrères[a], s'écrier en chaire : « Mes chers frères, n'oubliez jamais, quand vous entendrez vanter le progrès des lumières, que la plus belle des ruses du diable est de vous persuader qu'il n'existe pas [1] ! »

Le souvenir de ce célèbre orateur nous conduisit naturellement vers le sujet des académies, et mon étrange convive m'affirma qu'il ne dédaignait pas, en beaucoup de cas, d'inspirer la plume, la parole et la conscience des pédagogues, et qu'il assistait presque toujours en personne, quoique invisible, à toutes les séances académiques [2].

---

1. Cette idée, parfaitement orthodoxe, et d'ailleurs répétée par plusieurs théologiens ou prédicateurs, semble avoir particulièrement intéressé Baudelaire. On sait combien il était attaché à la doctrine du péché originel (qui suppose la croyance à l'existence du Démon) et sa haine d'une certaine littérature comme de la doctrine du progrès (une « doctrine de Belges ») s'explique par là ; cf. en particulier ce qu'il écrit de George Sand dans *Mon Cœur mis à nu*, XXVII, sous le titre significatif : *Le Diable et George Sand* : « *C'est le Diable qui lui a persuadé de se fier à son* bon cœur *et à son* bon sens... *J'ai lu dernièrement une préface (la préface de* Mademoiselle La Quintinie*) où elle prétend qu'un vrai chrétien ne peut pas croire à l'Enfer. — Elle a de bonnes raisons pour vouloir supprimer l'Enfer.* » Cf. aussi *id.* XXIII : « *Les abolisseurs d'âmes* (matérialistes) *sont nécessairement des abolisseurs d'enfer ; ils y sont, à coup sûr, intéressés* », et la conclusion de son article sur *Les Misérables* (1862) : « *Hélas! du Péché Originel, même après tant de progrès depuis si longtemps promis, il restera toujours bien assez de traces pour en constater l'immémoriale réalité!* »

2. Baudelaire fut candidat à l'Académie en janvier 1862 ;

Encouragé par tant de bontés, je lui demandai des nouvelles de Dieu, et s'il l'avait vu récemment[a]. Il me répondit, avec une insouciance nuancée d'une certaine tristesse[b] : « Nous nous saluons quand nous nous rencontrons, mais comme deux vieux gentils-hommes, en qui une politesse innée ne saurait éteindre tout à fait le souvenir d'anciennes rancunes. »

Il est douteux que Son Altesse ait jamais donné une si longue audience à un simple mortel, et je craignais d'abuser. Enfin, comme l'aube frissonnante blanchissait les vitres[c], ce célèbre personnage,

---

ce fut l'occasion pour Flaubert de lui écrire : *Malheureux! vous voulez donc que la coupole de l'Institut s'écroule! Je vous rêve entre Villemain et Nisard.* Ce fut aussi l'occasion pour Sainte-Beuve d'écrire un retentissant article que cite Baudelaire dans un commentaire anonyme paru dans la *Revue anecdotique* de janvier 1862 (*Œuvres Posthumes*, 1908) : « *M. Charles Baudelaire, dont plus d'un académicien a eu à épeler le nom barbare et inconnu, est plutôt chatouillé qu'égratigné :* « M. Baudelaire a trouvé le moyen de se bâtir, à l'extrémité d'une langue de terre réputée inhabitable, et par delà les confins du monde romantique connu, un kiosque bizarre, fort orné, fort tourmenté, mais coquet et mystérieux... Ce singulier kiosque, fait en marqueterie, d'une originalité concertée et composite, qui depuis quelque temps attire les regards à la pointe extrême du Kamschatka romantique, j'appelle cela la *Folie Baudelaire*. L'auteur est content d'avoir fait quelque chose d'impossible. » *On dirait que M. Sainte-Beuve a voulu venger M. Baudelaire des gens qui le peignent sous les traits d'un loup-garou mal famé et mal peigné ; car, un peu plus loin, il le présente, paternellement et familièrement, comme* « un gentil garçon, fin de langage et tout à fait classique de formes ». L'article de Sainte-Beuve avait paru dans *le Constitutionnel* du 20 janvier 1862. Baudelaire écrivit au critique une lettre de remerciements aujourd'hui conservée dans la collection Lovenjoul à Chantilly. Finalement le poète retira sa candidature.

chanté par tant de poètes et servi par tant de philo-
sophes qui travaillent à sa gloire sans le savoir, me
dit : « Je veux que vous gardiez de moi un bon sou-
venir, et vous prouver que Moi, dont on dit tant
de mal, je suis quelquefois *bon diable,* pour me servir
d'une de vos locutions vulgaires. Afin de compenser
la perte irrémédiable que vous avez faite de votre
âme, je vous donne l'enjeu que vous auriez gagné
si le sort avait été pour vous, c'est-à-dire la possi-
bilité de soulager et de vaincre, pendant toute votre
vie, cette bizarre affection de l'Ennui, qui est la
source de toutes vos maladies et de tous vos misé-
rables progrès [1]. Jamais un désir ne sera formé par
vous, que je ne vous aide à le réaliser ; vous régnerez
sur vos vulgaires semblables ; vous serez fourni de
flatteries et même d'adorations[a] ; l'argent, l'or, les
diamants, les palais féeriques, viendront vous cher-
cher et vous prieront de les accepter, sans que vous
ayez fait un effort pour les gagner ; vous changerez
de patrie et de contrée aussi souvent que votre
fantaisie vous l'ordonnera ; vous vous soûlerez de
voluptés[b], sans lassitude, dans des pays charmants
où il fait toujours chaud et où les femmes sentent
aussi bon que les fleurs, — et cætera, et cætera... »,
ajouta-t-il en se levant et en me congédiant avec un
bon sourire.

Si ce n'eût été la crainte de m'humilier devant

---

1. Cf. *Les Litanies de Satan* : « *Toi qui sais tout, grand roi
des choses souterraines, — Guérisseur familier des angoisses
humaines...* »

une aussi grande assemblée, je serais volontiers
tombé aux pieds de ce joueur généreux, pour le
remercier de son inouïe munificence. Mais peu à
peu, après que je l'eus quitté, l'incurable défiance
rentra dans mon sein ; je n'osais plus croire à un si
prodigieux bonheur, et, en me couchant, faisant
encore ma prière par un reste d'habitude imbécile [1a],
je répétais dans un demi-sommeil : « Mon Dieu !
Seigneur, mon Dieu ! faites que le diable me tienne
sa parole ! »

---

1. Cf. variante. On notera que le texte de 1866 (un reste
de *bonne* habitude) est une de ces corrections de bienséance
effectuées par les « rédacteurs en chef », contre lesquelles
Baudelaire eut si souvent à protester et qui expliquent sa
haine contre les responsables.

XXX

LA CORDE[a]

A ÉDOUARD MANET [1].

« L ES illusions — me disait mon ami — sont aussi
innombrables, peut-être, que les rapports des
hommes entre eux, ou des hommes avec les choses.
Et quand l'illusion disparaît, c'est-à-dire quand

---

1. C'est entre 1860 et 1863 que Baudelaire et Manet se ren-
contrèrent souvent après s'être liés d'une intime amitié.
C'est à cette époque que le peintre avait exécuté le portrait
de Jeanne Duval, qui se trouve au Musée de Budapest
(Exp. Baudelaire, Bibliothèque Nationale, 1957). Au moment
où parut ce poème (1864), Édouard Manet venait, en 1863,
de connaître un succès de scandale (avant son *Olympia* de
1865) avec *le Déjeuner sur l'herbe*. Baudelaire, de son côté,
venait de prendre place parmi les quelques critiques partisans
de l'artiste, avec un article, *Peintres et aquafortistes,* où il
souligne l'espagnolisme et la « modernité » de Manet.
Citons ici, à titre documentaire, un passage de cet article
qui, d'ailleurs, éclaire les raisons de la sympathie de Baudelaire
pour le peintre : « *M. Manet est l'auteur du* Guitariste,
*qui a produit une vive sensation au Salon dernier. On verra au
prochain Salon plusieurs tableaux de lui empreints de la saveur
espagnole la plus forte... MM. Manet et Legros unissent à un
goût décidé pour la réalité, la réalité moderne... cette imagination
vive et ample, sensible, audacieuse...* »

nous voyons l'être ou le fait tel qu'il existe en dehors
de nous, nous éprouvons un bizarre sentiment,
compliqué moitié de regret pour le fantôme disparu,
moitié de surprise agréable devant la nouveauté,
devant le fait réel. S'il existe un phénomène évident,
trivial, toujours semblable, et d'une nature à laquelle
il soit impossible de se tromper, c'est l'amour
maternel. Il est aussi difficile de supposer une mère
sans amour maternel qu'une lumière sans chaleur ;
n'est-il donc pas parfaitement légitime d'attribuer
à l'amour maternel toutes les actions et les paroles
d'une mère, relatives à son enfant ? Et cependant,
écoutez cette petite histoire, où j'ai été singulière-
ment mystifié par l'illusion la plus naturelle.

« Ma profession de peintre me pousse à regarder
attentivement les visages, les physionomies qui
s'offrent dans ma route[a], et vous savez quelle jouis-
sance nous tirons de cette faculté qui rend à nos
yeux la vie plus vivante et plus significative que
pour les autres hommes. Dans le quartier reculé
que j'habite, et où de vastes espaces gazonnés
séparent encore les bâtiments, j'observai souvent
un enfant dont la physionomie ardente et espiègle
plus que toutes les autres me séduisit tout d'abord[b].
Il a posé plus d'une fois pour moi, et je l'ai trans-
formé tantôt en petit bohémien, tantôt en ange,
tantôt en Amour mythologique. Je lui ai fait porter
le violon du vagabond, la Couronne d'Épines et
les Clous de la Passion, et la torche d'Éros [1]. Je pris

---

1. Manet avait pour modèle, au moment où Baudelaire

... un enfant dont la physionomie ardente et espiègle... me séduisit...
(La Corde.)

Édouard Manet. - Le garçon et le chien.

(B. N. E.)

enfin à la drôlerie de ce gamin un plaisir si vif, que je priai un jour ses parents, de pauvres gens, de vouloir bien me le céder, promettant de bien l'habiller, de lui donner quelque argent et de ne pas lui imposer d'autre peine que de nettoyer mes pinceaux et de faire mes commissions. Cet enfant, débarbouillé, devint charmant, et la vie qu'il menait chez moi lui semblait un paradis, comparativement à celle qu'il aurait subie dans le taudis paternel[a]. Seulement je dois dire que ce petit bonhomme m'étonna quelquefois par des crises singulières de tristesse précoce et qu'il manifesta bientôt un goût immodéré pour le sucre et les liqueurs ; si bien qu'un jour[b] où je constatai que, malgré mes nombreux avertissements, il avait encore commis un nouveau larcin de ce genre, je le menaçai de le renvoyer à ses parents. Puis je sortis, et mes affaires me retinrent assez longtemps hors de chez moi.

« Quels ne furent pas mon horreur et mon étonnement quand, rentrant à la maison, le premier objet qui frappa mon regard fut mon petit bon-

---

commença de fréquenter son atelier, un « gamin » nommé Alexandre et l'œuvre du peintre contient nombre de sujets inspirés par ce modèle, en particulier l'eau-forte *Le Garçon et le Chien* (publiée en 1861) et le *Guitariste* mentionné dans son article par Baudelaire, et dont le souvenir se retrouve peut-être ici *(« Je lui ai fait porter le violon du vagabond »)*. Le sujet de ce poème est directement emprunté à ce qui se passa dans l'atelier de Manet le jour de 1861 où Alexandre fut trouvé pendu, un sucre d'orge entre les dents. Quant à l'épisode de la mère et des voisins, rien ne permet de savoir s'il est authentique ou s'il a été inventé par Baudelaire.

homme, l'espiègle compagnon de ma vie, pendu
au panneau de cette armoire ! Ses pieds touchaient
presque le plancher ; une chaise, qu'il avait sans
doute repoussée du pied, était renversée à côté de
lui ; sa tête était penchée convulsivement sur une
épaule ; son visage, boursouflé, et ses yeux, tout
grands ouverts avec une fixité effrayante, me cau-
sèrent d'abord l'illusion de la vie. Le dépendre
n'était pas une besogne aussi facile que vous le
pouvez croire. Il était déjà fort raide et j'avais une
répugnance inexplicable à le faire brusquement
tomber sur le sol. Il fallait le soutenir tout entier
avec un bras, et, avec la main de l'autre bras, couper
la corde. Mais cela fait, tout n'était pas fini ; le petit
monstre s'était servi d'une ficelle fort mince qui
était entrée profondément dans les chairs, et il fallait
maintenant, avec de minces ciseaux, chercher la
corde entre les deux bourrelets de l'enflure, pour
lui dégager le cou.

« J'ai négligé de vous dire que j'avais vivement
appelé au secours ; mais tous mes voisins avaient
refusé de me venir en aide, fidèles en cela aux habi-
tudes de l'homme civilisé, qui ne veut jamais, je
ne sais pourquoi, se mêler des affaires d'un pendu.
Enfin vint un médecin qui déclara que l'enfant était
mort depuis plusieurs heures. Quand, plus tard,
nous eûmes à le déshabiller pour l'ensevelissement,
la rigidité cadavérique était telle, que, désespérant
de fléchir les membres, nous dûmes lacérer et couper
les vêtements pour les lui enlever.

« Le commissaire, à qui, naturellement, je dus

déclarer l'accident, me regarda de travers, et me dit :
« Voilà qui est louche ! » mû sans doute par un désir
invétéré et une habitude d'état de faire peur, à tout
hasard, aux innocents comme aux coupables.

« Restait une tâche suprême à accomplir, dont la
seule pensée me causait une angoisse terrible : il
fallait avertir les parents. Mes pieds refusaient de
m'y conduire. Enfin j'eus ce courage. Mais, à mon
grand étonnement, la mère fut impassible, pas une
larme ne suinta du coin de son œil. J'attribuai cette
étrangeté à l'horreur même qu'elle devait éprouver,
et je me souvins de la sentence connue : « Les dou-
leurs les plus terribles sont les douleurs muettes. »
Quant au père, il se contenta de dire d'un air moitié
abruti, moitié rêveur : « Après tout, cela vaut peut-
être mieux ainsi ; il aurait toujours mal fini ! »

« Cependant le corps était étendu sur mon divan,
et, assisté d'une servante, je m'occupais des derniers
préparatifs, quand la mère entra dans mon atelier.
Elle voulait, disait-elle, voir le cadavre de son fils.
Je ne pouvais pas, en vérité, l'empêcher de s'enivrer
de son malheur et lui refuser cette suprême et
sombre[a] consolation. Ensuite elle me pria de lui
montrer l'endroit où son petit s'était pendu. « Oh !
non ! madame, — lui répondis-je, — cela vous
ferait mal. » Et comme involontairement mes yeux
se tournaient vers la funèbre armoire, je m'aperçus,
avec un dégoût mêlé d'horreur et de colère, que le
clou était resté fiché dans la paroi, avec un long bout
de corde qui traînait encore. Je m'élançai vivement
pour arracher ces derniers vestiges du malheur, et

comme j'allais les lancer au dehors par la fenêtre
ouverte, la pauvre femme saisit mon bras et me dit
d'une voix irrésistible : « Oh! monsieur! laissez-moi
cela! je vous en prie! je vous en supplie! » Son
désespoir l'avait, sans doute, me parut-il, tellement
affolée, qu'elle s'éprenait de tendresse maintenant
pour ce qui avait servi d'instrument à la mort de
son fils, et le voulait garder comme une horrible
et chère relique. — Et elle s'empara du clou et de
la ficelle.

« Enfin! enfin! tout était accompli. Il ne me
restait plus qu'à me remettre au travail, plus vive-
ment encore que d'habitude, pour chasser peu à
peu ce petit cadavre qui hantait les replis de mon
cerveau, et dont le fantôme me fatiguait de ses
grands yeux fixes. Mais le lendemain je reçus un
paquet de lettres : les unes des locataires de ma
maison, quelques autres des maisons voisines ; l'une,
du premier étage ; l'autre, du second ; l'autre, du
troisième, et ainsi de suite, les unes en style demi-
plaisant, comme cherchant à déguiser sous un appa-
rent badinage la sincérité de la demande[a] ; les autres
lourdement effrontées et sans orthographe, mais
toutes tendant au même but, c'est-à-dire à obtenir
de moi un morceau de la funeste et béatifique
corde[b]. Parmi les signataires il y avait, je dois le dire,
plus de femmes que d'hommes ; mais tous, croyez-le
bien, n'appartenaient pas à la classe infime et vul-
gaire. J'ai gardé ces lettres.

« Et alors, soudainement, une lueur se fit dans
mon cerveau, et je compris pourquoi la mère tenait

tant à m'arracher la ficelle et par quel commerce elle entendait se consoler [1a]. »

---

1. Tout commentaire affaiblirait l'effet de ce texte ; notons seulement qu'ici, comme dans *Une Mort héroïque,* le poème en prose évolue en véritable nouvelle, et que Baudelaire y manifeste sa maîtrise, due, au moins en partie, à l'exercice que fut pour lui la traduction des *Histoires Extraordinaires* de Poe. La deuxième version de ce récit, celle parue dans *l'Artiste* du 1er novembre 1864, ajoute une « conclusion » (cf. variante), qui, pour vouloir exploiter le sens du dénoue-ment, en édulcore l'effet de surprise. C'est un cas où le « der-nier texte revu par l'auteur » (en admettant que cette addition ne lui ait pas été imposée) est loin d'être le meilleur. Cette observation peut être étendue à l'ensemble du poème où, comme on verra par les variantes, la seconde version introduit un certain nombre de modifications « de bienséance » (on notera en particulier, un peu plus haut, celle qui a trans-formé *la funeste* et béatifique *corde* en une simple et banale *funeste corde*).

XXXI

LES VOCATIONS[a]

Dans un beau jardin où les rayons d'un soleil automnal semblaient s'attarder à plaisir, sous un ciel déjà verdâtre où des nuages d'or flottaient comme des continents en voyage, quatre beaux enfants, quatre garçons, las de jouer sans doute, causaient entre eux [1].

L'un disait : « Hier on m'a mené au théâtre. Dans des palais grands et tristes, au fond desquels on

---

1. Dans la liste des *projets de romans et nouvelles,* publiée par Eugène Crépet dans les *Œuvres posthumes* en 1887 et 1908, on trouve le titre suivant : *Les Enfants précoces.* Il est probable que ce titre n'est pas sans rapport avec ce poème, dont il éclaire d'ailleurs le sens autobiographique : ce texte peut en effet être considéré comme une sorte d'autobiographie psychologique de Baudelaire qui est toujours resté un *enfant précoce,* et qui dresse ici, pour ainsi dire, l'inventaire de ses nostalgies et de ses rêves. Ajoutons que cet inventaire autobiographique est à dessein placé dans un climat « surnaturaliste », créé par le paysage où apparaissent les personnages, eux-mêmes « spiritualisés » (quatre *beaux* enfants). Et pour apprécier toute l'importance de cette référence aux rêves et nostalgies d'une *enfance précoce,* on se souviendra de cette phrase de *Morale du Joujou* : « *Cette facilité à contenter son imagination témoigne de la spiritualité de l'enfance dans ses conceptions artistiques* » (phrase qui rejoint une note de *Fusées,* VIII : « *La vie n'a qu'un charme vrai : c'est le charme du* Jeu »).

voit la mer et le ciel, des hommes et des femmes,
sérieux et tristes aussi, mais bien plus beaux et bien
mieux habillés que ceux que nous voyons partout,
parlent avec une voix chantante. Ils se menacent, ils
supplient, ils se désolent, et ils appuient souvent
leur main sur un poignard enfoncé dans leur cein-
ture. Ah! c'est bien beau! Les femmes sont bien
plus belles et bien plus grandes que celles qui vien-
nent nous voir à la maison, et, quoique avec leurs
grands yeux creux et leurs joues enflammées elles
aient l'air terrible, on ne peut pas s'empêcher de
les aimer. On a peur, on a envie de pleurer, et cepen-
dant l'on est content... Et puis, ce qui est plus sin-
gulier, cela donne envie d'être habillé de même, de
dire et de faire les mêmes choses, et de parler avec
la même voix... [1] ».

---

1. Cf. *Mon Cœur mis à nu*, XVII : « *Mes opinions sur le
théâtre. Ce que j'ai toujours trouvé de plus beau dans un théâtre,
dans mon enfance et encore maintenant, c'est le lustre, — un bel
objet lumineux, cristallin, compliqué, circulaire et symétrique.* »
Ailleurs Baudelaire se montre très sévère pour la tragédie
(dont évidemment il s'agit ici), lorsqu'il écrit, dans le *Salon
de 1846* (XV) : « *Ainsi la tragédie, ce genre oublié des hommes,
et dont on ne retrouve quelques échantillons qu'à la Comédie-Fran-
çaise, le théâtre le plus désert de l'univers...* » mais il ne peut
s'empêcher d'être néanmoins sensible au *mystère* de la tragédie,
car il poursuit : « *... la tragédie consiste à découper certains patrons
éternels... et, suspendus à des fils, à les faire marcher, saluer,
s'asseoir et parler d'après une étiquette mystérieuse et sacrée* » ;
et, un peu plus loin (*id.* XVII) parlant de la *grande tradition*
de la peinture, Baudelaire la définit par ce qui exalte ici
l'imagination de l'enfant dans le théâtre : *Ce respect, qui fait
ôter leurs chapeaux aux enfants... est l'effet, non point du vernis
jaune et de la crasse des temps, mais de l'unité, de l'unité profonde...*

L'un des quatre enfants, qui depuis quelques secondes n'écoutait plus le discours de son camarade et observait avec une fixité étonnante je ne sais quel point du ciel, dit tout à coup : « Regardez, regardez là-bas...! *Le* voyez-vous? Il est assis sur ce petit nuage isolé, ce petit nuage couleur de feu, qui marche doucement. *Lui* aussi, on dirait qu'*il* nous regarde. »

« Mais qui donc? » demandèrent les autres.

« Dieu! » répondit-il avec un accent parfait de conviction [1]. « Ah! il est déjà bien loin ; tout à

Cette magnificence de costumes, cette noblesse de mouvements... sont des qualités toutes impliquées dans ce mot : la grande tradition. » On ne peut enfin s'empêcher de voir dans cet enfant possédé de théâtre une sorte d'ébauche de cet autre enfant également possédé d'une analogue nostalgie, Marcel Proust, admirateur de la Berma (cf. aussi les derniers mots du chapitre sur le paysage du *Salon de 1859* : *Je préfère contempler quelques décors de théâtre, où je trouve... mes rêves les plus chers*).

1. L'oscillation du théâtre à Dieu correspond, de l'aveu même de Baudelaire, à une authentique expérience de sa propre enfance : cf. *Mon Cœur mis à nu*, LXXII : « *Étant enfant, je voulais être tantôt pape, mais pape militaire, tantôt comédien. — Jouissances que je tirais de ces deux hallucinations.* » De nombreux textes montrent à quelle profondeur se situait, dans l'âme de Baudelaire, la *postulation vers Dieu* et la nostalgie de la jouissance mystique ; cf. en particulier *Mon Cœur mis à nu*, LXXIX : *Dieu et sa profondeur.* — LXXXII : *Dès mon enfance, tendance à la mysticité. Mes conversations avec Dieu.* — LXXXIII : *De l'Obsession, de la Possession, de la Prière et de la Foi.* Quant à la fonction de la prière et de l'extase dans leur rapport avec la recherche d'un « surmonde » magique, cf. *Fusées*, XVII : « *Il y a dans la prière une opération magique. La prière est une des grandes forces de la dynamique intellectuelle. Il y a là une récurrence électrique.* » Si l'on rapproche ce texte de la phrase célèbre du même passage de *Fusées* (*De la langue et de l'écriture prises comme opérations magiques, sorcellerie*

l'heure vous ne pourrez plus le voir. Sans doute il voyage, pour visiter tous les pays. Tenez, il va passer derrière cette rangée d'arbres qui est presque à l'horizon... et maintenant il descend derrière le clocher... Ah! on ne le voit plus! » Et l'enfant resta longtemps tourné du même côté, fixant sur la ligne qui sépare la terre du ciel des yeux où brillait une inexprimable expression d'extase et de regret.

« Est-il bête, celui-là, avec son bon Dieu, que lui seul peut apercevoir! » dit alors le troisième, dont toute la petite personne était marquée d'une vivacité et d'une vitalité singulières. « Moi, je vais vous raconter comment il m'est arrivé quelque chose qui ne vous est jamais arrivé, et qui est un peu plus intéressant que votre théâtre et vos nuages. — Il y a quelques jours, mes parents m'ont emmené en voyage avec eux, et, comme dans l'auberge où nous nous sommes arrêtés, il n'y avait pas assez de lits pour nous tous, il a été décidé que je dormirais dans le même lit que ma bonne. » — Il attira ses camarades près de lui et parla d'une voix plus basse.

évocatoire), on voit que le trait commun des *enfants précoces,* au-delà de la diversité de leurs « postulations », est bien, toujours, la nostalgie d'un *anywhere out of the world,* obtenu par l'une de ces *opérations magiques* — l'art, théâtre ou poésie, Dieu, l'amour — qui n'ont cessé d'être pour Baudelaire non plus seulement des lieux communs romantiques, mais d'authentiques obsessions spirituelles. A cet égard, ce poème est sans doute le texte le plus apte à servir de fondement à une psychanalyse du poète. Peut-être la source de toutes ces diverses obsessions se trouve-t-elle dans ce que Baudelaire a un jour noté en termes saisissants : *Trouver la frénésie journalière (Mon Cœur mis à nu,* XCI).

— « Ça fait un singulier effet, allez, de n'être pas couché seul et d'être dans un lit avec sa bonne, dans les ténèbres. Comme je ne dormais pas, je me suis amusé, pendant qu'elle dormait, à passer ma main sur ses bras, sur son cou et sur ses épaules. Elle a les bras et le cou bien plus gros que toutes les autres femmes, et la peau en est si douce, si douce qu'on dirait du papier à lettre ou du papier de soie. J'y avais tant de plaisir que j'aurais longtemps continué, si je n'avais pas eu peur, peur de la réveiller d'abord, et puis encore peur de je ne sais quoi. Ensuite j'ai fourré ma tête dans ses cheveux qui pendaient dans son dos, épais comme une crinière [1], et ils sentaient aussi bon, je vous assure, que les fleurs du jardin, à cette heure-ci [2]. Essayez, quand vous pourrez, d'en faire autant que moi, et vous verrez ! »

---

1. Cf. *La Chevelure* (« ... ma main dans ta crinière lourde... »), *Un Fantôme*, II (« *De ses cheveux élastiques et lourds...* »). L'image de la *crinière* revient d'ailleurs constamment dans les évocations baudelairiennes de la femme (cf. *Femmes damnées* : « *Delphine secouant sa crinière tragique...* »).

2. Cf. *Fusées* XVIII : « *Le goût précoce des femmes. Je confondais l'odeur de la fourrure avec l'odeur de la femme. Je me souviens...* » Inutile d'autre part de rappeler avec quelle constance, dans *Les Fleurs du Mal*, la femme est senteur et parfum. On y retrouve aussi la même convergence voluptueuse de la senteur et de la chevelure (cf. en particulier *Le Serpent qui danse* : — « *Sur ta chevelure profonde — Aux âcres parfums...* » et *Un Fantôme*, II : « *De ses cheveux élastiques et lourds —... Une senteur montait, sauvage et fauve...* ») Le rapprochement de ces textes offre un remarquable exemple de la pénétration poétique des obsessions enracinées dans un souvenir d'enfance, et confirme l'interprétation autobiographique et quasi psychanalytique de ce poème que nous suggérions dans une note précédente.

Le jeune auteur de cette prodigieuse révélation avait, en faisant son récit, les yeux écarquillés par une sorte de stupéfaction de ce qu'il éprouvait encore, et les rayons du soleil couchant, en glissant à travers les boucles rousses de sa chevelure ébouriffée, y allumaient comme une auréole sulfureuse de passion. Il était facile de deviner que celui-là ne perdrait pas sa vie à chercher la Divinité dans les nuées, et qu'il la trouverait fréquemment ailleurs.

Enfin le quatrième dit : « Vous savez que je ne m'amuse guère à la maison ; on ne me mène jamais au spectacle ; mon tuteur est trop avare ; Dieu ne s'occupe pas de moi et de mon ennui, et je n'ai pas une belle bonne pour me dorloter. Il m'a souvent semblé que mon plaisir serait d'aller toujours droit devant moi, sans savoir où, sans que personne s'en inquiète, et de voir toujours des pays nouveaux. Je ne suis jamais bien nulle part, et je crois toujours que je serais mieux ailleurs que là où je suis [1]. Eh bien ! j'ai vu, à la dernière foire du village voisin, trois hommes qui vivent comme je voudrais vivre [2]. Vous n'y avez pas fait attention,

---

1. Cf. *L'Invitation au voyage* et les notes (ainsi que *Les Projets*).

2. Le thème des *bohémiens en voyage* se retrouve dans la pièce des *Fleurs du Mal* qui porte ce titre *(La tribu prophétique aux prunelles ardentes...)*. Dans les *Projets de théâtre (Mercure de France,* 15 juillet 1938*)*, on trouve le titre : *Un drame sur les Bohémiens ;* de fait le scénario *La fin de Don Juan (Œuvres posthumes,* 1887) se termine sur la mention : *Camp des Zingaris dans la montagne.* Cf. aussi la note de *Mon Cœur mis à nu,* LXIX : « *Glorifier le vagabondage et ce qu'on peut appeler le bohémianisme* ».

Ces pauvres gueux pleins de bonadventures
Ne portent rien que des Choses futures.

Chez *N* Florent graveu rüe S.t Jacques à Paris

glorifier le vagabondage et ce qu'on peut appeler le bohémianisme.
(Mon cœur mis à nu, LXIX.)

Jacques Callot. - Bohémiens en marche.

(B. N. E.)

vous autres. Ils étaient grands, presque noirs et
très fiers, quoique en guenilles, avec l'air de n'avoir
besoin de personne. Leurs grands yeux sombres
sont devenus tout à fait brillants pendant qu'ils
faisaient de la musique ; une musique si surprenante
qu'elle donne envie tantôt de danser, tantôt de
pleurer, ou de faire les deux à la fois, et qu'on devien-
drait comme fou si on les écoutait trop longtemps [1].
L'un, en traînant son archet sur son violon, semblait
raconter un chagrin, et l'autre, en faisant sautiller
son petit marteau sur les cordes d'un petit piano
suspendu à son cou par une courroie, avait l'air de
se moquer de la plainte de son voisin, tandis que le
troisième choquait, de temps à autre, ses cymbales
avec une violence extraordinaire. Ils étaient si
contents d'eux-mêmes, qu'ils ont continué à jouer
leur musique de sauvages, même après que la foule
s'est dispersée. Enfin ils ont ramassé leurs sous, ont
chargé leur bagage sur leur dos, et sont partis. Moi,
voulant savoir où ils demeuraient, je les ai suivis de
loin, jusqu'au bord de la forêt, où j'ai compris seule-
ment alors qu'ils ne demeuraient nulle part.

« Alors l'un a dit : « Faut-il déployer la tente ? »

« Ma foi ! non ! » a répondu l'autre, « il fait une
« si belle nuit ! »

« Le troisième disait en comptant la recette :
« Ces gens-là ne sentent pas la musique, et leurs
« femmes dansent comme des ours. Heureusement,

---

1. « *La musique souvent me prend comme une mer...* » (*Fleurs
du Mal, La Musique*). Cf. le poème suivant (*Le Thyrse*) et
les notes.

« avant un mois nous serons en Autriche, où nous
« trouverons un peuple plus aimable. »

« Nous ferions peut-être mieux d'aller vers
« l'Espagne, car voici la saison qui s'avance ; fuyons
« avant les pluies et ne mouillons que notre gosier »,
a dit un des deux autres.

« J'ai tout retenu, comme vous voyez. Ensuite
ils ont bu chacun une tasse d'eau-de-vie et se sont
endormis, le front tourné vers les étoiles. J'avais
eu d'abord envie de les prier de m'emmener avec
eux et de m'apprendre à jouer de leurs instruments ;
mais je n'ai pas osé, sans doute parce qu'il est tou-
jours très difficile de se décider à n'importe quoi,
et aussi parce que j'avais peur d'être rattrapé avant
d'être hors de France. »

L'air peu intéressé des trois autres camarades
me donna à penser que ce petit était déjà un *incompris*.
Je le regardais attentivement ; il y avait dans son
œil et dans son front ce je ne sais quoi de précoce-
ment fatal qui éloigne généralement la sympathie,
et qui, je ne sais pourquoi, excitait la mienne, au
point que j'eus un instant l'idée bizarre que je pou-
vais avoir un frère à moi-même inconnu [1].

Le soleil s'était couché. La nuit solennelle avait
pris place. Les enfants se séparèrent, chacun allant,
à son insu, selon les circonstances et les hasards,
mûrir sa destinée, scandaliser ses proches et graviter
vers la gloire ou vers le déshonneur.

---

1. Tout le néo-romantisme de Baudelaire est concentré
dans cet alinéa, dont le thème est développé dans *Bénédiction*.

XXXII

LE THYRSE [1a]

A Franz Liszt [2].

Qu'est-ce qu'un thyrse? Selon le sens moral et poétique, c'est un emblème sacerdotal dans la main des prêtres et des prêtresses célébrant la divinité dont ils sont les interprètes et les serviteurs. Mais physiquement ce n'est qu'un bâton, un pur bâton, perche à houblon, tuteur de vigne, sec, dur et droit. Autour de ce bâton, dans des méandres

---

1. Le symbole du thyrse vient de De Quincey ; cf. *Paradis artificiels — Un mangeur d'opium*, I : « *De Quincey est essentiellement digressif... il compare, en un endroit, sa pensée à un thyrse, simple bâton qui tire toute sa physionomie et tout son charme du feuillage compliqué qui l'enveloppe* », et id., *Conclusion* : « *... cette pensée est le* thyrse *dont il a si plaisamment parlé... Le sujet n'a pas d'autre valeur que celle d'un bâton sec et nu ; mais les rubans, les pampres, et les fleurs peuvent être, par leurs entrelacements folâtres, une richesse précieuse pour les yeux...* ». On voit ce qui a séduit Baudelaire dans ce symbole, si l'on se souvient qu'à ses yeux l'art est fondé sur la convergence des contradictoires et sur une esthétique de l'étonnement.

2. On ne sait que bien peu de choses sur les relations de Baudelaire et de Liszt, qui durent cependant être assez étroites. Il est sûr en tout cas que la musique de Liszt représentait pour Baudelaire une sorte d'exacte incarnation de

capricieux, se jouent et folâtrent des tiges et des
fleurs, celles-ci sinueuses et fuyardes, celles-là
penchées comme des cloches ou des coupes ren-
versées. Et une gloire étonnante jaillit de cette
complexité de lignes et de couleurs, tendres ou écla-
tantes [1]. Ne dirait-on pas que la ligne courbe et la
spirale font leur cour à la ligne droite et dansent
autour, dans une muette adoration [2]? Ne dirait-on

---

son idéal poétique, si l'on en croit cette note de *Mon Cœur
mis à nu*, LXIX : « *Culte de la sensation multipliée et s'exprimant
par la musique. En référer à Liszt* » (note qui voisine avec
la note sur le *bohémianisme* que nous avons citée en marge du
poème précédent, ce qui suggère, au passage, que le voisinage
de ces deux poèmes, qui n'apparaît pourtant que dans l'édi-
tion posthume de 1869, a pu néanmoins être voulu par
l'auteur). Ce poème en effet est à placer dans la galerie des
écrits consacrés par Baudelaire à la musique, à laquelle il
applique l'ambiguïté et le contrepoint de son esthétique
fondamentale (cf. la structure du poème *La Musique* des
Fleurs du Mal : souvent... d'autres fois ; la musique comme la
mer — et c'est pourquoi le symbole du thyrse lui convient
parfaitement — est oscillation entre pôles opposés).

1. Baudelaire revient sans cesse sur cette *complexité*
esthétique et il faut ici encore citer la page de *Fusées,* XXII,
où il définit *le charme infini et mystérieux* des navires (cf. aussi
poème XLI : *Le Port*) et dit qu'il tient, d'une part, *à la
régularité et à la symétrie,* d'autre part, *à la multiplication
successive et à la génération de toutes les courbes et figures imagi-
naires opérées dans l'espace par les éléments réels de l'objet :* le
navire est ainsi une autre figure de la même combinaison
esthétique symbolisée par le thyrse et incarnée dans la
musique de Liszt.

2. En termes modernes, on dirait qu'ici l'esthétique bau-
delairienne vise à un mariage harmonieux du classique et du
baroque. Sur la valeur de la *spirale* aux yeux de Baudelaire
cf. le texte de *Fusées* V et VI où il dit que *le dessin arabesque
est le plus spiritualiste* et *le plus idéal de tous.* Quant à certaines

pas que toutes ces corolles délicates, tous ces calices, explosions de senteurs et de couleurs, exécutent un mystique fandango autour du bâton hiératique [1]? Et quel est, cependant, le mortel imprudent qui osera décider si les fleurs et les pampres ont été faits pour le bâton, ou si le bâton n'est que le prétexte pour montrer la beauté des pampres et des fleurs? Le thyrse est la représentation de votre étonnante dualité, maître puissant et vénéré, cher Bacchant de la Beauté mystérieuse et passionnée. Jamais nymphe exaspérée par l'invincible Bacchus ne secoua son thyrse sur les têtes de ses compagnes affolées avec autant d'énergie et de caprice que vous agitez

---

affinités de Baudelaire avec l'esprit baroque, cf. son esthétique de l'étonnement (la recherche de l'étonnement par l'art étant sans doute une des meilleures définitions du baroque), et il est un texte de *Fusées* (XII) qui est incontestablement une manifestation d'esprit baroque et qui pourrait s'appliquer littéralement, par exemple, au grand art baroque du XVIIe siècle : « *Ce qui n'est pas légèrement difforme a l'air insensible ; — d'où il suit que l'irrégularité, c'est-à-dire l'inattendu, la surprise, l'étonnement sont une partie essentielle et la caractéristique de la beauté* ».

1. Pour ce qui est du caractère *mystique* de la musique (autre raison qui justifie le symbole du thyrse, instrument lui-même mystique, et figure de la *danse* mystique des Bacchantes), cf. la formule de *Fusées* VIII : *La Musique creuse le ciel* (la majuscule est de Baudelaire). Quant à la réunion de la mystique et du *fandango,* elle relève sans doute d'une concentration en une expression unique, et par là-même symbolique, de la double postulation vers la volupté et vers la spiritualité (cf. à la fin du poème : *Angoisse et Volupté éternelles*) ; on retrouve une concentration analogue dans cette note de *Fusées, IV : « Préface, mélange de mysticité et d'enjouement* ».

votre génie sur les cœurs de vos frères. — Le bâton, c'est votre volonté, droite, ferme et inébranlable ; les fleurs, c'est la promenade de votre fantaisie autour de votre volonté ; c'est l'élément féminin exécutant autour du mâle ses prestigieuses pirouettes. Ligne droite et ligne arabesque, intention et expression, roideur de la volonté, sinuosité du verbe, unité du but, variété des moyens, amalgame tout-puissant et indivisible du génie, quel analyste aura le détestable courage de vous diviser et de vous séparer ?

Cher Liszt, à travers les brumes, par-delà les fleuves, par-dessus les villes où les pianos chantent votre gloire, où l'imprimerie traduit votre sagesse, en quelque lieu que vous soyez, dans les splendeurs de la ville éternelle ou dans les brumes des pays rêveurs que console Gambrinus, improvisant des chants de délectation ou d'ineffable douleur, ou confiant au papier vos méditations abstruses, chantre de la Volupté et de l'Angoisse éternelles, philosophe, poète et artiste, je vous salue en l'immortalité [1] !

---

1. Dans ce *finale*, se retrouve le rythme « spiritualiste » d'*Élévation* : *Au-dessus... Par-delà... Par-delà...* Nous en rapprocherons aussi ce passage de l'étude sur Delacroix (VI) : « *Dans sa délicieuse étude sur Chopin, Liszt met Delacroix au nombre des plus assidus visiteurs du musicien-poète, et dit qu'il aimait à tomber en profonde rêverie aux sons de cette musique légère et passionnée qui ressemble à un brillant oiseau voltigeant sur les horreurs d'un gouffre.* » Enfin l'*équation* de la Volupté et de l'Angoisse est, dans l'étude sur Wagner (III), présentée par Baudelaire, qui alors cite Liszt, comme le caractère essentiel de l'ouverture de *Tannhaüser* : « *L'ouverture résume la pensée du drame par deux chants, le chant religieux et le chant voluptueux,*

qui, pour me servir de l'expression de Liszt, sont ici posés comme
deux termes, et qui, dans le finale, trouvent leur équation. » Il en
est de même ici, et tel est finalement le symbolisme esthé-
tique et spirituel du thyrse et de la musique, mais aussi de
la poésie baudelairienne, figurée par ce symbole dans sa
portée la plus profonde, ce qui suffit à faire de cette adresse
à Liszt un authentique *poème*.

XXXIII

ENIVREZ-VOUS [1a]

IL faut être toujours ivre. Tout est là : c'est l'unique question. Pour ne pas sentir l'horrible fardeau du Temps qui brise vos épaules et vous penche vers la terre, il faut vous enivrer sans trêve.

Mais de quoi? De vin, de poésie ou de vertu, à votre guise. Mais enivrez-vous.

Et si quelquefois, sur les marches d'un palais, sur l'herbe verte d'un fossé, dans la solitude morne de votre chambre, vous vous réveillez, l'ivresse déjà diminuée ou disparue, demandez au vent, à la vague, à l'étoile, à l'oiseau, à l'horloge, à tout ce qui fuit [2], à tout ce qui gémit, à tout ce qui roule, à tout

---

1. Sans doute est-il inutile de souligner l'importance chez Baudelaire du thème de l'*ivresse* (cf., dans *Les Fleurs du Mal, Le Vin,* et *Les Paradis artificiels*). Nous citerons néanmoins une phrase de l'essai *Du vin et du haschisch* (VI), qui contient une définition « spiritualiste » de l'ivresse et rejoint par là directement ce poème ; l'ivresse y est en effet définie comme *le développement poétique excessif de l'homme,* (et peu importe donc l'occasion de l'ivresse, *vin, poésie ou vertu*).

2. Baudelaire aime *tout ce qui fuit ;* c'est cette sensibilité à l'éphémère et au fugitif qui lui a fait découvrir la qualité des paysages de Boudin (cf. son étude sur ce sujet dans le *Salon*

ce qui chante, à tout ce qui parle, demandez quelle
heure il est ; et le vent, la vague, l'étoile, l'oiseau,
l'horloge, vous répondront : « Il est l'heure de
s'enivrer! Pour n'être pas les esclaves martyrisés
du Temps, enivrez-vous sans cesse! De vin, de
poésie ou de vertu, à votre guise [1]. »

---

de 1859) ; et, dans le *Poème du haschisch,* le paysage de l'ivresse
contient des *horizons fuyants* et des *eaux fuyantes* (IV : *L'Homme-
Dieu*).

   1. Ce poème chante l'infaillibilité d'un « remède universel »
(expression qui se rencontre dans l'étude sur Pierre Dupont
de *L'Art romantique,* au terme d'un mouvement lyrique que
J. Crépet a pu, à juste titre, rapprocher de celui-ci), mais,
dans sa conclusion du *Poème du haschisch* (V : *Morale*), le
Baudelaire conscient de l'*immémoriale réalité du péché originel*
(comme il dit à la fin de son étude sur *Les Misérables* de Hugo)
voit au contraire, dans cette infaillibilité même, le signe sata-
nique de l'ivresse : « *C'est l'infaillibilité même du moyen qui en
constitue l'immoralité, comme l'infaillibilité supposée de la magie
lui impose son stigmate infernal.* » Tout le drame de Baudelaire
vient de ce qu'il est pris entre les deux termes de sa *double
postulation,* comme entre le martyre du Temps et de l'Ennui
et la tentation satanique de l'infaillibilité magique ; la poésie
sera tantôt mystique, tantôt magique, et pourra même aller
jusqu'à vouloir tenter l'impossible réconciliation des deux
termes, l'impossible *mariage du Ciel et de l'Enfer,* pour reprendre
un titre célèbre de William Blake, l'impossible mariage de la
mystique et de la magie : l'œuvre tout entière de Baudelaire
retrace l'expérience pathétique d'une *sorcellerie évocatoire,* qui
se veut élévation, et qui ne peut éviter d'être précipitation.
L'aspect métaphysique de ce drame poétique est inscrit
d'ailleurs dans une des notations les plus intéressantes des
Journaux intimes (où justement Baudelaire, également influencé
par Boehme et Swedenborg, rejoint, sans le savoir, William
Blake) : « *La théologie. — Qu'est-ce que la chute ? — Si c'est
l'unité devenue dualité, c'est Dieu qui a chuté. — En d'autres
termes, la création ne serait-elle pas la chute de Dieu ?* » (*Mon
Cœur mis à nu,* XXXIII).

XXXIV

DÉJA !

Cent fois déjà le soleil avait jailli, radieux ou attristé, de cette cuve immense de la mer dont les bords ne se laissent qu'à peine apercevoir ; cent fois il s'était replongé, étincelant ou morose, dans son immense bain du soir. Depuis nombre de jours, nous pouvions contempler l'autre côté du firmament et déchiffrer l'alphabet céleste des antipodes. Et chacun des passagers gémissait et grognait. On eût dit que l'approche de la terre exaspérait leur souffrance. « Quand donc », disaient-ils, « cesserons-nous de dormir un sommeil secoué par la lame, troublé par un vent qui ronfle plus haut que nous ? Quand pourrons-nous manger de la viande qui ne soit pas salée comme l'élément infâme qui nous porte[a] ? Quand pourrons-nous digérer dans un fauteuil immobile ? »

Il y en avait qui pensaient à leur foyer, qui regrettaient leurs femmes infidèles et maussades, et leur progéniture criarde. Tous étaient si affolés par l'image de la terre absente, qu'ils auraient, je crois, mangé de l'herbe avec plus d'enthousiasme que les bêtes.

Enfin un rivage fut signalé ; et nous vîmes, en approchant, que c'était une terre magnifique, éblouissante. Il semblait que les musiques de la vie s'en détachaient en un vague murmure, et que de ces côtes, riches en verdures de toute sorte, s'exhalait, jusqu'à plusieurs lieues, une délicieuse odeur de fleurs et de fruits [1].

Aussitôt chacun fut joyeux, chacun abdiqua sa mauvaise humeur. Toutes les querelles furent oubliées, tous les torts réciproques pardonnés ; les duels convenus furent rayés de la mémoire, et les rancunes s'envolèrent comme des fumées.

Moi seul j'étais triste, inconcevablement triste. Semblable à un prêtre à qui on arracherait sa divinité, je ne pouvais, sans une navrante amertume, me détacher de cette mer si infiniment variée dans son effrayante simplicité, et qui semble contenir en elle et représenter par ses jeux, ses allures, ses colères et ses sourires, les humeurs, les agonies et les extases de toutes les âmes qui ont vécu, qui vivent et qui vivront [2] !

---

1. C'est, évidemment, et à dessein, pour mieux affirmer la suprématie symbolique de la mer, que cette terre est la terre des souvenirs de voyages, la terre du *parfum exotique*. Il n'est pas exclu d'ailleurs que ce poème ait pour origine un authentique souvenir du « voyage aux Iles ».

2. L'amour de la mer occupe dans la sensibilité de Baudelaire la place que l'on sait : il en a donné l'explication esthétique dans *Mon Cœur mis à nu*, LVI : « *Pourquoi le spectacle de la mer est-il si infiniment et si éternellement agréable ? — Parce que la mer offre à la fois l'idée de l'immensité et du mouvement...* »

Cet attachement à la mer est dû non seulement aux souvenirs du voyage de jeunesse, mais aussi à ce que représentait

En disant adieu à cette incomparable beauté, je me sentais abattu jusqu'à la mort ; et c'est pourquoi, quand chacun de mes compagnons dit : « Enfin! » je ne pus crier que : « *Déjà!* »

Cependant c'était la terre, la terre avec ses bruits, ses passions, ses commodités, ses fêtes ; c'était une terre riche et magnifique, pleine de promesses, qui nous envoyait un mystérieux parfum de rose et de musc, et d'où les musiques de la vie nous arrivaient en un amoureux murmure [1].

---

pour Baudelaire le séjour à Honfleur dans la *Maison-Joujou* de sa mère *(Mon Cœur mis à nu, LXXXVIII : « A Honfleur le plus tôt possible, avant de tomber plus bas »).* Néanmoins, s'il convient de citer ici le célèbre poème *L'Homme et la mer* (« *Homme libre, toujours tu chériras la mer* ») et le vers de *Moesta et errabunda* : « *La mer, la vaste mer console nos labeurs* », il convient aussi de ne point oublier que la mer et sa substance symbolique sont soumises à la même oscillation entre pôles opposés qui caractérise toute l'œuvre baudelairienne ; c'est ainsi que la même raison qui motive ici l'amour de la mer *(« les agonies et les extases de toutes les âmes qui ont vécu »)* motive ailleurs un mouvement inverse : « *Je te hais, Océan! tes bonds et tes tumultes — Mon esprit les retrouve en lui ; ce rire amer — De l'homme vaincu, plein de sanglots et d'insultes, — Je l'entends dans le rire énorme de la mer* » *(Fleurs du Mal, Obsession).* Finalement, et selon un processus typiquement romantique, c'est l'état intérieur du poète qui détermine la signification symbolique de la nature ; et il pourra arriver, même à une âme aussi profondément éprise de la mer que celle de Baudelaire, que le *spleen* atteigne un tel degré d'intensité que la mer alors en devienne aussi intolérable qu'une image de souffrance dans un miroir. Le rapprochement de *Déjà* et d'*Obsession* illustre cette ambiguïté.

1. Le *Cependant* final réserve, face à la suprématie de la mer, les droits de l'autre nostalgie, celle de la terre lointaine, de l'invitation au voyage, de la senteur et du parfum, car le

parfum appartient à la terre (ne pourrait-on à ce propos relever la réunion symbolique, dans la chevelure de la femme, de la présence du parfum et de l'affinité avec la mer?) C'est un peu comme si, au terme de ce poème, Baudelaire ressentait le risque d'un éventuel conflit entre deux de ses nostalgies les plus chères.

XXXV

LES FENÊTRES[a]

CELUI qui regarde du dehors à travers une fenêtre
ouverte ne voit jamais autant de choses que
celui qui regarde une fenêtre fermée. Il n'est pas
d'objet plus profond, plus mystérieux, plus fécond,
plus ténébreux, plus éblouissant qu'une fenêtre
éclairée d'une chandelle. Ce qu'on peut voir au
soleil est toujours moins intéressant que ce qui se
passe derrière une vitre. Dans ce trou noir ou lumi-
neux vit la vie, rêve la vie, souffre la vie [1].

---

1. Paragraphe capital pour comprendre l'exacte portée
de l'esthétique baudelairienne et la liaison nécessaire qui s'y
établit entre *poésie* et *modernité*. Ajoutons que la fenêtre
fermée et la vitre (ainsi que les *vagues de toits* dont il va être
question) sont évidemment les symboles de la fascination
urbaine, la ville étant comme le lieu poétique de fusion
de la *poésie* et de la *vie*. Quant à la fascination particulière de
la fenêtre fermée et éclairée, elle peut fort bien avoir une source
picturale : on sait que les peintres avides de fantastique natu-
raliste et de luminisme poétique, de Caravage à Rembrandt
et à certains petits-maîtres romantiques, ont aimé d'une prédi-
lection particulière les effets de la lumière artificielle à travers
une vitre (effets dont n'a pas manqué de faire éventuellement
usage le cinéma, précisément dans des films soucieux de
« modernité » urbaine au sens baudelairien du terme : cf.
les films parisiens de René Clair ou de Marcel Carné, dont
certains aspects eussent peut-être enchanté Baudelaire).

Par-delà des vagues de toits, j'aperçois une femme mûre, ridée déjà, pauvre, toujours penchée sur quelque chose, et qui ne sort jamais. Avec son visage, avec son vêtement, avec son geste, avec presque rien[a], j'ai refait l'histoire de cette femme, ou plutôt sa légende, et quelquefois je me la raconte à moi-même en pleurant [1].

Si c'eût été un pauvre vieux homme, j'aurais refait la sienne tout aussi aisément.

Et je me couche, fier d'avoir vécu et souffert dans d'autres que moi-même.

Peut-être me direz-vous : « Es-tu sûr que cette légende soit la vraie? » Qu'importe ce que peut être la réalité placée hors de moi, si elle m'a aidé à vivre, à sentir que je suis et ce que je suis [2b]?

---

1. Réapparition d'un personnage proche parent des *Veuves* du poème XIII et de la vieille du poème II. Sur le sens du mouvement de charité éprouvé par Baudelaire face à ce personnage, cf. nos notes sur ces deux poèmes précédents.

2. On retrouve ici, sans ambages, l'opposition bien connue de Baudelaire au « réalisme » et sa fidélité profonde au romantisme.

XXXVI

LE DÉSIR DE PEINDRE[a]

MALHEUREUX peut-être l'homme, mais heureux l'artiste que le désir déchire ! Je brûle de peindre celle qui m'est apparue si rarement et qui a fui si vite, comme une belle chose regrettable derrière le voyageur emporté dans la nuit. Comme il y a longtemps déjà qu'elle a disparu !

Elle est belle, et plus que belle ; elle est surprenante. En elle le noir abonde : et tout ce qu'elle inspire est nocturne et profond. Ses yeux sont deux antres où scintille vaguement le mystère, et son regard illumine comme l'éclair : c'est une explosion dans les ténèbres[1].

Je la comparerais à un soleil noir[2], si l'on pouvait

---

1. Autre réapparition du personnage central des *Veuves* et plus encore de celui dont le souvenir hante le poème des *Fleurs du Mal, A une passante*. Il y a probablement là un souvenir d'adolescence ; cf. nos notes sur *Les Veuves*.

2. L'image du *soleil noir* se rencontre, on le sait, dans *El Desdichado* de Gérard de Nerval (paru en décembre 1853). Il est certes impossible de dire si Baudelaire est en quelque façon redevable au poète des *Chimères* (en tout cas, il n'a certainement pas ignoré *El Desdichado*). Sur la fortune et les origines de cette image, nous nous permettons de renvoyer

concevoir un astre noir versant la lumière et le bonheur. Mais elle fait plus volontiers penser à la lune, qui sans doute l'a marquée de sa redoutable influence ; non pas la lune blanche des idylles, qui ressemble à une froide mariée, mais la lune sinistre et enivrante, suspendue au fond d'une nuit orageuse et bousculée par les nuées qui courent ; non pas la lune paisible et discrète visitant le sommeil des hommes purs, mais la lune arrachée du ciel, vaincue et révoltée, que les Sorcières thessaliennes contraignent durement à danser sur l'herbe terrifiée [1] !

Dans son petit front habitent la volonté tenace et l'amour de la proie. Cependant, au bas de ce visage inquiétant, où des narines mobiles aspirent l'inconnu et l'impossible, éclate, avec une grâce

à notre édition des *Chimères* (Classiques Garnier). Mais il nous faut observer qu'ici l'image n'a pas les mêmes résonances que chez Nerval : elle est en effet essentiellement picturale et se réfère à une analogie entre l'apparition de ce personnage *nocturne* et l'atmosphère d'une peinture luministe, comme le montre bien d'ailleurs la substitution, tout à l'heure, de la lune au soleil noir. L'idée d'une *lumière noire* semble avoir particulièrement intéressé Baudelaire, qui avait écrit, dans *Un Fantôme,* ce vers (qui veut évoquer la même figure qu'ici) : « *C'est Elle, noire et pourtant lumineuse* », vers qui subit ensuite une correction analogue à celle que nous trouvons ici avec la substitution de la lumière lunaire à la lumière d'un soleil noir : « *C'est Elle, sombre et pourtant lumineuse* ». (Note marginale à propos de la première version, signalée par Jacques Crépet : « *le noir étant le zéro de la couleur, cela peut-il se dire?* ») Ailleurs, dans le *Rêve parisien,* Baudelaire revient sur cette idée d'un noir lumineux : « *Et tout, même la couleur noire, — Semblait fourbi, clair, irisé…* ».

1. Sur ce symbolisme de la lune *sinistre et enivrante*, cf. le poème suivant : *Les Bienfaits de la Lune.*

inexprimable, le rire d'une grande bouche, rouge
et blanche, et délicieuse, qui fait rêver au miracle
d'une superbe fleur éclose dans un terrain volca-
nique [1].

Il y a des femmes qui inspirent l'envie de les
vaincre et de jouir d'elles ; mais celle-ci donne le
désir de mourir lentement sous son regard.

---

1. Image féminine conforme à un type souvent évoqué
par Baudelaire, pour qui la femme est essentiellement *ambiguë* : sur la fascination et les méfaits de cette ambiguïté
féminine, cf. en particulier : « *Je t'adore à l'égal de la voûte
nocturne* » (*Spleen et Idéal*, XXIV), *Sed non satiata*, *Confession*
(« *J'ai souvent évoqué cette lune enchantée...* »), *Ciel brouillé*.

XXXVII

LES BIENFAITS DE LA LUNE[a]

LA Lune, qui est le caprice même, regarda par
la fenêtre, pendant que tu dormais dans ton
berceau, et se dit : « Cette enfant me plaît. »

Et elle descendit moelleusement[b] son escalier de
nuages, et passa sans bruit à travers les vitres. Puis
elle s'étendit sur toi avec la tendresse souple d'une
mère, et elle déposa ses couleurs sur ta face. Tes
prunelles en sont restées vertes, et tes joues, extra-
ordinairement pâles. C'est en contemplant cette
visiteuse que tes yeux se sont si bizarrement agran-
dis ; et elle t'a si tendrement serrée à la gorge que
tu en as gardé pour toujours l'envie de pleurer[c].

Cependant, dans l'expansion de sa joie, la Lune
remplissait toute la chambre, comme une atmosphère
phosphorique, comme un poison lumineux ; et
toute cette lumière vivante pensait et disait : « Tu
subiras éternellement l'influence de mon baiser.
Tu seras belle à ma manière. Tu aimeras ce que j'aime
et ce qui m'aime : l'eau, les nuages, le silence et la
nuit ; la mer immense et verte ; l'eau informe et
multiforme ; le lieu où tu ne seras pas ; l'amant que
tu ne connaîtras pas ; les fleurs monstrueuses ; les

parfums qui font délirer ; les chats qui se pâment sur les pianos, et qui gémissent comme les femmes, d'une voix rauque et douce !

« Et tu seras aimée de mes amants, courtisée par mes courtisans. Tu seras la reine des hommes aux yeux verts, dont j'ai serré aussi[a] la gorge dans mes caresses nocturnes ; de ceux-là qui aiment la mer[b], la mer immense, tumultueuse et verte, l'eau informe et multiforme, le lieu où ils ne sont pas, la femme qu'ils ne connaissent pas, les fleurs sinistres qui ressemblent aux encensoirs d'une religion inconnue, les parfums qui troublent la volonté, et les animaux sauvages et voluptueux qui sont les emblèmes de leur folie ! »

Et c'est pour cela, maudite chère enfant gâtée[c], que je suis maintenant couché à tes pieds, cherchant dans toute ta personne le reflet de la redoutable Divinité, de la fatidique marraine, de la nourrice empoisonneuse de tous les *lunatiques* [1] !

---

1. Reprise du thème de la femme *lunaire*. Dans la publication de la *Revue nationale* (14 septembre 1867) le poème était précédé de la mention : *Dédié à Mlle B.* Sans doute s'agit-il là de cette Berthe qui est l'héroïne du poème XLIV ainsi que de la pièce des *Épaves* intitulée *Les Yeux de Berthe* (*les yeux verts* étant le symptôme de l'appartenance lunaire). Néanmoins Baudelaire ne paraît pas avoir connu ce personnage avant le début de 1864 : la pièce *Les Yeux de Berthe* a paru pour la première fois dans la *Revue nouvelle* le 1er mars 1864 et la première publication de notre poème (*Le Boulevard*, 14 juin 1863) ne comporte pas la dédicace *à Mlle B.* Enfin le document mentionné par Jacques Crépet dans son édition des *Fleurs du Mal* (cf. notes sur le poème XLIV) est daté de *Bruxelles, 1864*. Il s'agit donc ici probablement d'une figure

partiellement mythique, à la fois souvenir composite et pressentiment, que Baudelaire a pu reconnaître ensuite dans un personnage réel. Tout cela, d'ailleurs, étant donné le mystère où est restée plongée *Mlle B.,* est fort hypothétique.

Quant au symbolisme fatidique de la Lune, ce n'est pas tellement le poème des *Fleurs du Mal, Tristesses de la lune,* qu'il convient d'évoquer (car il ne contient rien qui réponde vraiment à ce symbolisme), mais plutôt certains vers où Baudelaire, se souvenant du symbolisme de la lune chez les mystiques ésotériques et de l'interprétation du mot *lunatique* sur laquelle il achève ce poème, suggère l'affinité entre la lune et l'ambiguïté toute féminine de ces parfums délirants et de ces fleurs sinistres dont il parle ici (cf. aussi la fleur volcanique du poème précédent) : *Le Possédé* (« *Le soleil s'est couvert d'un crêpe. Comme lui, — O Lune de ma vie! emmitoufle-toi d'ombre ; — Dors ou fume à ton gré ; sois muette, sois sombre, — Et plonge tout entière au gouffre de l'Ennui* »), et *Confession* (« *J'ai souvent évoqué cette lune enchantée, — Ce silence et cette langueur, — Et cette confidence horrible chuchotée — Au confessionnal du cœur* »).

XXXVIII

LAQUELLE EST LA VRAIE[1a] ?

J'AI connu une certaine Bénédicta, qui remplissait l'atmosphère d'idéal, et dont les yeux répandaient le désir de la grandeur, de la beauté, de la gloire et de tout ce qui fait croire à l'immortalité...

Mais cette fille miraculeuse était trop belle pour vivre longtemps ; aussi est-elle morte quelques jours après que j'eus fait sa connaissance, et c'est moi-

---

1. Ce titre n'apparaît que dans l'édition posthume. La première publication (*Boulevard,* 14 juin 1863) ne portait pas de titre ; dans la seconde, le poème était intitulé : *L'Idéal et le Réel* (*Revue nationale,* 7 septembre 1867). On sait que cette dialectique angoissée de l'idéal et du réel domine *Les Fleurs du Mal,* en particulier *Spleen et Idéal* et *Tableaux parisiens.* Quant à l'application de cette dialectique à la Femme, cf. *Le Masque* (« *O blasphème de l'art! ô surprise fatale!* — *La femme au corps divin, promettant le bonheur,* — *Par le haut se termine en monstre bicéphale* ») et le dernier vers de *Spleen et Idéal,* XXV : « *O fangeuse grandeur! sublime ignominie!* » ; on retrouve aussi un thème analogue dans l'*Hymne à la Beauté;* enfin le poème de jeunesse, *A une jeune saltimbanque* (*La Silhouette,* 27 septembre 1845), évoque une métamorphose et une déchéance dont l'expérience répétée est une des sources de cette obsession baudelairienne de l'ambiguïté féminine, dont voici une nouvelle et saisissante expression, excellemment rassemblée dans ce titre aux résonances à la fois familières et tragiques, comme le poème lui-même.

même qui l'ai enterrée, un jour que le printemps agitait son encensoir jusque dans les cimetières[a]. C'est moi qui l'ai enterrée, bien close dans une bière d'un bois parfumé et incorruptible comme les coffres de l'Inde.

Et comme mes yeux restaient fichés sur le lieu où était enfoui mon trésor, je vis subitement une petite personne qui ressemblait singulièrement à la défunte, et qui, piétinant sur la terre fraîche, avec une violence hystérique et bizarre[b] disait, en éclatant de rire[c] : « C'est moi, la vraie Bénédicta ! C'est moi, une fameuse canaille[d] ! Et pour la punition de ta folie et de ton aveuglement, tu m'aimeras telle que je suis ! »

Mais moi, furieux, j'ai répondu : « Non ! non ! non ! » Et, pour mieux accentuer mon refus, j'ai frappé si violemment la terre du pied, que ma jambe s'est enfoncée jusqu'au genou dans la sépulture récente, et que, comme un loup pris au piège, je reste attaché, pour toujours peut-être, à la fosse de l'idéal.

XXXIX

UN CHEVAL DE RACE [1]

ELLE est bien laide. Elle est délicieuse pourtant !
Le Temps et l'Amour l'ont marquée de leurs
griffes et lui ont cruellement enseigné ce que chaque
minute et chaque baiser emportent de jeunesse et
de fraîcheur.

Elle est vraiment laide ; elle est fourmi, araignée,
si vous voulez, squelette même ; mais aussi elle est
breuvage, magistère, sorcellerie[a] ! en somme, elle
est exquise [2].

Le Temps n'a pu rompre l'harmonie pétillante
de sa démarche ni l'élégance indestructible de son
armature [3]. L'Amour n'a pas altéré la suavité de
son haleine d'enfant ; et le Temps n'a rien arraché
de son abondante crinière d'où s'exhale en fauves
parfums toute la vitalité endiablée du Midi français [4] :

---

1. Pour les sentiments de Baudelaire à l'égard de la femme
vieillissante, cf. les poèmes II, XIII, XXI et L.

2. Cf. *Les Épaves*, XII : ... « *ce lustre abondant — Des choses
qui sont très usées, — Mais qui séduisent cependant* » (et toute la
première partie du poème).

3. Cf. *id. ibid.* : « *Ta carcasse a des agréments — Et des grâces
particulières...* »

4. Chevelure et parfum liés, symboles baudelairiens de
la *race*. Cf. entre autres textes : *Un Hémisphère dans une chevelure.*

Nîmes, Aix, Arles, Avignon, Narbonne, Toulouse, villes bénies du soleil, amoureuses et charmantes !

Le Temps et l'Amour l'ont vainement mordue à belles dents ; ils n'ont rien diminué du charme vague, mais éternel, de sa poitrine garçonnière.

Usée peut-être, mais non fatiguée, et toujours héroïque, elle fait penser à ces chevaux de grande race que l'œil du véritable amateur reconnaît, même attelés à un carrosse de louage ou à un lourd chariot.

Et puis elle est si douce et si fervente ! Elle aime comme on aime en automne [1] ; on dirait que les approches de l'hiver allument dans son cœur un feu nouveau, et la servilité de sa tendresse n'a jamais rien de fatigant.

---

[1]. La même métaphore automnale se retrouve dans le poème déjà cité des *Épaves* : « *Je préfère tes fruits, Automne, — Aux fleurs banales du Printemps* » (la métaphore, sinon le sentiment, n'est pas particulièrement originale).

LE MIROIR [a]

Un homme épouvantable entre et se regarde dans la glace.

« — Pourquoi vous regardez-vous au miroir, puisque vous ne pouvez vous y voir qu'avec déplaisir? »

L'homme épouvantable me répond : « — Monsieur, d'après les immortels principes de 89, tous les hommes sont égaux en droits ; donc je possède le droit de me mirer ; avec plaisir ou déplaisir, cela ne regarde que ma conscience. »

Au nom du bon sens, j'avais sans doute raison ; mais, au point de vue de la loi, il n'avait pas tort [1].

---

1. Il est sans doute inutile de vouloir préciser l'intention exacte de ce poème : le dandy Baudelaire avait particulièrement horreur de la laideur masculine, il ne manquait pas non plus de sarcasmes à l'égard de quelques-unes des conséquences sociales des *immortels principes de 89*. Mais qu'il suffise de constater que nous rencontrons ici une sorte de genre littéraire auquel il semble, d'après certains passages des *Journaux intimes,* que Baudelaire ait aimé s'exercer, ce qu'on pourrait appeler le *poème-boutade,* où tout un monde de désillusions et de rancœurs se ramasse dans une incisive brièveté (cf. par exemple : *Mon Cœur mis à nu,* IV et XXVII). Généralement, ces boutades baudelairiennes prennent pour cible les diverses formes de la sottise moderne.

LE PORT [1a]

Un port est un séjour charmant pour une âme fatiguée des luttes de la vie. L'ampleur du ciel, l'architecture mobile des nuages, les colorations changeantes de la mer, le scintillement des phares, sont un prisme merveilleusement propre à amuser les yeux sans jamais les lasser. Les formes élancées des navires, au gréement compliqué, auxquels la houle imprime des oscillations harmonieuses, servent à entretenir dans l'âme le goût du rythme et de la beauté. Et puis, surtout, il y a une sorte de plaisir mystérieux et aristocratique pour celui qui n'a plus ni curiosité ni ambition, à contempler, couché dans le belvédère ou accoudé sur le môle, tous ces mouvements de ceux qui partent et de ceux qui reviennent, de ceux qui ont encore la force de vouloir, le désir de voyager ou de s'enrichir.

---

1. Thème nostalgique perpétuellement repris par Baudelaire ; il apparaît dans *L'Invitation au voyage,* et surtout il est développé dans le très beau texte de *Fusées* qui prouve combien le poète voyait dans le spectacle d'un port et de ses bateaux le symbole visuel de la valeur esthétique à ses yeux la plus précieuse : l'harmonie du rythme ; cf. *Fusées,* XXII :

... *le charme infini et mystérieux qui gît dans la contemplation d'un navire...* (*Fusées*, XXII.)

Eugène Delacroix. - Le quai Duquesne, Dieppe, 1854.

(Louvre. - Cabinet des Dessins.)

« *Je crois que le charme infini et mystérieux qui gît dans la contem-*
plation d'un navire, et surtout d'un navire en mouvement, tient, dans
le premier cas, à la régularité et à la symétrie, qui sont un des besoins
primordiaux de l'esprit humain, au même degré que la complication
et l'harmonie, — et, dans le second cas, à la multiplication successive
et à la génération de toutes les courbes et figures imaginaires opérées
dans l'espace par les éléments réels de l'objet.

L'idée poétique qui se dégage de cette opération du mouvement
dans les lignes est l'hypothèse d'un être vaste, immense, compliqué
mais eurythmique, d'un animal plein de génie, souffrant et soupirant
tous les soupirs et toutes les ambitions humaines. » Il est clair que
ce symbole a sa source dans des souvenirs personnels proches
de ceux qui ont donné naissance au thème de *L'Invitation*
au voyage, mais le texte de *Fusées* et le poème en prose sou-
lignent l'importance de l'élément plastique et musical dans
la fixation esthétique du symbole. Enfin il n'est pas exclu
que ce symbole ait aussi des origines littéraires ; si, en parti-
culier, on se souvient que Baudelaire n'a jamais cessé de
proclamer son admiration pour le *grand René,* on pourra
évoquer le texte des *Mémoires d'Outre-tombe* (II.8) où Chateau-
briand parlant de la vue du port de Brest écrit : « *Rien ne m'a*
jamais donné une plus haute idée de l'esprit humain. »

XLII

PORTRAITS DE MAITRESSES [1a]

Dans un boudoir d'hommes, c'est-à-dire dans un fumoir attenant à un élégant tripot, quatre hommes fumaient et buvaient. Ils n'étaient précisément ni jeunes, ni vieux, ni beaux ni laids ; mais vieux ou jeunes, ils portaient cette distinction non méconnaissable des vétérans de la joie, cet indescriptible je ne sais quoi, cette tristesse froide et railleuse qui dit clairement : « Nous avons fortement vécu et nous cherchons ce que nous pourrions aimer et estimer [2]. »

L'un d'eux jeta la causerie sur le sujet des femmes. Il eût été plus philosophique de n'en pas parler du

---

1. Dans la publication de la *Revue nationale* (21 septembre 1867) le texte était accompagné de cette note de la rédaction : « *L'explication des pages de Baudelaire qu'on va lire se trouve dans le caractère de l'auteur, si bien analysé et mis en lumière par M. Yriarte dans le dernier numero de la Revue. Nous y renvoyons le lecteur.* » (Cet article est réimprimé dans l'ouvrage *Les Portraits cosmopolites*, Paris, Lachaud, 1870.)

2. Évocation qui nous rappelle que Baudelaire a subi l'influence de Constantin Guys. A propos des derniers mots de ce paragraphe, cf. *Le peintre de la vie moderne (IX : Le Dandy)*. « *Le caractère de beauté du dandy consiste surtout dans l'air froid qui vient de l'inébranlable résolution de ne pas être ému.* »

tout ; mais il y a des gens d'esprit qui, après boire, ne méprisent pas les conversations banales. On écoute alors celui qui parle comme on écouterait de la musique de danse.

« Tous les hommes, disait celui-ci, ont eu l'âge de Chérubin : c'est l'époque où, faute de dryades, on embrasse, sans dégoût, le tronc des chênes. C'est le premier degré de l'amour. Au second degré, on commence à choisir. Pouvoir délibérer, c'est déjà une décadence. C'est alors qu'on recherche décidément la beauté. Pour moi, messieurs, je me fais gloire d'être arrivé, depuis longtemps, à l'époque climatérique du troisième degré où la beauté elle-même ne suffit plus, si elle n'est assaisonnée par le parfum, la parure, et cætera [1]. J'avouerai même que j'aspire quelquefois, comme à un bonheur inconnu, à un certain quatrième degré qui doit marquer le calme absolu. Mais, durant toute ma vie, excepté à

---

1. Inutile de souligner l'importance de ces « assaisonnements » dans l'amour baudelairien. Mais on notera que, dans son article sur Constantin Guys (qui contient aussi un *Éloge du maquillage*), Baudelaire reconnaît aux seuls artistes le privilège d'être sensibles à la valeur de ces « assaisonnements », et le *troisième degré* de l'amour en est, pour ainsi dire, le degré esthétique, tandis que le quatrième degré, situé dans l'*inconnu*, en serait le degré absolu et surnaturaliste, accessible uniquement par les formes supérieures de la poésie, le rêve et le voyage. Voici en tout cas le texte de l'article sur Constantin Guys *(X. La Femme)* : « *... la femme... n'est pas seulement pour l'artiste en général, et pour M. G. en particulier, la femelle de l'homme... Tout ce qui orne la femme, tout ce qui sert à illustrer sa beauté fait partie d'elle-même ; et les artistes qui se sont particulièrement appliqués à l'étude de cet être énigmatique raffolent autant de tout le* mundus muliebris *que de la femme elle-même* ».

l'âge de Chérubin, j'ai été plus sensible que tout autre
à l'énervante sottise, à l'irritante médiocrité des
femmes. Ce que j'aime surtout dans les animaux,
c'est leur candeur. Jugez donc combien j'ai dû
souffrir par ma dernière maîtresse.

« C'était la bâtarde d'un prince. Belle, cela va sans
dire ; sans cela, pourquoi l'aurais-je prise ? Mais elle
gâtait cette grande qualité par une ambition mal-
séante et difforme. C'était une femme qui voulait
toujours faire l'homme. « Vous n'êtes pas un
« homme ! Ah ! si j'étais un homme ! De nous deux,
« c'est moi qui suis l'homme ! » Tels étaient les
insupportables refrains qui sortaient de cette bouche
d'où je n'aurais voulu voir s'envoler que des chan-
sons. A propos d'un livre, d'un poème, d'un opéra
pour lequel je laissais échapper mon admiration :
« Vous croyez peut-être que cela est très fort ?
« disait-elle aussitôt ; est-ce que vous vous connaissez
« en force ? » et elle argumentait.

« Un beau jour elle s'est mise à la chimie ; de
sorte qu'entre ma bouche et la sienne je trouvai
désormais un masque de verre. Avec tout cela, fort
bégueule. Si parfois je la bousculais par un geste
un peu trop amoureux, elle se convulsait comme
une sensitive violée...

— Comment cela a-t-il fini ? dit l'un des trois
autres. Je ne vous savais pas si patient.

— Dieu, reprit-il, mit le remède dans le mal. Un
jour je trouvai cette Minerve, affamée de force
idéale, en tête à tête avec mon domestique, et dans
une situation qui m'obligea à me retirer discrète-

ment pour ne pas les faire rougir. Le soir je les con-
gédiai tous les deux, en leur payant les arrérages
de leurs gages.

— Pour moi, reprit l'interrupteur, je n'ai à me
plaindre que de moi-même. Le bonheur est venu
habiter chez moi, et je ne l'ai pas reconnu. La des-
tinée m'avait, en ces derniers temps, octroyé la
jouissance d'une femme qui était bien la plus douce,
la plus soumise et la plus dévouée des créatures,
et toujours prête ! et sans enthousiasme ! « Je le
« veux bien, puisque cela vous est agréable. »
C'était sa réponse ordinaire. Vous donneriez la
bastonnade à ce mur ou à ce canapé, que vous en
tireriez plus de soupirs que n'en tiraient du sein de
ma maîtresse les élans de l'amour le plus forcené.
Après un an de vie commune, elle m'avoua qu'elle
n'avait jamais connu le plaisir. Je me dégoûtai de
ce duel inégal, et cette fille incomparable se maria.
J'eus, plus tard, la fantaisie de la revoir, et elle me
dit, en me montrant six beaux enfants : « Eh bien !
« mon cher ami, l'épouse est encore aussi *vierge* que
« l'était votre maîtresse. » Rien n'était changé dans
cette personne. Quelquefois je la regrette : j'aurais
dû l'épouser. »

Les autres se mirent à rire, et un troisième dit à
son tour :

« Messieurs, j'ai connu des jouissances que vous
avez peut-être négligées. Je veux parler du comique
dans l'amour, et d'un comique qui n'exclut pas l'ad-
miration. J'ai plus admiré ma dernière maîtresse
que vous n'avez pu, je crois, haïr ou aimer les vôtres.

Et tout le monde l'admirait autant que moi. Quand nous entrions dans un restaurant, au bout de quelques minutes, chacun oubliait de manger pour la contempler. Les garçons eux-mêmes et la dame du comptoir ressentaient cette extase contagieuse jusqu'à oublier leurs devoirs. Bref, j'ai vécu quelque temps en tête à tête avec un *phénomène* vivant. Elle mangeait, mâchait, broyait, dévorait, engloutissait, mais avec l'air le plus léger et le plus insouciant du monde. Elle m'a tenu ainsi longtemps en extase. Elle avait une manière douce, rêveuse, anglaise et romanesque de dire : « J'ai faim ! » Et elle répétait ces mots jour et nuit en montrant les plus jolies dents du monde, qui vous eussent attendris et égayés à la fois. J'aurais pu faire ma fortune en la montrant dans les foires comme *monstre polyphage*. Je la nourrissais bien, et cependant elle m'a quitté... — Pour un fournisseur aux vivres, sans doute ? — Quelque chose d'approchant, une espèce d'employé dans l'intendance qui, par quelque tour de bâton à lui connu, fournit peut-être à cette pauvre enfant la ration de plusieurs soldats. C'est, du moins, ce que j'ai supposé.

— Moi, dit le quatrième, j'ai enduré des souffrances atroces par le contraire de ce qu'on reproche en général à l'égoïste femelle. Je vous trouve mal venus, trop fortunés mortels, à vous plaindre des imperfections de vos maîtresses ! »

Cela fut dit d'un ton fort sérieux, par un homme d'aspect doux et posé, d'une physionomie presque cléricale, malheureusement illuminée par des yeux d'un gris clair, de ces yeux dont le regard dit : « *Je veux!* » ou : « *Il faut!* » ou bien : « *Je ne pardonne jamais*[a]! »

« Si, nerveux comme je vous connais, vous, G..., lâches et légers comme vous êtes, vous deux K... et J..., vous aviez été accouplés à une certaine femme de ma connaissance, ou vous vous seriez enfuis, ou vous seriez morts. Moi, j'ai survécu, comme vous voyez. Figurez-vous une personne incapable de commettre une erreur de sentiment ou de calcul ; figurez-vous une sérénité désolante de caractère ; un dévouement sans comédie et sans emphase ; une douceur sans faiblesse ; une énergie sans violence. L'histoire de mon amour ressemble à un interminable voyage sur une surface pure et polie comme un miroir, vertigineusement monotone, qui aurait réfléchi tous mes sentiments et mes gestes avec l'exactitude ironique de ma propre conscience, de sorte que je ne pouvais pas me permettre un geste ou un sentiment déraisonnable sans apercevoir immédiatement le reproche muet de mon inséparable spectre. L'amour m'apparaissait comme une tutelle. Que de sottises elle m'a empêché de faire, que je regrette de n'avoir pas commises ! Que de dettes payées malgré moi ! Elle me privait de tous les bénéfices que j'aurais pu tirer de ma folie personnelle. Avec une froide et infranchissable règle, elle barrait tous mes caprices. Pour comble d'horreur, elle n'exigeait pas de reconnaissance, le danger passé. Combien de fois ne me suis-je pas retenu de lui sauter à la gorge, en lui criant : « Sois donc

« imparfaite, misérable ! afin que je puisse t'aimer
« sans malaise et sans colère ! » Pendant plusieurs
années, je l'ai admirée, le cœur plein de haine.
Enfin, ce n'est pas moi qui en suis mort !

— Ah ! firent les autres, elle est donc morte ?

— Oui ! cela ne pouvait continuer ainsi. L'amour
était devenu pour moi un cauchemar accablant.
Vaincre ou mourir, comme dit la Politique, telle
était l'alternative que m'imposait la destinée ! Un
soir, dans un bois... au bord d'une mare... après une
mélancolique promenade, où ses yeux, à elle, réflé-
chissaient la douceur du ciel, et où mon cœur, à
moi, était crispé comme l'enfer...

— Quoi !

— Comment !

— Que voulez-vous dire ?

— C'était inévitable. J'ai trop le sentiment de
l'équité pour battre, outrager ou congédier un ser-
viteur irréprochable. Mais il fallait accorder ce
sentiment avec l'horreur que cet être m'inspirait ;
me débarrasser de cet être sans lui manquer de
respect. Que vouliez-vous que je fisse d'elle, *puis-
qu'elle était parfaite* [1] ? »

Les trois autres compagnons regardèrent celui-ci
avec un regard vague et légèrement hébété, comme

---

1. Il y a quelque analogie entre cet épisode et le scénario
intitulé *L'Ivrogne (Œuvres posthumes,* 1908). Mais le héros de
ce scénario est un ouvrier (un scieur de long), et, de plus,
comme l'indique le titre, un ivrogne ; enfin le dénoûment
du drame projeté était parfaitement conforme à la morale
puisque le coupable est arrêté.

feignant de ne pas comprendre et comme avouant implicitement qu'ils ne se sentaient pas, quant à eux, capables d'une action aussi rigoureuse, quoique suffisamment expliquée d'ailleurs.

Ensuite on fit apporter de nouvelles bouteilles, pour tuer le Temps[a] qui a la vie si dure, et accélérer la Vie[a] qui coule si lentement [1].

---

1. Cf. cette note de *L'Ivrogne* : « *Ne pas oublier que l'ivresse est la négation du temps...* » Cf. aussi le poème *Enivrez-vous.*

XLIII

LE GALANT TIREUR [1a]

Comme la voiture traversait le bois, il la fit arrêter dans le voisinage d'un tir, disant qu'il lui serait agréable de tirer quelques balles pour *tuer* le Temps. Tuer ce monstre-là, n'est-ce pas l'occupation la plus ordinaire et la plus légitime de chacun? — Et il offrit galamment la main à sa chère, délicieuse et exécrable femme, à cette mystérieuse femme à laquelle il doit tant de plaisirs, tant de douleurs, et peut-être aussi une grande partie de son génie [2].

Plusieurs balles frappèrent loin du but proposé; l'une d'elles s'enfonça même dans le plafond; et comme la charmante créature riait follement, se moquant de la maladresse de son époux, celui-ci

---

1. Développement du scénario condensé de poème qu'on peut lire dans *Fusées*, XVII : « *Un homme va au tir au pistolet, accompagné de sa femme. — Il ajuste une poupée, et dit à sa femme : Je me figure que c'est toi. — Il ferme les yeux et abat la poupée. Puis il dit, en baisant la main de sa compagne : Cher ange, que je te remercie de mon adresse!* »

2. Pour ce mélange de fascination et d'horreur qu'exerce sur Baudelaire la femme jeune et *charmante*, cf. nos notes sur le poème XI, *La Femme sauvage,* proche, d'ailleurs, par l'inspiration, de ce poème-ci.

se tourna brusquement vers elle, et lui dit : « Ob-
servez cette poupée, là-bas, à droite, qui porte le nez
en l'air et qui a la mine si hautaine. Eh bien ! cher
ange, *je me figure que c'est vous.* » Et il ferma les yeux
et il lâcha la détente. La poupée fut nettement
décapitée [1].

Alors s'inclinant vers sa chère, sa délicieuse, son
exécrable femme, son inévitable et impitoyable
Muse, et lui baisant respectueusement la main, il
ajouta : « Ah ! mon cher ange, combien je vous
remercie de mon adresse ! »

---

1. On notera que ce détail, savamment mis en relief, ne
se rencontrait pas dans le texte de *Fusées*.

LA SOUPE ET LES NUAGES [1]

M^A petite folle bien-aimée me donnait à dîner, et par la fenêtre ouverte de la salle à manger, je contemplais les mouvantes architectures que Dieu fait avec les vapeurs, les merveilleuses constructions de l'impalpable [2]. Et je me disais, à travers ma contemplation : « Toutes ces fantasmagories sont presque aussi belles que les yeux de ma belle bien-aimée[a], la petite folle monstrueuse aux yeux verts [3]. »

Et tout à coup je reçus un violent coup de poing dans le dos, et j'entendis une voix rauque et charmante, une voix hystérique et comme enrouée par l'eau-de-vie, la voix de ma chère petite bien-aimée, qui disait : « Allez-vous bientôt manger votre soupe, sacré bougre de marchand de nuages [4b]? »

---

1. Cf. nos notes sur le poème XXXVII.

2. Sur la mystique baudelairienne des *merveilleux nuages* cf. nos notes sur *L'Étranger*.

3. Baudelaire a consacré à ces yeux un poème des *Épaves*, *Les Yeux de Berthe* (« *Grands yeux de mon enfant, arcanes adorés,* — *Vous ressemblez beaucoup à ces grottes magiques* — *Où, derrière l'amas des ombres léthargiques,* — *Scintillent vaguement des trésors ignorés* »). Rappelons que les *yeux verts* sont un signe lunaire (cf. poème XXXVII).

4. Cf. le poème *Laquelle est la vraie?* J. Crépet mentionne

l'existence de deux dessins où Baudelaire a représenté cette *petite folle,* selon l'expression qui se rencontre à la fois dans le poème et dans la dédicace du dessin. On y lit aussi cette note : « *Comme, pendant le dîner, je regardais les nuages par la fenêtre ouverte, elle me dit : « Allez-vous bientôt manger votre soupe, sacré marchand de nuages.* » Le poème reprend évidemment, à partir de cette anecdote, le thème lancinant de l'incompatibilité entre *l'idéal et le réel* (titre primitif du poème *Laquelle est la vraie ?*)

XLV

LE TIR ET LE CIMETIÈRE[1a]

A *la vue du cimetière, Estaminet.* — « Singulière
enseigne, — se dit notre promeneur, — mais
bien faite pour donner soif! A coup sûr, le maître
de ce cabaret sait apprécier Horace et les poètes
élèves d'Épicure. Peut-être même connaît-il le
raffinement profond des anciens Égyptiens, pour qui
il n'y avait pas de bon festin sans squelette, ou sans
un emblème quelconque de la brièveté de la vie [2]. »

Et il entra, but un verre de bière en face des
tombes, et fuma lentement un cigare. Puis, la fan-
taisie le prit de descendre dans ce cimetière, dont
l'herbe était si haute et si invitante, et où régnait
un si riche soleil.

En effet, la lumière et la chaleur y faisaient rage,
et l'on eût dit que le soleil ivre se vautrait tout de

---

1. Poème écrit pendant le séjour de Baudelaire à Bruxelles.
C'est en effet, selon le sous-titre d'un poème des *Épaves*
(XXIII : *Un Cabaret folâtre*), *sur la route de Bruxelles à Uccle*
que le poète avait rencontré cette enseigne exemplaire.
2. La pièce des *Épaves* contient, sous une autre forme, la
même allusion égyptienne : « *Vous qui raffolez des squelettes —
Et des emblèmes détestés, — Pour épicer les voluptés, — (Fût-ce
de simples omelettes!) — Vieux Pharaon, ô Monselet! — Devant
cette enseigne imprévue, — J'ai rêvé de vous...* »

son long sur un tapis de fleurs magnifiques, en-
graissées par la destruction. Un immense bruisse-
ment de vie remplissait l'air, — la vie des infiniments
petits, — coupé à intervalles réguliers par la crépi-
tation des coups de feu d'un tir voisin, qui écla-
taient comme l'explosion des bouchons de cham-
pagne dans le bourdonnement d'une symphonie
en sourdine [1].

Alors, sous le soleil qui lui chauffait le cerveau
et dans l'atmosphère des ardents parfums de la
Mort, il entendit une voix chuchoter sous la tombe
où il s'était assis. Et cette voix disait : « Maudites
soient vos cibles et vos carabines, turbulents vivants,
qui vous souciez si peu des défunts et de leur divin
repos ! Maudites soient vos ambitions, maudits
soient vos calculs, mortels impatients, qui venez
étudier l'art de tuer auprès du sanctuaire de la
Mort ! Si vous saviez comme le prix est facile à
gagner, comme le but est facile à toucher, et com-
bien tout est néant, excepté la Mort, vous ne vous
fatigueriez pas tant, laborieux vivants, et vous trou-
bleriez moins souvent le sommeil de ceux qui,
depuis longtemps, ont mis dans le But, dans le seul
vrai but de la détestable vie ! »

---

1. Le tir est absent du poème-anecdote des *Épaves*. Comme
il était souvent le complément ordinaire du cabaret, Baude-
laire peut le faire intervenir sans manquer au réalisme de
sa matière, mais pour assurer la transformation de l'anecdote
en symbole, et par conséquent en poème : à partir de là, le
ton pourra s'élever jusqu'à produire la prosopopée finale.
Le tir est aussi le décor et la source du poème *Le Galant
Tireur*.

PERTE D'AURÉOLE [1a]

EH! quoi! vous ici, mon cher? Vous, dans un mauvais lieu! vous, le buveur de quintessences! vous, le mangeur d'ambroisie! En vérité, il y a là de quoi me surprendre.

— Mon cher, vous connaissez ma terreur des chevaux et des voitures [2]. Tout à l'heure, comme

---

1. De ce poème, comme du *Galant Tireur,* le scénario se lit dans *Fusées,* XVII : « *Comme je traversais le boulevard et comme je mettais un peu de précipitation à éviter les voitures, mon auréole s'est détachée et est tombée dans la boue du macadam. J'eus heureusement le temps de la ramasser ; mais cette idée malheureuse se glissa un instant après dans mon esprit, que c'était un mauvais présage ; et dès lors l'idée n'a plus voulu me lâcher ; elle ne m'a laissé aucun repos de toute la journée.* » Néanmoins de grandes différences séparent le journal intime du poème : dans celui-ci en effet le héros n'a *pas le courage de ramasser l'auréole,* et il n'est plus question de *mauvais présage.* C'est que le journal intime nous révèle le vrai Baudelaire, malheureux et tourmenté dans sa quête toujours menacée de l'*idéal,* tandis que le poème recouvre ce tourment du masque du dandysme.

2. Une certaine agoraphobie semble avoir marqué Baudelaire dans ses dernières années. D'autre part, comme il le note dans *Mon Cœur mis à nu* (LXXXVII et LXXXVIII), il ne cesse de recevoir alors des *pressentiments* et des *signes* : il se peut que la peur de l'accident soit une des formes de cette obsession de la maladie et de la mort (*Mon Cœur mis à nu*

je traversais le boulevard, en grande hâte, et que je sautillais dans la boue, à travers ce chaos mouvant où la mort arrive au galop de tous les côtés à la fois, mon auréole, dans un mouvement brusque, a glissé de ma tête dans la fange du macadam. Je n'ai pas eu le courage de la ramasser. J'ai jugé moins désagréable de perdre mes insignes que de me faire rompre les os. Et puis, me suis-je dit, à quelque chose malheur est bon. Je puis maintenant me promener incognito, faire des actions basses, et me livrer à la crapule comme les simples mortels. Et me voici, tout semblable à vous, comme vous voyez!

— Vous devriez au moins faire afficher cette auréole, ou la faire réclamer par le commissaire.

— Ma foi! non. Je me trouve bien ici. Vous seul, vous m'avez reconnu. D'ailleurs la dignité m'ennuie. Ensuite je pense avec joie que quelque mauvais poète la ramassera et s'en coiffera impudemment. Faire un heureux, quelle jouissance! et surtout un heureux qui me fera rire! Pensez à X, ou à Z! Hein! comme ce sera drôle! »

note que le premier de ces *avertissements* se manifesta le 23 janvier 1862).

XLVII

MADEMOISELLE BISTOURI [1a]

C OMME j'arrivais à l'extrémité du faubourg sous
les éclairs du gaz, je sentis un bras qui se coulait
doucement sous le mien, et j'entendis une voix qui
me disait à l'oreille : « Vous êtes médecin, mon-
sieur? »

Je regardai ; c'était une grande fille, robuste,
aux yeux très ouverts, légèrement fardée, les che-
veux flottant au vent avec les brides de son bonnet.

« — Non ; je ne suis pas médecin. Laissez-moi
passer. — Oh! si! vous êtes médecin. Je le vois
bien. Venez chez moi. Vous serez bien content de

---

1. Ce poème est certainement à compter au nombre des
dernières pages qu'ait écrites Baudelaire: la tentative qui fut
la sienne lorsqu'il entreprit de composer les poèmes en prose
y revêt sans doute, à la fois techniquement et spirituellement,
son aspect le plus extrême et en un sens sa forme la plus pure :
c'est en effet, selon une technique qui s'achemine vers celle
de la nouvelle, mais qui, pour finir, fait appel au lyrisme, la
manifestation du *bizarre* absolu, découvert, comme l'indique
bien le décor initial, au cœur même de la *modernité* de la *ville
énorme*. Sans doute est-ce la virulence implicite de ce réalisme
symbolique, autant que le caractère apparemment scandaleux
du poème, qui motiva la réserve de la *Revue nationale* : après
y avoir été annoncé trois fois, le texte ne fut pas publié.

moi, allez! — Sans doute, j'irai vous voir, mais plus
tard, *après le médecin,* que diable!... — Ah! ah! —
fit-elle toujours suspendue à mon bras, et en écla-
tant de rire, — vous êtes un médecin farceur, j'en
ai connu plusieurs dans ce genre-là. Venez. »

J'aime passionnément le mystère, parce que j'ai
toujours l'espoir de le débrouiller. Je me laissai
donc entraîner par cette compagne, ou plutôt par
cette énigme inespérée.

J'omets la description du taudis; on peut la
trouver dans plusieurs vieux poètes français bien
connus. Seulement, détail non aperçu par Régnier,
deux ou trois portraits de docteurs célèbres étaient
suspendus aux murs.

Comme je fus dorloté! Grand feu, vin chaud,
cigares; et en m'offrant ces bonnes choses et en
allumant elle-même un cigare, la bouffonne créature
me disait : « Faites comme chez vous, mon ami,
mettez-vous à l'aise. Ça vous rappellera l'hôpital
et le bon temps de la jeunesse. — Ah ça! où donc
avez-vous gagné ces cheveux blancs? Vous n'étiez
pas ainsi, il n'y a pas encore bien longtemps, quand
vous étiez interne de L... Je me souviens que c'était
vous qui l'assistiez dans les opérations graves. En
voilà un homme qui aime couper, tailler et rogner!
C'était vous qui lui tendiez les instruments, les fils
et les éponges. — Et comme, l'opération faite, il
disait fièrement, en regardant sa montre : « Cinq
minutes, messieurs! » — Oh! moi, je vais partout.
Je connais bien ces Messieurs. »

Quelques instants plus tard, me tutoyant, elle

reprenait son antienne, et me disait : « Tu es médecin n'est-ce pas, mon chat? »

Cet inintelligible refrain me fit sauter sur mes jambes. « Non! criai-je furieux.

— Chirurgien, alors?

— Non! non! à moins que ce ne soit pour te couper la tête! Sacré saint ciboire de sainte maquerelle[a]!

— Attends, reprit-elle, tu vas voir. »

Et elle tira de l'armoire une liasse de papiers, qui n'était autre chose que la collection des portraits de médecins illustres de ce temps, lithographiés par Maurin, qu'on a pu voir étalée pendant plusieurs années sur le quai Voltaire.

« Tiens! le reconnais-tu celui-ci?

— Oui! c'est X..., le nom est au bas d'ailleurs ; mais je le connais personnellement.

— Je savais bien! Tiens! voilà Z..., celui qui disait à son cours, en parlant de X... : « Ce monstre qui porte sur son visage la noirceur de son âme! » Tout cela, parce que l'autre n'était pas de son avis dans la même affaire! Comme on riait de ça à l'École, dans le temps! Tu t'en souviens? — Tiens, voilà K., celui qui dénonçait au gouvernement les insurgés qu'il soignait à son hôpital. C'était le temps des émeutes. Comment est-ce possible qu'un si bel homme ait si peu de cœur? — Voici maintenant W., un fameux médecin anglais ; je l'ai attrapé à son voyage à Paris. Il a l'air d'une demoiselle, n'est-ce pas? »

Et comme je touchais à un paquet ficelé, posé

aussi sur le guéridon : Attends un peu, dit-elle ; ça,
c'est les internes, et ce paquet-ci, c'est les externes. »

Et elle déploya en éventail une masse d'images
photographiques, représentant des physionomies
beaucoup plus jeunes.

« Quand nous nous reverrons, tu me donneras
ton portrait, n'est-ce pas, chéri?

— Mais, lui dis-je, suivant à mon tour, moi aussi,
mon idée fixe, pourquoi me crois-tu médecin?

— C'est que tu es si gentil et si bon pour les
femmes!

— Singulière logique! me dis-je à moi-même.

— Oh! je ne m'y trompe guère ; j'en ai connu un
bon nombre. J'aime tant ces messieurs, que bien
que je ne sois pas malade, je vais quelquefois les voir,
rien que pour les voir. Il y en a qui me disent froi-
dement : « Vous n'êtes pas malade du tout! » Mais
il y en a d'autres qui me comprennent, parce que je
leur fais des mines.

— Et quand ils ne te comprennent pas... ?

— Dame! comme je les ai dérangés *inutilement,*
je laisse dix francs sur la cheminée.

— C'est si bon et si doux, ces hommes-là!

— J'ai découvert à la Pitié un petit interne, qui
est joli comme un ange, et qui est poli! et qui tra-
vaille, le pauvre garçon! Ses camarades m'ont dit
qu'il n'avait pas le sou, parce que ses parents sont
des pauvres qui ne peuvent rien lui envoyer. Cela
m'a donné confiance. Après tout, je suis assez belle
femme, quoique pas trop jeune. Je lui ai dit : « Viens
me voir, viens me voir souvent. Et avec moi, ne te

gêne pas ; je n'ai pas besoin d'argent. » Mais tu comprends que je lui ai fait entendre ça par une foule de façons ; je ne le lui ai pas dit tout crûment ; j'avais si peur de l'humilier, ce cher enfant ! — Eh bien ! croirais-tu que j'ai une drôle d'envie que je n'ose pas lui dire ? — Je voudrais qu'il vînt me voir avec sa trousse et son tablier, même avec un peu de sang dessus ! »

Elle dit cela d'un air fort candide, comme un homme sensible dirait à une comédienne qu'il aimerait : « Je veux vous voir vêtue du costume que vous portiez dans ce fameux rôle que vous avez créé [1]. »

Moi, m'obstinant, je repris : « Peux-tu te souvenir de l'époque et de l'occasion où est née en toi cette passion si particulière ? »

Difficilement je me fis comprendre ; enfin j'y parvins. Mais alors elle me répondit d'un air très triste, et même, autant que je peux me souvenir, en détournant les yeux : « Je ne sais pas... je ne me souviens pas. »

Quelles bizarreries ne trouve-t-on pas dans une grande ville, quand on sait se promener et regarder ? La vie fourmille de monstres innocents. — Seigneur, mon Dieu ! vous, le Créateur, vous, le Maître ; vous qui avez fait la Loi et la Liberté ; vous, le souverain qui laissez faire, vous, le juge qui pardonnez ; vous

---

1. C'est un peu le cas de Samuel Cramer dans *La Fanfarlo* : « *Voilà que Samuel, pris d'un caprice bizarre, se mit à crier comme un enfant gâté : — Je veux Colombine, rends-moi Colombine ; rends-la-moi telle qu'elle m'est apparue le soir qu'elle m'a rendu fou...* »

qui êtes plein de motifs et de causes, et qui avez
peut-être mis dans mon esprit le goût de l'horreur
pour convertir mon cœur, comme la guérison au
bout d'une lame ; Seigneur, ayez pitié, ayez pitié des
fous et des folles ! O Créateur ! peut-il exister des
monstres aux yeux de Celui-là seul qui sait pourquoi
ils existent, comment ils *se sont faits* et comment ils
auraient pu *ne pas se faire* [1a] ?

---

1. Le recours à Dieu figure aussi dans les *Journaux intimes*,
dont ce poème est particulièrement proche, dans la mesure
où il témoigne d'une conscience aiguë des profondeurs
abyssales du désordre psychologique : la prière est le seul
remède à ce *vertige* dont Baudelaire éprouva toute la puis-
sance de destruction dans ses dernières années (cf. en parti-
culier *Mon Cœur mis à nu*, LXXXVII : « *Maintenant, j'ai
toujours le vertige...* »).

XLVIII

ANYWHERE OUT OF THE WORLD
N'IMPORTE OU HORS DU MONDE[1a]

Cette vie est un hôpital où chaque malade est possédé du désir de changer de lit. Celui-ci voudrait souffrir en face du poêle, et celui-là croit qu'il guérirait à côté de la fenêtre.

Il me semble que je serais toujours bien là où je ne suis pas, et cette question de déménagement en est une que je discute sans cesse avec mon âme.

« Dis-moi, mon âme, pauvre âme refroidie, que penserais-tu d'habiter Lisbonne? Il doit y faire

---

1. Réapparition du thème du voyage (et en même temps de la vanité du voyage); thème éminemment ambigu chez Baudelaire : on comparera ce poème non seulement avec *L'Invitation au voyage* mais peut-être surtout avec *Les Projets,* dont la structure est analogue mais le sens exactement inverse : dans un cas en effet le voyage imaginaire conduit à la *jouissance* (c'est la note sur laquelle s'achève le poème des *Projets*); dans l'autre, il conduit au désespoir, silence de l'âme, nostalgie de l'impossible ailleurs ; c'est ici comme dans le *Voyage* des *Fleurs du Mal* : *Au fond de l'Inconnu pour trouver du nouveau,* et le thème du voyage rejoint alors celui de la mort (la pièce des *Fleurs du Mal* n'appartient-elle pas à la série des poèmes placés sous l'invocation de la Mort?) Et ici Baudelaire s'écriera : *fuyons vers les pays qui sont les analogies de la Mort,* mais les *analogies de la Mort* ne peuvent elles-mêmes suffire.

chaud, et tu t'y ragaillardirais comme un lézard. Cette ville est au bord de l'eau ; on dit qu'elle est bâtie en marbre, et que le peuple y a une telle haine du végétal, qu'il arrache tous les arbres. Voilà un paysage selon ton goût ; un paysage fait avec la lumière et le minéral, et le liquide pour les réfléchir [1] ! »

Mon âme ne répond pas.

« Puisque tu aimes tant le repos, avec le spectacle du mouvement, veux-tu venir habiter la Hollande, cette terre béatifiante [2] ? Peut-être te divertiras-tu dans cette contrée dont tu as souvent admiré l'image dans les musées. Que penserais-tu de Rotterdam, toi qui aimes les forêts de mâts, et les navires amarrés au pied des maisons ? »

Mon âme reste muette.

« Batavia te sourirait peut-être davantage ? Nous y trouverions d'ailleurs l'esprit de l'Europe marié à la beauté tropicale. »

Pas un mot. — Mon âme serait-elle morte ?

---

1. C'est le paysage même de *Rêve parisien* : « *J'avais banni de ces spectacles* — *Le végétal irrégulier,* — *Et, peintre fier de mon génie,* — *Je savourais dans mon tableau* — *L'enivrante monotonie* — *Du métal, du marbre et de l'eau.* »

2. Le pays de *L'Invitation au voyage,* ce qui prouve, au passage, après l'identité entre Lisbonne et le *Rêve parisien,* que Baudelaire ici aborde aux rives les plus inhospitalières de l'Ennui, là où le *projet* même se trouve frappé de stérilité : aussi le poète ne peut-il alors que récuser ses propres rêves et ses propres jouissances : l'ultime degré de la chute, l'absolue déréliction sont dans cet irrémissible échec du rêve et de la nostalgie, dont les échos ne sont pas absents non plus des *Journaux intimes.*

« En es-tu donc venue à ce point d'engourdisse-
ment que tu ne te plaises que dans ton mal? S'il en
est ainsi, fuyons vers les pays qui sont les analogies
de la Mort. — Je tiens notre affaire, pauvre âme!
Nous ferons nos malles pour Tornéo. Allons plus
loin encore, à l'extrême bout de la Baltique ; encore
plus loin de la vie, si c'est possible ; installons-nous
au pôle. Là le soleil ne frise qu'obliquement la terre,
et les lentes alternatives de la lumière et de la nuit
suppriment la variété et augmentent la monotonie,
cette moitié du néant. Là, nous pourrons prendre
de longs bains de ténèbres, cependant que, pour
nous divertir, les aurores boréales nous enverront
de temps en temps leurs gerbes roses, comme des
reflets d'un feu d'artifice de l'Enfer! »

Enfin, mon âme fait explosion, et sagement elle
me crie : « N'importe où! N'importe où! pourvu
que ce soit hors de ce monde! »

XLIX

ASSOMMONS LES PAUVRES [1a] !

Pᴇɴᴅᴀɴᴛ quinze jours je m'étais confiné dans ma chambre, et je m'étais entouré des livres à la mode dans ce temps-là (il y a seize ou dix-sept ans) ; je veux parler des livres où il est traité de l'art de rendre les peuples heureux, sages et riches, en vingt-quatre heures [2]. J'avais donc digéré — avalé, veux-

1. Ce titre, suffisamment scandaleux pour que le poème n'ait pas vu le jour dans la *Revue nationale* à laquelle il était destiné, était déjà contenu dans un passage de l'article sur Constantin Guys : « *C'est la philosophie (je parle de la bonne), c'est la religion qui nous ordonne de nourrir des parents pauvres et infirmes. La nature... nous commande de les assommer.* » Ce texte éclaire d'ailleurs le sens du poème ainsi que la réaction de Baudelaire à l'égard d'un certain humanitarisme (il écrit dans le même article, en parlant du XVIIIᵉ siècle et de sa morale : « *La négation du péché originel ne fut pas pour peu de chose dans l'aveuglement général de cette époque* »). Quant au rôle à la fois littéraire et symbolique joué chez Baudelaire par une certaine mystification, un certain *humour noir*, il s'impose de rapprocher ce poème du *Mauvais Vitrier*.

2. Allusion ironique à la littérature humanitaire et socialiste dans l'esprit de 1848 qui séduisit un instant le jeune Baudelaire (cf. *Mon Cœur mis à nu*, VIII : « *Mon ivresse en 1848... Ivresse littéraire ; souvenirs des lectures* ») ; cf. aussi la variante finale du poème et notre note en ce lieu. Sur les sentiments de Baudelaire à l'égard de la pauvreté, cf. d'autre part le poème *Les Yeux des pauvres* et les notes.

je dire, — toutes les élucubrations de tous ces entre-
preneurs de bonheur public, — de ceux qui con-
seillent à tous les pauvres de se faire esclaves, et
de ceux qui leur persuadent qu'ils sont tous des rois
détrônés. — On ne trouvera pas surprenant que je
fusse alors dans un état d'esprit avoisinant le vertige
ou la stupidité [1].

Il m'avait semblé seulement que je sentais, confiné
au fond de mon intellect, le germe obscur d'une idée

---

1. Il serait sans doute sans grand intérêt de s'étendre trop
longuement sur les opinions politiques de Baudelaire.
Rappelons seulement qu'après avoir partagé l'enthousiasme
social et républicain de 1848, après avoir même rempli
les fonctions de rédacteur en chef d'un journal, il évolua
ensuite sensiblement ; c'est alors qu'il subit en particulier
l'influence de Joseph de Maistre *(Mon Cœur mis à nu,*
LXXXIX : « *De Maistre et Edgar Poe m'ont appris à raison-
ner* ») ; mais plutôt qu'une évolution politique, il s'agit
là d'un approfondissement de l'hostilité de Baudelaire
à l'idée de progrès et de son refus constant d'accepter une
interprétation optimiste de la nature humaine ; en un mot,
comme il l'a dit et répété, toute sa « philosophie » même
politique est fondée sur la croyance au péché originel.
Sans citer toutes les notes des journaux intimes qui pourraient
être rapprochées de ce texte, remarquons néanmoins l'intérêt
de cette note de *Fusées* (qui contient, sous forme de boutade
intentionnellement provocante, une sorte de transposition
politique de notre poème) : « *En politique, le vrai saint est
celui qui fouette et tue le peuple, pour le bien du peuple* (XII).
Il faut enfin se souvenir que l'hostilité de Baudelaire à l'égard
d'une certaine démocratie a aussi des raisons esthétiques
(*Fusées,* XIX : « *Pourquoi les démocrates n'aiment pas les chats,
il est facile de le deviner. Le chat est beau...* ») et, dans son
Salon de 1859, il rend le progrès et la démocratie en partie
responsables de la décadence de l'art français (II : « *La
poésie et le progrès sont deux ambitieux qui se haïssent d'une
haine instinctive...* »).

supérieure à toutes les formules de bonne femme
dont j'avais récemment parcouru le dictionnaire.
Mais ce n'était que l'idée d'une idée, quelque chose
d'infiniment vague.

Et je sortis avec une grande soif. Car le goût
passionné des mauvaises lectures engendre un besoin
proportionnel du grand air et des rafraîchissants.

Comme j'allais entrer dans un cabaret, un men-
diant me tendit son chapeau, avec un de ces regards
inoubliables qui culbuteraient les trônes, si l'esprit
remuait la matière, et si l'œil d'un magnétiseur
faisait mûrir les raisins [1].

En même temps, j'entendis une voix qui chu-
chotait à mon oreille, une voix que je reconnus bien ;
c'était celle d'un bon Ange, ou d'un bon Démon
qui m'accompagne partout. Puisque Socrate avait
son bon Démon, pourquoi n'aurais-je pas mon bon
Ange, pourquoi n'aurais-je pas l'honneur, comme
Socrate, d'obtenir mon brevet de folie, signé du
subtil Lélut et du bien-avisé Baillarger [2] ?

---

1. Cf. *Les Yeux des pauvres.*

2. Ces deux noms sont ceux de médecins aliénistes à
qui Baudelaire avait de bonnes raisons d'en vouloir. Lélut
était l'auteur d'un essai paru en 1836 et intitulé : *Du démon
de Socrate, spécimen d'une application de la science psychologique
à celle de l'histoire,* dans lequel il concluait à la folie de Socrate.
D'autre part, un des auteurs préférés de Baudelaire, Brierre
de Boismont, déclare, dans son traité des *Hallucinations,*
que Baillarger professait la même doctrine que Lélut. Une
semblable prétention visant à expliquer le génie par la
folie ne pouvait évidemment que susciter la fureur de
Baudelaire, qui fait ailleurs une autre allusion à Lélut et
Baillarger et à leur intolérable psychiatrie : « *Vous avez*

Il existe cette différence entre le Démon de Socrate
et le mien, que celui de Socrate ne se manifestait
à lui que pour défendre, avertir, empêcher, et que
le mien daigne conseiller, suggérer, persuader. Ce
pauvre Socrate n'avait qu'un démon prohibiteur ;
le mien est un grand affirmateur, le mien est un
Démon d'action, ou Démon de combat.

Or, sa voix me chuchotait ceci : « Celui-là seul
est l'égal d'un autre, qui le prouve, et celui-là seul
est digne de la liberté, qui sait la conquérir. »

Immédiatement, je sautai sur mon mendiant.
D'un seul coup de poing, je lui bouchai un œil, qui
devint, en une seconde, gros comme une balle. Je
cassai un de mes ongles à lui briser deux dents, et
comme je ne me sentais pas assez fort, étant né
délicat et m'étant peu exercé à la boxe, pour assommer
rapidement ce vieillard, je le saisis d'une main par
le collet de son habit, de l'autre, je l'empoignai à
la gorge, et je me mis à lui secouer vigoureusement
la tête contre un mur. Je dois avouer que j'avais
préalablement inspecté les environs d'un coup
d'œil, et que j'avais vérifié que dans cette banlieue
déserte je me trouvais, pour un assez long temps,
hors de la portée de tout agent de police.

Ayant ensuite, par un coup de pied lancé dans le
dos, assez énergique pour briser les omoplates,
terrassé ce sexagénaire affaibli, je me saisis d'une

plus que jamais l'air d'un confesseur et d'un accoucheur d'âmes.
On disait, je crois, la même chose de Socrate ; mais les sieurs
Baillarger et Lélut ont déclaré, sur leur conscience, qu'il était
fou » (Lettre à Sainte-Beuve, 2 janvier 1866).

grosse branche d'arbre qui traînait à terre, et je le battis avec l'énergie obstinée des cuisiniers qui veulent attendrir un beefsteack.

Tout à coup, — ô miracle! ô jouissance du philosophe qui vérifie l'excellence de sa théorie! — je vis cette antique carcasse se retourner, se redresser avec une énergie que je n'aurais jamais soupçonnée dans une machine si singulièrement détraquée, et, avec un regard de haine qui me parut de *bon augure,* le malandrin décrépit se jeta sur moi, me pocha les deux yeux, me cassa quatre dents, et, avec la même branche d'arbre, me battit dru comme plâtre. — Par mon énergique médication, je lui avais donc rendu l'orgueil et la vie.

Alors, je lui fis force signes pour lui faire comprendre que je considérais la discussion comme finie, et me relevant avec la satisfaction d'un sophiste du Portique, je lui dis : « Monsieur, *vous êtes mon égal!* veuillez me faire l'honneur de partager avec moi ma bourse ; et souvenez-vous, si vous êtes réellement philanthrope, qu'il faut appliquer à tous vos confrères, quand ils vous demanderont l'aumône, la théorie que j'ai eu la *douleur* d'essayer sur votre dos. »

Il m'a bien juré qu'il avait compris ma théorie, et qu'il obéirait à mes conseils [1a].

---

1. Cf. variante. Le manuscrit de la collection Godoy ajoute ici l'apostrophe : *Qu'en dis-tu, citoyen Proudhon?* » Sans doute doit-on considérer cette apostrophe comme une sorte de réflexion personnelle de Baudelaire en marge de son poème, et avec les éditeurs posthumes — qui d'ailleurs

respectaient peut-être une volonté de l'auteur — nous jugeons peu compatible avec l'esprit même des *Poèmes en prose* le maintien de cette apostrophe dans le texte définitif. Néanmoins elle éclaire le rapport entre poésie et réalité qui commande ici l'inspiration baudelairienne : la réalité *moderne* ne fournit-elle pas à la fois l'occasion et la substance de la poésie, qui est chargée d'en dégager le symbolisme à la fois actuel et universel ? Quant aux rapports de Baudelaire avec Proudhon, Jacques Crépet a apporté sur ce point des éclaircissements définitifs. Dans la même lettre à Sainte-Beuve que nous citions plus haut (2 janvier 1866), Baudelaire déclarait son intention de s'en prendre à Proudhon, qu'il avait cependant glorifié dans ses pages sur Pierre Dupont. Il avait eu d'autre part, selon le récit qu'il en fait dans sa correspondance (éd. Crépet, 11 mars 1865), l'occasion de dîner un jour avec Proudhon et n'avait pu cacher la répugnance que lui avaient inspirée les manières de ce «démocrate». En tout état de cause, il apparaît que Baudelaire fut sans doute tenté de retourner contre Proudhon l'anecdote symbolique qu'il imagine ici ; mais au moment où ce poème allait être publié, Proudhon venait d'être victime à Bruxelles d'une émeute que Baudelaire considère comme *dégoûtante :* il dut donc juger indigne de lui d'accabler Proudhon dans ces circonstances, et sans doute aussi jugea-t-il qu'un mouvement de polémique purement politique n'était pas à sa place dans un poème, fût-il en prose.

L

LES BONS CHIENS [1a]

A M. Joseph Stevens.

J E n'ai jamais rougi, même devant les jeunes
écrivains de mon siècle, de mon admiration

---

1. Poème écrit en Belgique (et paru d'ailleurs pour la
première fois dans *l'Indépendance belge* du 21 juin 1865),
où Baudelaire s'était lié avec le peintre Joseph Stevens,
auteur de tableaux dont les chiens « calamiteux » sont les
héros, en particulier *Intérieur du Saltimbanque* (Salon de
1857) ainsi décrit par Baudelaire dans ses notes sur le catalogue
de la collection Crabbe : « *Misérable logis de saltimbanque. —
Tableau suggestif. Chiens habillés. Le saltimbanque est sorti
et a coiffé un de ses chiens d'un bonnet de houzard pour le contraindre
à rester immobile devant le miroton qui chauffe sur le poêle.* » On
sait d'autre part que Baudelaire, amoureux des chats, n'aimait
pas les chiens : mais le chien de saltimbanque, réhabilité
par la peinture, pouvait accéder à la dignité du symbole
et mériter ainsi d'inspirer ce poème, qui est aussi un exercice
de virtuosité et un morceau de bravoure suscité par une
anecdote significative, car le poème a sa source dans un
épisode de la vie de Baudelaire à Bruxelles, que rapporte
tout au long la *Petite Revue* dans son numéro du 27 octobre
1866 où fut reproduit le texte de *l'Indépendance belge,* et
que nous citons d'après Jacques Crépet : « *M. Baudelaire
a le désir impatient. Certains objets d'art, de curiosité, de toilette,
sollicitent irrésistiblement son goût. Tel fut le gilet en question...
C'était un gilet* suggestif. — *Ce prestigieux gilet se bombait,*

pour Buffon [1], mais aujourd'hui ce n'est pas l'âme
de ce peintre de la nature pompeuse que j'appellerai
à mon aide. Non.

Bien plus volontiers je m'adresserais à Sterne,
et je lui dirais : « Descends du ciel, ou monte vers
moi des champs Élyséens [a], pour m'inspirer en
faveur des bons chiens, des pauvres chiens, un

---

fort noblement, ma foi, sur la poitrine de M. Joseph Stevens,
le grand peintre d'animaux, de qui la conversation, toute conciliante
et aimable, et la parfaite égalité d'humeur plaisaient beaucoup
à M. Baudelaire. La première fois qu'il le vit, ce gilet, « Oh!
fit-il, avec enthousiasme, Stevens, que vous avez là un beau gilet! »...
— On remplirait une page de variantes d'expressions de ce désir,
que M. Stevens, très impartial à l'endroit de son gilet, s'habitua
à considérer comme celles d'une plaisanterie prolongée. — Un
soir enfin, que M. Baudelaire se trouvait à la taverne Horton,
il s'exclama, à si haute voix, et en prenant à témoin les amis
présents, sur la beauté du gilet de M. Stevens qui entrait, que
celui-ci repartit : « Eh bien mon cher Baudelaire, puisque vous
le trouvez si beau, le voulez-vous? — Comment, si je le veux?
Mais voilà deux mois que j'en meurs d'envie »... Et c'est ainsi
que Baudelaire endossa le fameux gilet et fit ensuite son
remerciement en écrivant un poème à la gloire des chiens
dont le peintre avait fait son sujet de prédilection. Il faut
enfin noter que, selon les termes d'une lettre à Ancelle
(28 juin 1865), la publication du poème dans un journal
belge eut lieu contre le gré de l'auteur (« *vous ne supposez*
pas que je veuille écrire dans les journaux belges »). On sait en
effet quelle haine Baudelaire avait vouée à tout ce qui était
belge, ce qui ne l'avait pas empêché de tenter d'obtenir,
à son arrivée, une collaboration régulière à *l'Indépendance*
belge ; mais il avait pu changer d'avis après quelque temps de
séjour.
  1. On lit en effet dans le compte rendu de *La Double Vie*
d'Asselineau *(L'Art romantique)* : « *Il y a un chapitre de*
Buffon qui est intitulé : Homo duplex... *dont le titre bref, mys-*
térieux, gros de pensées, m'a toujours précipité dans la rêverie... »

chant digne de toi, sentimental farceur, farceur incomparable! Reviens à califourchon sur ce fameux âne qui t'accompagne toujours dans la mémoire de la postérité; et surtout que cet âne n'oublie pas de porter, délicatement suspendu entre ses lèvres, son immortel macaron [1]! »

Arrière la muse académique! Je n'ai que faire de cette vieille bégueule. J'invoque la muse familière, la citadine [2a], la vivante, pour qu'elle m'aide à chanter les bons chiens, les pauvres chiens, les chiens crottés, ceux-là que chacun écarte, comme pestiférés et pouilleux, excepté le pauvre dont ils sont les associés, et le poète, qui les regarde d'un œil fraternel.

Fi du chien bellâtre, de ce fat quadrupède, danois, king-charles, carlin ou gredin, si enchanté de lui-même qu'il s'élance indiscrètement dans les jambes ou sur les genoux du visiteur, comme s'il était sûr de plaire, turbulent comme un enfant, sot comme une lorette, quelquefois hargneux et insolent comme un domestique [b]! Fi surtout de ces serpents à quatre pattes, frissonnants et désœuvrés, qu'on

---

1. Allusion à un épisode célèbre du *Voyage sentimental (Numpont)*. L'influence de Sterne a certainement agi sur Baudelaire comme sur Gérard de Nerval : l'écrivain anglais est déjà mentionné dans *La Fanfarlo,* auprès de Rabelais. La même allusion qu'ici se rencontre dans le *Salon de 1859* (V) où un enfant vu dans un tableau rappelle à Baudelaire « *l'âne de Sterne et ses macarons* ».

2. Voici le lien entre l'occasion épisodique du poème et le thème constant de la modernité urbaine.

nomme levrettes [1], et qui ne logent même pas dans leur museau pointu assez de flair pour suivre la piste d'un ami, ni dans leur tête aplatie, assez d'intelligence pour jouer aux dominos.

A la niche, tous ces fatigants parasites!

Qu'ils retournent à leur niche soyeuse et capitonnée! Je chante le chien crotté, le chien sans domicile, le chien flâneur, le chien saltimbanque, le chien dont l'instinct, comme celui du pauvre, du bohémien et de l'histrion, est merveilleusement aiguillonné par la nécessité, cette si bonne mère, cette vraie patronne des intelligences!

Je chante les chiens calamiteux, soit ceux qui errent, solitaires, dans les ravines sinueuses des immenses villes, soit ceux qui ont dit à l'homme abandonné, avec des yeux clignotants et spirituels : « Prends-moi avec toi, et de nos deux misères nous ferons peut-être une espèce de bonheur[a]! »

« *Où vont les chiens?* » disait autrefois Nestor Roqueplan dans un immortel feuilleton qu'il a sans doute oublié, et dont moi seul, et Sainte-Beuve peut-être, nous nous souvenons encore aujourd'hui[2].

Où vont les chiens, dites-vous, hommes peu attentifs? Ils vont à leurs affaires.

Rendez-vous d'affaires, rendez-vous d'amour.

---

1. Allusion à une chanson célèbre du poète-bohême ami de Gérard de Nerval, Auguste de Chatillon : *La levrette en pal'tôt.*

2. Selon Jules Troubat (cité par J. Crépet) Sainte-Beuve goûtait fort les feuilletons de Nestor Roqueplan dans *le Constitutionnel.*

A travers la brume, à travers la neige, à travers la
crotte, sous la canicule mordante, sous la pluie
ruisselante, ils vont, ils viennent, ils trottent, ils
passent sous les voitures, excités par les puces, la
passion, le besoin ou le devoir. Comme nous, ils
se sont levés de bon matin, et ils cherchent leur vie
ou courent à leurs plaisirs.

Il y en a qui couchent sous une ruine de la ban-
lieue[a] et qui viennent, chaque jour, à heure fixe,
réclamer la sportule à la porte d'une cuisine du
Palais-Royal ; d'autres qui accourent par troupes[b]
de plus de cinq lieues, pour partager le repas que
leur a préparé la charité de certaines pucelles sexa-
génaires[c], dont le cœur inoccupé s'est donné aux
bêtes parce que les hommes imbéciles n'en veulent
plus.

D'autres qui, comme des nègres marrons, affolés
d'amour, quittent, à de certains jours, leur dépar-
tement pour venir à la ville gambader, pendant
une heure, autour d'une belle chienne, un peu né-
gligée dans sa toilette, mais fière et reconnaissante.

Et ils sont très exacts, sans carnets, sans notes
et sans portefeuilles.

Connaissez-vous la paresseuse Belgique, et avez-
vous admiré, comme moi, tous ces chiens vigou-
reux attelés à la charrette du boucher, de la laitière
ou du boulanger, et qui témoignent[d] par leurs
aboiements triomphants du plaisir orgueilleux
qu'ils éprouvent à rivaliser avec les chevaux?

En voici deux qui appartiennent à un ordre
encore plus civilisé. Permettez-moi de vous intro-

duire dans la chambre du saltimbanque absent.
Un lit, en bois peint, sans rideaux, des couvertures
traînantes et souillées de punaises, deux chaises de
paille, un poêle de fonte[a], un ou deux instruments
de musique détraqués. Oh! le triste mobilier! Mais
regardez, je vous prie, ces deux personnages,
habillés de vêtements à la fois éraillés et somptueux,
coiffés comme des troubadours ou des militaires,
qui surveillent avec une attention de sorciers
l'œuvre sans nom qui mitonne sur le poêle allumé,
et au centre de laquelle une longue cuiller se dresse[b],
plantée comme un de ces mâts aériens qui annoncent
que la maçonnerie est achevée [1].

N'est-il pas juste que de si zélés comédiens ne se
mettent pas en route sans avoir lesté leur estomac
d'une soupe puissante et solide? Et ne pardonnerez-
vous pas un peu de sensualité à ces pauvres diables,
qui ont à affronter tout le jour l'indifférence du
public et les injustices d'un directeur qui se fait la
grosse part et mange à lui seul plus de soupe que
quatre comédiens[c]?

Que de fois j'ai contemplé, souriant et attendri,
tous ces philosophes à quatre pattes, esclaves com-
plaisants, soumis ou dévoués, que le dictionnaire
républicain pourrait aussi bien qualifier d'*officieux,*
si la république, trop occupée du *bonheur* des hommes,
avait le temps de ménager l'*honneur* des chiens[d]!

Et que de fois j'ai pensé qu'il y avait peut-être

---

1. Description du tableau de Stevens que nous avons
mentionné plus haut.

quelque part (qui sait, après tout?), pour récompenser tant de courage, tant de patience et de labeur, un paradis spécial pour les bons chiens, les pauvres chiens, les chiens crottés et désolés. Swedenborg affirme bien qu'il y en a un pour les Turcs et un pour les Hollandais[a].

Les bergers de Virgile et de Théocrite attendaient, pour prix de leurs chants alternés[b], un bon fromage, une flûte du meilleur faiseur ou une chèvre aux mamelles gonflées. Le poète qui a chanté les pauvres chiens a reçu pour récompense un beau gilet d'une couleur à la fois riche et fanée, qui fait penser aux soleils d'automne, à la beauté des femmes mûres et aux étés de la Saint-Martin [1].

Aucun de ceux qui étaient présents dans la taverne de la rue Villa-Hermosa n'oubliera avec quelle pétulance le peintre s'est dépouillé de son gilet en faveur du poète, tant il a bien compris qu'il était bon et honnête de chanter les pauvres chiens.

Tel, un magnifique tyran italien du bon temps, offrait au divin Arétin[c] soit une dague enrichie de

---

1. C'est donc bien un gilet *suggestif*, comme disait la note de la *Petite revue*, un lieu de *correspondance*, où convergent, dans le mystère de la couleur peut-être apparemment triviale, quelques-unes des plus constantes obsessions poétiques de Baudelaire, du charme nostalgique de l'automne à la beauté singulière de la femme mûre. Et l'on notera que cette évocation détermine l'évolution du poème vers la structure strophique, soutenue par le retour, à la manière d'un refrain, comme dans tels poèmes des *Fleurs du Mal,* du thème de la *Saint-Martin* et de *la beauté des femmes très mûres.*

pierreries, soit un manteau de cour, en échange d'un précieux sonnet ou d'un curieux poème satirique.

Et toutes les fois que le poète endosse[a] le gilet du peintre, il est contraint de penser aux bons chiens, aux chiens philosophes, aux étés de la Saint-Martin et à la beauté des femmes très mûres.

ÉPILOGUE [1a]

L E cœur content, je suis monté sur la montagne
  D'où l'on peut contempler la ville en son am-
[pleur,
Hôpital, lupanars, purgatoire, enfer, bagne,

---

1. Une ébauche de poème, qui peut passer pour proche
parente de cet épilogue, figure dans les *Œuvres posthumes*
publiées par Eugène Crépet. Néanmoins le ton en est fort
différent. Nous la reproduisons ici à titre documentaire :
    Tranquille comme un ange et doux comme un maudit,
        J'ai dit :
    Je t'aime, ô ma très belle, ô ma charmante...
           Que de fois...
    Tes débauches sans soif et tes amours sans âme,
           Ton goût de l'infini
    Qui partout, dans le mal lui-même, se proclame,
    Tes bombes, tes poignards, tes victoires, tes fêtes,
    Tes faubourgs mélancoliques,
    Tes hôtels garnis,
    Tes jardins pleins de soupirs et d'intrigues,
    Tes temples vomissant la prière en musique,
    Tes désespoirs d'enfant, tes yeux de vieille folle,
           Tes découragements ;
    Et tes feux d'artifice, éruptions de joie,
    Qui font rire le Ciel, muet et ténébreux.
    Ton vice vénérable étalé dans la soie,
    Et ta vertu risible, au regard malheureux,
    Douce, s'extasiant au luxe qu'il déploie.
    Tes principes sauvés et tes lois conspuées,
    Tes monuments hautains où s'accrochent les brumes,
    Tes dômes de métal qu'enflamme le soleil,

Où toute énormité fleurit comme une fleur.

Tu sais bien, ô Satan, patron de ma détresse [1],
Que je n'allais pas là pour répandre un vain pleur ;

Mais comme un vieux paillard d'une vieille maîtresse,
Je voulais m'enivrer de l'énorme catin
Dont le charme infernal me rajeunit sans cesse.

Que tu dormes encor dans les draps du matin,
Lourde, obscure, enrhumée, ou que tu te pavanes
Dans les voiles du soir passementés d'or fin [2],

Tes reines de théâtre aux voix enchanteresses,
Tes tocsins, tes canons, orchestre assourdissant,
Tes magiques pavés dressés en forteresses,
Tes petits orateurs, aux enflures baroques,
Prêchant l'amour, et puis tes égoûts pleins de sang,
S'engouffrant dans l'Enfer comme des Orénoques,
Tes anges, tes bouffons neufs aux vieilles défroques,
Anges revêtus d'or, de pourpre et d'hyacinthe,
O vous, soyez témoins que j'ai fait mon devoir
Comme un parfait chimiste et comme une âme sainte.
Car j'ai de chaque chose extrait la quintessence,
Tu m'as donné ta boue et j'en ai fait de l'or.

Il se peut que cette ébauche corresponde à la fois à un projet de poème en prose (*Du haut des Buttes-Chaumont,* cf. Appendice, n° 6) et à un projet d'Épilogue pour la 2ᵉ édition des *Fleurs du Mal* (Lettre à Poulet-Malassis, août 1860: *le dernier morceau ou épilogue adressé à la ville de Paris vous étonnera vous-même, si toutefois je le mène à bonne fin (en tercets ronflants).* De fait, il semble bien que l'épilogue des *Fleurs du Mal* et celui des *Poèmes en prose* aient dû, dans l'esprit de Baudelaire, développer les mêmes thèmes selon le même symbolisme de modernité urbaine. Et il y a là un témoignage précieux sur l'unité d'inspiration des deux parts jumelles de l'œuvre poétique de Baudelaire.

1. Cf. *Fleurs du Mal, Litanies de Satan.*
2. Ce sont les deux moments *poétiques* de la modernité

Je t'aime, ô capitale infâme! Courtisanes
Et bandits, tels souvent vous offrez des plaisirs
Que ne comprennent pas les vulgaires profanes.

urbaine (cf. poème XXII : *Crépuscule du soir* et, dans les
Fleurs du Mal, passim, mais en particulier : *Crépuscule du
matin*).

CHOIX DE VARIANTES

L A première publication complète des Poèmes en prose est
l'édition posthume, procurée par Banville et Asselineau en
1869. C'est, en principe, ce texte que nous avons choisi de suivre.

Certes, les poèmes avaient antérieurement paru en revue, du
moins un bon nombre d'entre eux ; et l'application stricte du principe
du « dernier texte revu par l'auteur » exigerait qu'on choisît pour
version définitive la dernière publication en revue. D'autre part,
dans le cas qui nous occupe, l'établissement du texte, malgré l'ap-
parente simplicité d'application du principe que nous venons d'é-
noncer, pose des problèmes quasi-insolubles. Nous savons en effet
— et nous en avons parlé dans notre introduction — que les textes
de Baudelaire étaient volontiers jugés scandaleux par les directeurs
de revues : l'époque qui fit un procès aux Fleurs du mal était d'une
pudibonderie encore aggravée par la sottise ; et même des poèmes
non publiés du vivant de l'auteur purent être jugés impubliables
encore après sa mort. Aussi Baudelaire avait-il dû, dans certains
cas, céder lui-même à de fortes pressions et édulcorer son œuvre ;
nous savons aussi que parfois on ne lui demandait même pas son
avis et que l'on procédait à d'importantes corrections de bienséance.

Il est donc clair que, pour certains poèmes, le texte des publi-
cations en revue est a priori suspect, et, par exemple, les variantes
du Joueur généreux et de La Corde démontrent que le texte y a
fait l'objet de remaniements qui l'affaiblissent singulièrement.
Ainsi se trouve-t-on conduit à un préjugé favorable à l'égard de
l'édition posthume et du texte de 1869 ; bien sûr, la présence de
coquilles dans cette édition semble indiquer que Banville et Asse-
lineau firent preuve peut-être de quelque négligence ; néanmoins,

*leur texte, dans l'ensemble, prouve qu'ils se souciaient beaucoup
moins du risque de « scandale » que les directeurs de revues, et,
d'autre part, étant donnés les liens d'amitié qui unissaient les
éditeurs au poète, il est permis de penser qu'ils étaient bons juges
et que, même, ils pouvaient posséder des renseignements de première
main sur l'opinion de Baudelaire lui-même quant à la valeur des
différentes versions de son œuvre.*

*Il n'en reste pas moins que le texte de 1869 ne saurait non plus
être considéré comme parfait : devrait-on alors se laisser tenter
par la méthode qui consisterait à adopter,* pour chaque poème,
*le texte littérairement le plus satisfaisant ? Mais ce serait courir
le risque d'altérer l'homogénéité de l'œuvre : nous n'avons pas cru
devoir nous résoudre à ce parti, contestable d'ailleurs à bien d'autres
égards.*

*Ne vaut-il pas mieux, finalement, reconnaître que nous ne pou-
vons prétendre publier à coup sûr un texte que Baudelaire eût lui-
même reconnu pour définitif. Comme, tout de même, nous devons
faire un choix, et aussi homogène que possible, nous nous sommes
déterminé pour le texte de 1869, principalement parce que, pour
certains poèmes parmi les plus importants, il nous fournit les leçons
évidemment les plus « baudelairiennes » ; mais nous ne nous dissi-
mulons pas que, dans d'autres cas, il pourrait être tentant de préférer
d'autres textes. Le lecteur pourra, en se reportant aux variantes,
reconstituer les différents visages du texte et se faire lui-même,
dans chaque cas, une opinion, nécessairement relative et subjective.*

*Nous donnerons donc ici, selon les règles de présentation habi-
tuellement suivies dans les ouvrages de cette collection, les* variantes
de texte, *auxquelles nous nous sommes délibérément limité ; nous
avons laissé de côté les variantes purement orthographiques ou
typographiques ; nous n'avons pas cru bon non plus de retenir celles
qui ne concernent que d'infimes détails, sans portée littéraire. Enfin,
dans des cas très peu nombreux, nous avons utilisé des versions
manuscrites, révélées par de précédents éditeurs, pour améliorer
le texte de 1869, lorsqu'il était visiblement défectueux, ou avait*

*commis des omissions évidentes, comme, par exemple, l'omission
d'italiques ou de majuscules.*

*En tête des variantes de chaque poème, ou à la suite du titre
lorsqu'il n'y a pas de variantes, on trouvera la liste des différentes
publications, dans l'ordre chronologique.*

Page 3 :

a. Première publication : La Presse, *26 août 1862 (avec un
premier groupe de neuf poèmes).*

Page 6 :

*a. Correction, d'après le premier texte, du texte de 1869 qui
donne* superfine, *évidente faute typographique.*

Page 11 :

L'ÉTRANGER

La Presse, *26 août 1862.*
a. 1862 : tes parents
b. 1862 : ni parents

Page 12 :

a. 1862 : l'argent

Page 14 :

LE DÉSESPOIR DE LA VIEILLE

La Presse, *26 août 1862.*
a. Pas de variantes.

Page 16 :

LE « CONFITEOR » DE L'ARTISTE

La Presse, *26 août 1862.*
a. Pas de variantes.

Page 20 :

UN PLAISANT

La Presse, *26 août 1862.*
a. Pas de variantes.

Page 22 :

LA CHAMBRE DOUBLE

a. La Presse, *26 août 1862.*

Page 28 :

a. 1862 : Secondes *(avec majuscule, ce qui abolit la distinction symbolique entre ce pluriel, avec minuscule, et le singulier, avec majuscule, de tout à l'heure).*

Page 30 :

CHACUN SA CHIMÈRE

La Presse, *26 août 1862.*
a. 1862 : *Titre :* Chacun la sienne

Page 33 :

LE FOU ET LA VÉNUS

La Presse, *26 août 1862.*
a. Pas de variantes.

Page 36 :

LE CHIEN ET LE FLACON

La Presse, *26 août 1862.*
a. Pas de variantes.

Page 39 :

LE MAUVAIS VITRIER

La Presse, *26 août 1862.*
a. Pas de variantes.

Page 47 :

A UNE HEURE DU MATIN

La Presse, *27 août 1862.*
a. Pas de variantes.

Page 52 :

LA FEMME SAUVAGE ET LA PETITE-MAITRESSE

La Presse, *27 août 1862.*
a. Pas de variantes.

Page 57 :

LES FOULES

Revue fantaisiste, *1er novembre 1861*.
La Presse, *27 août 1862*.
a. Pas de variantes.

Page 62 :

LES VEUVES

a. Revue fantaisiste, *1er novembre 1861*.
La Presse, *27 août 1862*.

Page 65 :

a. 1861 : la plus désolante à voir
b. 1861 : elle ne peut partager
c. 1862 : raide
d. 1861 : une fierté stoïcienne
e. 1861 : je sais

Page 68 :

a. 1861 : excepté cette tourbe

Page 69 :

a. 1861 *et* 1862 : le chien ou le chat

Page 71 :

LE VIEUX SALTIMBANQUE

Revue fantaisiste, *1er novembre 1861*.
La Presse, *27 août 1862*.
a. 1861 : réparer
b. 1861 : il semble
c. 1861 : il se fait l'égal des enfants

Page 72 :

a. 1861 *et* 1862 : lui-même, l'homme
b. 1861 *et* 1862 : leurs maillots

Page 76 :

LE GATEAU

La Presse, *24 septembre 1862*.
a. Pas de variantes.

Page 80 :

L'HORLOGE

Le Présent, *24 août 1857* (Poèmes nocturnes).
Revue fantaisiste, *1ᵉʳ novembre 1861.*
La Presse, *24 septembre 1862.*
a. 1857 *add. :* moi aussi
b. 1857 : qui se promenait

Page 81 :

a. 1857 *add. note :* En supposant une mémoire parfaite
ou au moins très exercée, il n'est pas difficile de comprendre
comment on peut deviner l'heure dans l'œil d'un animal
dont la pupille est très sensible à la lumière.

b. 1857 : Pour moi, quand je prends dans mes bras mon
bon chat, mon cher chat, qui est à la fois l'honneur de sa
race, l'orgueil de mon cœur *(cf. note sur le texte)*

c. 1857 : ombre parfaite

d. 1857 : aimable cadran

e. 1857-61 : quelque Démon du contretemps *(mots
absents)*

f. 1857 : imbécile

Page 83 :

UN HÉMISPHÈRE DANS UNE CHEVELURE

Le Présent, *24 août 1857.*
Revue fantaisiste, *1ᵉʳ novembre 1861.*
La Presse, *24 septembre 1862.*
a. Titre : 1861 : La Chevelure
        1862 *add. sous-titre :* poème exotique

Page 84 :

a. 1857 : plus vaste et plus profond

b. 1857 : enlevant leurs silhouettes élégantes sur un ciel
immense où frémit une chaleur éternelle.

    1861 : découpant leurs architectures arachnéennes sur
un ciel immense où se prélasse l'éternelle chaleur.

Page 85 :

a. 1857 : des longues journées passées sur le divan

b. 1857 *et* 1861 : mordre, mordre longtemps

c. 1857 : solides et crépus
d. 1857 *et* 1861 : mes Souvenirs

Page 86 :

L'INVITATION AU VOYAGE

Le Présent, 24 *août 1857.*
Revue fantaisiste, *1*er *novembre 1861.*
La Presse, *24 septembre 1862.*
a. 1857 *et* 1861 : une maîtresse chérie

Page 87 :

a. 1857 : a l'air de prendre plaisir
b. 1857 : où le désordre... n'existent pas ;
c. 1857 : Ah ! si j'étais ta Mignon, ta Mignon aimée et protégée, toujours tendre, toujours soumise, mais toujours rêveuse et désireuse, je te dirais à toi, mon poète et mon ami : Tu connais cette maladie qui s'empare de notre esprit dans les plus dures misères, cet amour du pays qu'on ignore, cette nostalgie de la curiosité ?

1861 : Ah ! si tu étais le poète, et si j'étais ta Mignon aimée et protégée, toujours tendre, toujours soumise, mais toujours rêveuse et désireuse, je te dirais à toi, mon poète et mon ami : « Tu connais cette maladie fiévreuse qui s'empare de nous dans les froides misères, cet amour du pays qu'on ignore, cette nostalgie de la curiosité ? »

Page 88 :

a. 1857 *et* 1861 : par la multiplication des sensations
1857 : Comme on a écrit « L'Invitation à la Valse », je voudrais qu'un musicien de génie se chargeât d'écrire « L'Invitation au Voyage » pour l'offrir à la femme aimée,
b. 1857 : heureuses, pleines de calme
1861 : heureuses, calmes
c. 1857 : qui réjouissent mélancoliquement la salle à manger

Page 89 :

a. 1857 : civilisées
b. 1857 : y font
c. 1857 : un léger parfum d'Orient
1861 : un léger parfum oriental

d. 1857 *et* 1861 *add.* : Soleils couchants qui embellissez si mélancoliquement la chambre de la femme aimée, de la sœur d'élection, quand vous coucherez-vous dans mon horizon ?

e. 1857 : de soixante mille et de cent mille florins

Page 90 :

a. 1857 : impossible

b. 1857 : dans ton analogie, et pour me servir du langage de ces livres qui traînent toujours sur ma table [1] et qui te font ouvrir de si grands yeux, n'aurais-tu pas pour miroir ta propre correspondance ?

1861 : et n'aurais-tu pas pour miroir ta propre correspondance ?

c. 1857 *et* 1861 : plus l'âme est délicate

Page 91 :

a. 1857 : combien y a-t-il

Page 92 :

LE JOUJOU DU PAUVRE

La Presse, *24 septembre 1862.*

a. Ce poème est un extrait remanié de l'essai Morale du Joujou *(Le Monde littéraire, 17 avril 1853 ; Le Portefeuille, 19 août 1855 ; Le Rabelais, 13 juin 1857 ; réimprimé dans l'*Art romantique, *VII, 1869) dont il reprend les douzième et treizième paragraphes. Nous reproduisons ici le texte de l'essai (1869) avec ses variantes en italiques les modifications) :*

Tel est le joujou du pauvre. Quand vous sortirez le matin avec l'intention décidée de flâner *solitairement* sur les grandes routes remplissez vos poches de ces petites inventions, et le long des cabarets, au pied des arbres, faites-en hommage aux enfants inconnus et pauvres que vous rencontrerez. Vous verrez leurs yeux s'agrandir démesurément. D'abord ils n'oseront pas prendre, ils douteront de leur bonheur ; puis leurs mains

---

1. Allusion aux œuvres de Fourier et de Swedenborg : Baudelaire doit au premier le mot d'*analogie* et au second celui de *correspondance*. On notera qu'à partir de 1861 le poète a tenu à ne plus faire mention de sa source livresque ; il avait de même plus haut supprimé le rappel explicite de Mignon.

happeront avidement le cadeau, et ils s'enfuiront comme font les chats qui vont manger loin de vous le morceau que vous leur avez donné, ayant appris à se défier de l'homme (1853-1855 : comme s'ils se défiaient de l'homme). *C'est là certainement un grand divertissement.*

A propos du joujou du pauvre, j'ai vu quelque chose de plus simple encore, mais de plus triste que le joujou à un sou, — c'est le joujou vivant. Sur une route, derrière la grille d'un *beau* jardin, au bout duquel apparaissait *un joli château* (1853-1855 : se laissait voir un joli château), se tenait un enfant beau et frais, habillé de ces vêtements de campagne pleins de coquetterie. Le luxe, l'insouciance et le spectacle habituel de la richesse rendent ces enfants-là si jolis qu'on *ne les croirait pas faits de la même pâte* que les enfants de la médiocrité ou de la pauvreté. A côté de lui, gisait sur l'herbe un joujou splendide, aussi frais que son maître, verni, doré, *avec une belle robe,* et couvert de plumets et de verroterie. Mais l'enfant ne s'occupait pas de son joujou, et voici ce qu'il regardait : de l'autre côté de la grille, sur la route, entre les chardons et les orties, il y avait un autre enfant, sale, *assez chétif,* un de ces *marmots sur lesquels la morve se fraye lentement un chemin dans la crasse et la poussière.* A travers ces barreaux *de fer* symboliques, l'enfant pauvre montrait à l'enfant riche *son joujou,* que celui-ci examinait avidement comme un objet rare et inconnu. Or, ce joujou que le petit souillon agaçait, agitait et secouait dans une boîte grillée, c'était (1853-1855-1857 : dans une petite boîte grillée, était) un rat vivant ! Les parents, *par économie,* avaient tiré le joujou de la vie elle-même (1853-1855 : de la nature).

Page 95 :

LES DONS DES FÉES

a. La Presse, *24 septembre 1862.*

Page 97 :

a. 1862 : sa robe multicolore

Page 99 :

LES TENTATIONS

a. Revue nationale et étrangère, *10 juin 1863.*

Page 103 :

   a. 1863 : gosiers lavés par l'eau-de-vie
   b. 1863 : ceci est sérieux

Page 105 :

LE CRÉPUSCULE DU SOIR

Hommage à C. F. Denecourt, Fontainebleau, *1855.*
Le Présent, *24 août 1857.*
Revue fantaisiste, *1ᵉʳ novembre 1861.*
Figaro, *7 février 1864.*

a. Le texte de 1869, que nous reproduisons, est conforme à très peu de choses près au texte de 1864. Les trois autres textes en sont sensiblement différents. Voici le texte de 1855, avec les variantes de 1857 et 1861 :

La tombée de la nuit a toujours été pour moi le signal d'une fête intérieure et comme la délivrance d'une angoisse. Dans les bois (1857 : forêts) comme dans les rues d'une grande ville (1861 : Dans les solitudes comme dans les rues d'une capitale), l'assombrissement du jour et le pointillement des étoiles ou des lanternes (1857-61 : le scintillement des étoiles et des lanternes) éclairent mon esprit.

Mais (1861 : Cependant) j'ai eu deux amis que le crépuscule rendait malades (1861 : faisait tout malades). L'un méconnaissait alors tous les rapports d'amitié et de politesse et brutalisait sauvagement (1861 : maltraitait comme un sauvage) le premier venu. Je l'ai vu jeter un excellent poulet à la tête d'un maître d'hôtel. La venue du soir gâtait les meilleures choses (1857 : La venue du soir gâtait pour lui les meilleures choses. — 1861: Le soir, précurseur des voluptés, lui gâtait les choses les plus succulentes).

L'autre, à mesure que le jour baissait, devenait plus aigre, plus sombre, plus taquin. Indulgent pendant la journée, il était impitoyable le soir ; et ce n'était pas seulement sur autrui, mais sur lui-même que s'exerçait abondamment (1857-1861 : rageusement) sa manie crépusculaire.

Le premier est mort fou, incapable de reconnaître sa maîtresse et son fils ; le second porte en lui l'inquiétude d'une insastisfaction perpétuelle (1861 : d'un malaise perpétuel). L'ombre qui fait la lumière dans mon esprit fait la nuit dans le leur. Et, bien qu'il ne soit pas rare de voir la même cause engendrer deux effets contraires, cela m'intrigue et m'étonne toujours.

Page 109 :

LA SOLITUDE

Fontainebleau, *1855*.
Le Présent, *24 août 1857*.
Revue fantaisiste, *1er novembre 1861*.
Revue de Paris, *25 décembre 1864*.

a. Même cas que le poème précédent. Voici le texte de 1855, avec les variantes de 1857 et 1861 ; dans ces trois premières versions, ce poème n'était pas distinct du précédent, dont il formait la suite :

Il me disait aussi — le second [1] — que la solitude était mauvaise pour l'homme, et il me citait, je crois (1861 *add.* : à l'appui de sa thèse), des paroles des Pères de l'Église. Il est vrai que l'esprit de meurtre et de lubricité s'enflamme merveilleusement dans les solitudes ; le démon (1861 : on sait que le démon) fréquente les lieux arides.

Mais cette séduisante solitude n'est dangereuse que pour ces (1861 : les) âmes oisives et divagantes qui ne sont pas gouvernées par une importante pensée active (1861 : qu'une idée despotique ne tient pas en lisière). Elle ne fut pas mauvaise pour Robinson Crusoé ; elle le rendit religieux, brave, industrieux ; elle le purifia, elle lui enseigna jusqu'où peut aller la force de l'individu.

N'est-ce pas La Bruyère qui a dit : « Ce grand malheur de ne pouvoir être seul ?... » Il en serait donc de la solitude comme du crépuscule ; elle est bonne et elle est mauvaise, criminelle et salutaire, incendiaire et calmante (1861 : ou *au lieu de* et), selon qu'on en use, et selon qu'on a usé de la vie.

Quant à la jouissance (1857 : Quant à la question de jouissance, — 1861 : Quant à la pure jouissance, je crois que), les plus belles agapes fraternelles, les plus magnifiques réunions d'hommes électrisés par un plaisir commun n'en donneront jamais de comparable à celle qu'éprouve le Solitaire qui, d'un coup d'œil, a embrassé et compris toute la sublimité d'un paysage. Ce coup d'œil lui a conquis une propriété individuelle inaliénable.

_____

1. Le second ami dont il est question dans *Crépuscule du Soir*.

Page 111 :

   a. 1864 *add. note :* Auteur français très méprisé en Belgique.

Page 112 :

LES PROJETS

   Le Présent, *24 août 1857.*
   Revue fantaisiste, *1er novembre 1861.*
   Vie parisienne, *13 août 1864.*
   Revue de Paris, *25 décembre 1864.*

   a. 1857 et 1861 sont très différents de 1864-1869. Voici le texte de 1857 avec les variantes de 1861 (on trouvera plus loin à leur place les variantes des deux versions de 1864) :

   Comme tu serais belle, dans un costume de cour compliqué et fastueux, descendant à travers l'atmosphère d'un beau soir, les degrés de marbre d'un palais, en face des grandes pelouses et des bassins !

   Mais à quoi bon de si beaux décors ? Insensé ! J'oubliais que je hais les rois et leurs palais. — Non ce n'est pas dans un palais que je voudrais te posséder et jouir de ton amitié (1861 : de tout ton être) ! Nous n'y serions pas *chez nous.* D'ailleurs, ces murs gaufrés, galonnés, insolents, éblouissants comme des militaires, ressemblent à l'âme du *Grand Roi,* qui n'avait pas de coins pour l'intimité. — Ici, pas un *rêvoir ;* sur ces murs criblés d'or je ne vois pas la place d'un seul clou pour y accrocher ton image.

   Ah ! je sais bien où je voudrais t'aimer interminablement ! — Au bord de la mer, une belle case en bois, enveloppée d'ombrages ! Dans l'atmosphère, une odeur flottante d'huile de coco, et partout un parfum indescriptible (1861 *add.* : dans la maison et dans le jardin, un puissant parfum de rose et de musc) de musc ; à l'horizon, des bouts de mâts, auxquels une houle insensible fait décrire lentement des courbes (1861 *add.* : magiques) dans l'air ; autour de nous, au-delà de la chambre silencieuse, obscure, pleine de fleurs et de nattes, avec (1861 : décorée) de rares meubles d'un rococo portugais, en bois des îles (1861 : d'un bois lourd et ténébreux) où tu reposerais si douce, si nonchalante, si bien éventée, fumant le tabac mêlé à l'opium et au sucre, — au-delà de la varangue, le tapage des oiseaux et le jacassement délicat des négresses.

   Mais non ! — Pourquoi cette vaste mise en scène ? — Elle

coûterait beaucoup d'or, et l'or ne danse que dans la poche des imbéciles qui ne comprennent pas le Beau. — Le plaisir est à quelques lieues d'ici, il est à deux pas, il est dans la première auberge venue, dans l'auberge du hasard, si féconde en bonheurs. Un grand feu ; des faïences voyantes sur les murs, un souper passable, beaucoup de vin (1861 : un vin rude), et un lit très large avec des draps un peu rudes (1861 : âpres), mais frais.

... Le rêve ! le rêve ! toujours le rêve maudit ! — Il (1861 : le rêve maudit qui) tue l'action et mange le temps ! — Les rêves soulagent un moment la bête dévorante qui s'agite en nous. C'est un poison qui la soulage (1861 : l'apaise) mais qui la nourrit.

Où donc trouver une coupe assez profonde et un poison assez épais pour noyer la *Bête !*

Page 113 :

a. V. P. : sa vie

b. V. P. : c'est ici

c. V. P. : à l'horizon, des bouts de mâts

d. V. P. : pleine de nattes fraîches... décorée de rares meubles

Page 114 :

a. V. P. : au-delà de la varangue, dis-je, le tapage des oiseaux et le jacassement

b. V. P. : délicieux filaos

c. V. P. : *pas d'italiques.*

Page 115 :

a. V. P. : les bruissements

Page 116 :

LA BELLE DOROTHÉE

a. Revue nationale, *10 juin 1863.*

Page 117 :

a. 1863 : les formes de son corps

Page 119 :

    a. 1863 : sa petite sœur qui est déjà si belle
    b. 1863 : *dernière phrase omise.*

Page 120 :

LES YEUX DES PAUVRES

La Vie parisienne, *2 juillet 1864.*
Revue de Paris, *25 décembre 1864.*

    a. Juillet 1864. Il me sera sans doute beaucoup plus facile
de vous l'expliquer, qu'à vous de le comprendre.
    b. Juillet 1864. rêvé par tous, il n'a jamais pu être réalisé
par aucun.
    c. Juillet 1864. vous asseoir chez un glacier qui

Page 121 :

    a. Juillet 1864. corniches, sur les murs les pages
    b. Juillet 1864. cinquantaine
    c. Juillet 1864. Tous en guenille, les

Page 122 :

    a. Juillet 1864. poser
    b. Juillet 1864. garçon disaient :
    c. Juillet 1864. C'est Paul de Kock, je crois, qui a le plus
popularisé cette idée, que le plaisir rend l'âme bonne et
amollit le cœur. Peut-être avait-il raison ce soir-là,
    d. Juillet 1864. nos verres et de nos carafes. Je tournais

Page 123 :

    a. Juillet 1864. semblables à des

Page 125 :

UNE MORT HÉROÏQUE

    a. Revue nationale, *10 octobre 1863.*
L'Artiste, *1er novembre 1864.*

Page 126 :

    a. 1864 : des traîtres

Page 132 :

    a. 1864 : Se sentait-il humilié... Se sentait-il frustré

Page 133 :

    a. 1864 : qui bouffonnait la mort.

Page 134 :

    a. 1864 : Ils moururent dans la nuit.
    b. 1864 : *pas d'italiques.*

Page 135 :

LA FAUSSE MONNAIE

L'Artiste, *1er novembre 1864.*
Revue de Paris, *25 décembre 1864.*
Revue du XIXᵉ siècle, *1er juin 1866.*
    a. 1866 : un triage
    b. 1864 *(Art.)* : un paquet — 1866 : un paquet de gros
sous
    c. 1864 *(Art.) et* 1866 : tant de soumission et tant de
reproches
    d. 1864 *(Art.) et* 1866 : J'ai vu

Page 136 :

    a. 1864 *(Art.) et* 1866 : n'était légitimable que par le
désir de connaître ou de préjuger les conséquences... dans
la main d'un pauvre.
    b. 1864 *(Art.) et* 1866 : un spéculateur heureux
    c. 1864 *(Art.) et* 1866 *add.* : presque aussi fidèlement
que l'imbécile Pandore répondant au légendaire brigadier :

Page 137 :

    a. 1864 *(Art.) et* 1866 : qu'il avait voulu gagner à la fois
quarante sols et le cœur de Dieu ; emporter le paradis et
faire des économies ; bien mieux encore, ne rien dépenser,
c'est-à-dire donner ce qui ne valait rien, ou, en d'autres
termes, attraper gratis un but de charité.

Page 138 :

LE JOUEUR GÉNÉREUX

Figaro, *7 février 1864.*
Revue du XIXᵉ siècle, *1er juin 1866.*
    a. Titre : 1866 : Le Diable
    b. 1864 *et* 1866 : approximatif

Page 139 :

   a. 1866 : étrange
   b. 1864 *et* 1866 : briller plus énergiquement
   c. 1866 : parfaits amis. Nous bûmes
   d. 1866 : bizarre

Page 140 :

   a. 1866 : et quelquefois si gênante *omis.*
   b. 1866 : jusqu'au bord *omis.*
   c. 1866 : vieux Bouc *omis.*

Page 141 :

   a. 1864 *et* 1866 : le reste du troupeau humain

Page 142 :

   a. 1866 : — qui n'a eu ses heures d'impiété? — surtout en compagnie du diable.
   b. 1866 : d'une tristesse *et add.* : mais il parla en hébreu.
   c. 1866 : approchait

Page 143 :

   a. 1866 : *membre de phrase omis.*
   b. 1866 : vous aurez toutes les voluptés

Page 144 :

   a. 1866 : de bonne habitude

Page 145 :

LA CORDE

   a. Figaro, *7 février 1864.*
   L'Artiste, *1er novembre 1864.*
   L'Événement, *12 juin 1866.*

Page 146 :

   a. Artiste : se rencontrent sur
   b. Artiste : ardente et espiègle me séduisit.

Page 148 :

   a. Artiste : domicile paternel

b. Artiste : il manifesta bientôt un goût immodéré pour le sucre et les liqueurs, et un jour

Page 150 :

a. Artiste : terrible

Page 151 :

a. Artiste : sous le badinage le sérieux de la demande
b. Artiste : la funeste corde

Page 152 :

a. Artiste add. : Parbleu ! — répondis-je à mes amis, — un mètre de corde de pendu, à cent francs le décimètre, l'un dans l'autre, chacun payant selon ses moyens, cela fait mille francs, un réel, un efficace soulagement pour cette pauvre mère !

Page 153 :

LES VOCATIONS

Figaro, *14 février 1864.*
a. Pas de variantes.

Page 162 :

LE THYRSE

Revue nationale, *10 décembre 1863.*
a. Pas de variantes.

Page 167 :

ENIVREZ-VOUS

Figaro, *7 février 1864.*
a. Pas de variantes.

Page 169 :

DÉJA !

Revue nationale, *10 décembre 1863.*
a. Cette dernière phrase (à partir de Quand pourrons-nous manger...*) est omise dans l'édition de 1869 ; nous avons cru devoir la rétablir.*

Page 173 :

LES FENÊTRES

a. Revue nationale, *10 décembre 1863.*

Page 174 :

   a. 1863 : très peu de données
   b. 1863 : je suis ce que je suis ?

Page 175 :

LE DÉSIR DE PEINDRE

Revue nationale, *10 octobre 1863.*
a. Pas de variantes.

Page 178 :

LES BIENFAITS DE LA LUNE

Le Boulevard, *14 juin 1863.*
Revue nationale, *14 septembre 1867.*
   a. 1863 : *sans titre.*
   1867 *add. :* Dédié à Mlle B.
   b. 1863 : lestement
   c. 1863 : tu en as gardé l'envie de pleurer

Page 179 :

   a. 1863 : j'ai serré la gorge
   b. 1863 : qui aiment la mer
   c. 1863 : chère enfant adorée

Page 181 :

LAQUELLE EST LA VRAIE ?

Le Boulevard, *14 juin 1863.*
Revue nationale, *7 septembre 1867.*
   a. 1863 : *sans titre.*
   1867 : *titre :* L'Idéal et le rêve

Page 182 :

   a. 1863 : même dans les cimetières
   b. 1867 : une violence frénétique et bizarre
   c. 1863 : disait, dans ce patois familier de la canaille que
ma pudeur ne saurait reproduire :
   d. 1863 : C'est moi ! Et pour la punition

Page 183 :

UN CHEVAL DE RACE

Figaro, *14 février 1864.*
   a. 1864 : sorcière

Page 185 :

LE MIROIR

Revue de Paris, *25 décembre 1864.*
a. Pas de variantes.

Page 186 :

LE PORT

Revue de Paris, *25 décembre 1864.*
a. Pas de variantes.

Page 189 :

PORTRAITS DE MAITRESSES

Revue nationale, *21 septembre 1867.*
a. Manuscrit dans la collection Godoy. (Une des onze pièces qui se trouvaient à la rédaction de la Revue nationale *au moment de la mort de Baudelaire).*

Page 194 :

a. Les italiques sont dans le ms. et ont été omises en 1867 et 1869.

Page 196 :

a. Les majuscules sont dans le ms. et ont été omises en 1867 et 1869.

Page 197 :

LE GALANT TIREUR

Première publication en 1869.
a. (Se trouvait à la rédaction de la Revue nationale *au moment de la mort de Baudelaire et fut jugé impubliable.)*

Page 199 :

LA SOUPE ET LES NUAGES

Première publication en 1869.
(Même cas que le poème précédent. Manuscrit dans la collection Godoy.)

a. Ms. : les vastes yeux de ma bien-aimée
b. L'édition de 1869 écrit simplement les initiales : s... b...
Nous avons rétabli la leçon du ms.

Page 201 :

LE TIR ET LE CIMETIÈRE

Revue nationale, *12 octobre 1867.*

a. (Se trouvait à la rédaction de la revue au moment de la mort de Baudelaire.)

Variantes négligeables.

Page 203 :

PERTE D'AURÉOLE

Première publication en 1869.

a. Même cas que Le Galant tireur.

Page 205 :

MADEMOISELLE BISTOURI

Première publication en 1869.

a. (Se trouvait à la rédaction de la Revue nationale *au moment de la mort de Baudelaire ; la publication fut annoncée à trois reprises. les 14, 21 et 28 septembre 1867, mais n'eut pas lieu. Manuscrit dans la collection Godoy.)*

Page 207 :

a. 1869 n'imprime que les initiales : S... s... c... de s... m... *Nous avons repris la leçon du ms.*

Page 210 :

a. Les italiques sont dans le ms. et ont été omises dans 1869.

Page 211 :

ANYWHERE OUT OF THE WORLD

Revue nationale, *28 septembre 1867.*

a. (Se trouvait à la rédaction de la revue au moment de la mort de Baudelaire.)

Pas de variantes.

Page 214 :

ASSOMMONS LES PAUVRES

Première publication en 1869.

a. (Même cas que Le Galant tireur. *Manuscrit dans la collection Godoy.)*

Page 218 :

   a. Ms. *add.* : Qu'en dis-tu, citoyen Proudhon ? *(Cf. note sur le texte.)*

Page 220 :

LES BONS CHIENS

Indépendance belge, *21 juin 1865*.
Petite Revue, *27 octobre 1866*.
Revue nationale, *31 août 1867*.
   a. *(Manuscrit dans la collection Godoy.)*

Page 221 :

   a. 1866 : Champs-Élysées

Page 222 :

   a. 1866 : la muse familière, la jeune, la citadine
   b. Ms. : à moins qu'il ne soit insolent et hargneux comme

Page 223 :

   a. 1865-66-67-Ms. : nous ferons une espèce de bonheur

Page 224 :

   a. 1865 : sous une remise de la banlieue
   b. 1866-1867-Ms. : qui accourent de plus de cinq lieues
   c. 1865 : demoiselles sexagénaires
     1867 : vierges sexagénaires
   d. 1865 : Avez-vous admiré comme moi en Belgique
     1866 : tous ces chiens attelés à la charrette... qui témoignent

Page 225 :

   a. 1866 : un poêle allumé et ronflant
   b. 1867 *et* Ms. : cuiller de bois
   c. 1866 : la grasse part... que quatre bons comédiens
   d. 1867 : que le dictionnaire pourrait aussi bien qualifier d'officieux, si l'homme, trop occupé de son bonheur, avait le temps

Page 226 :

   a. 1867 : un pour les Chinois et un pour les Turcs
     Ms. : un pour les Hollandais et un pour les Turcs

b. 1865-1866-1867-Ms. : chant alterné
c. 1867 : offrait à l'Arétin

Page 227 :

a. 1866 : revêt

Page 228 :

ÉPILOGUE

a. Première publication en 1869.

APPENDICE

L E recueil des poèmes en prose, tel que le rassembla l'édition posthume de 1869, est, comme nous avons dit, à la fois quant au texte et quant au nombre, conforme à la volonté de Baudelaire. Mais celui-ci avait cru trouver dans le genre du poème en prose un mode d'expression si profondément accordé à sa nature et à son besoin, qu'il ne cessa de rechercher des sujets de poèmes et de travailler à leur élaboration, de façon à pouvoir disposer, pour le choix ultime des œuvres les plus satisfaisantes, d'une matière aussi abondante que possible.

Aussi n'est-il pas étonnant qu'auprès des cinquante poèmes formant le recueil définitif, il nous reste de Baudelaire des projets et des titres qu'il n'est pas indifférent de connaître : une première série a été publiée dans le livre de Nadar, Baudelaire intime (Paris, Blaizot, 1911) ; deux autres listes figurent dans un manuscrit de la collection Godoy. Ces textes ont été publiés, après le livre de Nadar, par Jacques Crépet et, d'une façon plus fidèle aux autographes, par Y.-G. Le Dantec, dans leurs éditions de notre texte. Afin de ne pas surcharger cet appendice, nous reproduisons ici la liste Nadar, éventuellement complétée, dans le détail, par les autres listes.

POÈMES A FAIRE

CHOSES PARISIENNES

1. Le vieux petit athée
2. La cour des messageries [1]

---

1. Sujet anecdotique qui paraît avoir été à la mode en ce temps ; Baudelaire avait écrit la description d'une estampe de Boilly de ce sujet ; une chanson portait ce titre, et Gérard de Nerval évoque le pittoresque caractéristique de la Cour des Messageries dans l'*Introduction* du *Voyage en Orient*.

3. L'élégie des chapeaux [1]
4. La poule noire
5. La fin du monde [2]
6. Du haut des Buttes-Chaumont [3]
7. Un mercredi des Cendres
8. Le poète et l'historien [4]
9. Oreste et Pylade
10. Les deux ivrognes [5]
11. Les aliénistes (une mauvaise consultation) [6]
12. Le philosophe en Carnaval
13. Les Reproches du portrait
14. Le poisson rouge
15. Vol de cavaliers
16. Chants d'église
17. En l'honneur de mon patron (Le billard) (4 novembre)
18. L'autel de Moloch
19. Pour cinq sols
20. Le séduisant croque-mort [7]

---

1. Il existe une note ms. pour cette élégie des chapeaux ; nous en retiendrons ce passage : *Les chapeaux font penser aux têtes, et ont l'air d'une galerie de têtes. Car chaque chapeau, par son caractère, appelle une tête et la fait voir aux yeux de l'esprit. Têtes coupées. — Quelle tristesse dans la frivolité solitaire ! Sentiment navrant de la ruine folâtre. Un monument de gaîté dans le désert. La frivolité de l'abandon. — La modiste du faubourg, pâle, chlorotique, café au lait, comme une vieille buraliste.*

2. *Fusées* (XXII) contient un long fragment sur ce thème : *Le monde va finir.*

3. Cf. l'épilogue des poèmes en prose.

4. Une parenthèse ajoutée à ce titre sur un feuillet ms. indique qu'il s'agit de Carlyle et de Tennyson.

5. On peut penser que ce sujet était apparenté à la fois au texte des *Paradis artificiels* intitulé *Du Vin et du Haschisch* et au scénario en vue d'une pièce de théâtre intitulé *L'Ivrogne.* Cf. aussi les poèmes *Enivrez-vous* et la fin des *Portraits de maîtresses.*

6. Cf. *Assommons les pauvres* et la note sur les aliénistes Lélut et Baillarger.

7. Cf. ce qu'écrit Baudelaire dans son *Salon de 1846* (XVIII) du pathétique de l'habit moderne : *une immense défilade de croque-morts, croque-morts politiques, croque-morts amoureux, croque-morts bourgeois. Nous célébrons tous quelque enterrement.*

21. La salle des martyrs [1]
22. L'homme aux diamants
23. Le vieil entreteneur [2]
24. Avant d'être mûr
25. L'orgue de Barbarie
26. La sourde-muette
27. La distribution de vivres
   ? Un lazzarone parisien
28. La statistique et le théâtre (l'enfer au théâtre) [3]
29. La douce visiteuse
30. Le choléra à l'Opéra [4]
31. Melancholia [5]
32. L'auberge du Bocage
33. Nuits de noces
34. Autococu ou incestueux

ONEIROCRITÉE

35. Symptômes de ruines [6]
36. Mes débuts [7]
37. Retour au Collège
38. Appartements inconnus
39. Paysages sans arbres

---

1. Cf. *Fleurs du mal, Une Martyre.*

2. Cf. *Fusées*, I : *Les voluptés de l'entreteneur tiennent à la fois de l'ange et du propriétaire. Charité et férocité.* (Nous avons eu plusieurs fois l'occasion de souligner l'importance dans les *Poèmes en prose* du thème de l'ambiguïté *charité-férocité*).

3. Cf. *Le Mauvais Vitrier*, p. 24, n. 1.

4. Sujet inspiré des gravures de l'Allemand Rethel, qui impressionnèrent considérablement Baudelaire. L'une d'entre elles était intitulée : *Première apparition du choléra à un bal masqué à Paris, 1831.*

5. Il s'agit évidemment de la célèbre gravure d'Albert Dürer qui inspira un vers célèbre de Nerval dans *El Desdichado* ainsi qu'un passage d'*Aurélia*. Cette gravure avait d'ailleurs inspiré nombre d'artistes « surnaturalistes ».

6. Le même thème se retrouve dans un fragment publié dans le livre de Nadar : *Symptômes de ruines. Bâtiments immenses, pélasgiques, l'un sur l'autre... - Labyrinthe. Je n'ai jamais pu sortir. J'habite pour toujours un bâtiment qui va crouler, un bâtiment travaillé par une maladie secrète...*

7. Cf. *Fusées*, XVIII : *Le goût précoce des femmes... J'étais... un dandy précoce.*

40. Condamnation à mort (faute oubliée par moi, mais subitement retrouvée depuis la condamnation) [1]
41. La mort [2]
42. La souricière [3]
43. Fête dans une ville déserte (Paris, la nuit, à l'époque de la guerre d'Italie)
44. Le palais sur la mer [4]
45. Les escaliers [5]
46. Prisonnier dans un phare
47. Un désir

SYMBOLES ET MORALITÉS

48. L'ingratitude filiale
49. Une parole de Jean Hus [6]
50. L'illusion sacrée
? Ni remords ni regret
51. Le sphinx Rococo
52. La grande prière [7]

---

1. La question de la peine de mort a souvent préoccupé Baudelaire. Cf. *Mon Cœur mis à nu*, XXI : *L'envers de Claude Gueux. Théorie du sacrifice. Légitimation de la peine de mort...*
2. On sait la place qu'occupe la mort dans les *Fleurs du mal* (cf. en particulier *Le Voyage*) ; mais Baudelaire se souvient aussi d'une autre gravure de Rethel : *Der Tod als Freund*, la Mort comme ami.
3. Peut-être y a-t-il quelque parenté entre ce sujet et *Le Joujou du pauvre*.
4. Cf. Edgar Poe : *The City on the Sea*.
5. Peut-être s'agit-il d'un rêve ou d'un cauchemar analogue au labyrinthe de *Symptômes de ruines* et qui évoque en tout cas celui que rapporte Nerval dans *Les Nuits d'octobre*.
6. Dans une liste ms. on lit : *analyse de ses dernières paroles.* Or ces dernières paroles de Jean Huss furent : *Christe, Fili dei vivi, miserere nobis.* Ce titre se rapporte donc aux préoccupations religieuses dont témoignent les Journaux intimes et certains passages des poèmes en prose : cf. notre note sur la fin de *Mademoiselle Bistouri.*
7. Autre titre se rapportant à l'obsession de la prière qui domine certains passages caractéristiques de *Mon Cœur mis à nu*, en particulier XLVI : *PRIÈRE - Donnez-moi la force de faire immédiatement mon devoir tous les jours et de devenir ainsi un héros et un Saint*, et XCIII : *Prière : charité, sagesse et force.*

53. Les derniers chants de Lucain
54. La prière du Pharisien [1]
    (Évangile, St Luc, XVIII, v. 10-14)
    Le chapelet [2]
    N'offensons pas les mânes
    Le rêve de Socrate [3]

---

1. Parmi les projets de pièces de théâtre, on trouve les formules suivantes : *Le catholique dandy - Envers de Tartuffe - Le parfait catholique aimable, arrangeant les affaires de tout le monde.*

2. Cf. *Fusées,* XVII : *Le chapelet est un médecin, un véhicule, c'est la prière mise à la portée de tous.*

3. A cette liste pourraient évidemment être ajoutés certains sujets notés dans les journaux intimes (où justement on rencontre les « scénarios » du *Galant Tireur* et de *Perte d'Auréole*). Signalons seulement, parmi ces notations des journaux intimes, une de celles qui correspondent le mieux au genre et à l'esprit des poèmes en prose : *Anecdote du chasseur, relative à la liaison intime de la férocité et de l'amour (Fusées,* I. Cf. aussi p. 255, n. 2).

CHOIX BIBLIOGRAPHIQUE

I. *PRINCIPALES ÉDITIONS*

Charles Baudelaire. *Œuvres complètes,* IV. PETITS POÈMES EN PROSE. Les Paradis artificiels. Édition définitive précédée d'une notice par Théophile Gautier. Paris, Michel Lévy, 1869.

Petits poèmes en prose, éd. par A. Van Bever, Paris, Crès (*Les Maîtres du Livre*) 1913.
(réimprimée en 1917 sous le titre : *Le Spleen de Paris.*)

Petits poèmes en prose, éd. illustrée de bois par Deslignères, Paris, Helleu et Sergent, 1920.

Petits poèmes en prose et *le Jeune Enchanteur,* édition critique par Jacques Crépet (dans la suite des *Œuvres complètes*), Paris, Conard, 1926.

Petits poèmes en prose, éd. illustrée par M. Gromaire, Paris, Les Quatre-Chemins, 1926.

Le Spleen de Paris, éd. par G. Roth, Paris, Larousse, 1927.

Le Spleen de Paris, éd. par F. Gautier et Y.-G. Le Dantec, Paris, N. R. F. 1931 (*Œuvres,* tome I).

Petits poèmes en prose, éd. illustrée par J. L. Boussingault, Paris, Jeanne Walter, 1932.

Petits poèmes en prose, éd. par Daniel-Rops, Paris, Belles-Lettres, 1932.

Le Spleen de Paris, éd. Y.-G. Le Dantec, révisée, complétée et présentée par Cl. Pichois, Bibliothèque de la Pléiade, 1963 (*Œuvres complètes,* pp. 229-319).

Les Fleurs du mal et *Petits Poèmes en prose,* éd. M.-L. Belleli et N.-B. Pellegrini, Turin, Giapicchelli, 1966.

II. *ÉTUDES*

N. B. Nous ne mentionnons ici que des études se rapportant directement ou indirectement à notre texte. Dans le cas d'ouvrages généraux, leur mention se justifie par le fait qu'ils contiennent des pages concernant les problèmes spécifiques soulevés par les *Poèmes en prose.*

R. Vivier. *L'Originalité de Baudelaire,* Bruxelles, Académie Royale, 1926 (2ᵉ éd. 1952).

A. Ferran. *L'Esthétique de Baudelaire,* Paris, Hachette, 1933.

M.-J. Durry. *Autour du poème en prose, Mercure de France,* 1ᵉʳ novembre 1937.

G. Blin. *Baudelaire,* Paris, Gallimard, 1940.

A. Chérel. *La prose poétique française,* Paris, Artisan du Livre, 1940.

E. Jaloux. *Le Centenaire du poème en prose, Le Temps,* 25 août 1942.

P.-J. Jouve. *Tombeau de Baudelaire,* Neuchâtel, La Baconnière, 1942 (nouvelle édition : Paris, Éditions du Seuil, 1958).

J. Prévost. *Ce que Baudelaire doit à Goya, Formes et Couleurs,* 1943, nᵒ 5.

J. Pommier. *Dans les chemins de Baudelaire,* Paris, Corti, 1945.

J. Pommier. *La Mystique de Baudelaire,* Paris, Belles-Lettres, s. d.

G. Blin. *Le Sadisme de Baudelaire,* Paris, Corti, 1948. (Cf. en particulier : *Introduction aux « Petits Poèmes en prose ».*)

M.-A. Ruff. *L'Esprit du Mal et l'Esthétique baudelairienne,* Paris, Armand Colin, 1955.

L.-J. Austin. *L'Univers poétique de Baudelaire,* Paris, Mercure de France, 1956.

J. Crépet. *Propos sur Baudelaire.* Préface de J. Pommier. Paris, Mercure de France, 1957.

W. T. Bandy et Cl. Pichois. *Baudelaire devant ses contemporains,* Éd. du Rocher, 1957.

Revue des Sciences humaines, Paris, Corti, janvier-mars 1957 (nº spécial sur Baudelaire pour le centenaire *des Fleurs du Mal*).

Catalogue de l'Exposition Baudelaire. Bibliothèque Nationale, 1957.

R. Barthes. *Essais critiques,* Paris, Seuil, 1964.

R. Guiette. *Baudelaire et le poème en prose, Revue belge de Philologie et d'Histoire,* t. XLII, 1964.

G. Cattaui. *Le Dualisme de Baudelaire,* dans : *Orphisme et prophétie chez les poètes français,* Paris, Plon, 1965.

L. Vax. *La Séduction de l'étrange,* Paris, P.U.F., 1965.

M. Zimmerman. *La genèse du symbole du thyrse chez Baudelaire, Bulletin Baudelairien,* Nashville, Tennessee, U.S.A., août 1966.

M.-A. Ruff. *Baudelaire et le poème en prose, Zeitschrift für französische Sprache und Literatur,* janvier 1967.

P. Emmanuel. *Baudelaire,* Paris, Desclée de Brouwer, 1967.

TABLE DES MATIÈRES

PETITS POÈMES EN PROSE
(Le Spleen de Paris)

ACHEVÉ D'IMPRIMER
PAR L'IMPRIMERIE TARDY
A BOURGES
LE 31 JUILLET 1968

Numéro d'édition : 1195
Numéro d'impression : 5535
Dépôt légal : 3e trim. 1968

Printed in France